大清

十二帝奇闻秘史

刘家平 编著

冠冕堂皇、英武神纵、气象磅礴，文治武功，大清君主当真是这样一副帝王之相吗？顺治皇帝与秦淮名妓之间到底有没有那段剪不断理还乱的恩怨情仇？康熙大帝巡幸五台山是奉佛拜庙还是另有他图？雍正登基坐殿是因为偷改遗诏的缘故吗？乾隆下江南是迷恋水乡景致贪爱越女吴娃还是寻根问祖？穿了打补丁的龙袍朝会群臣的道光皇帝，为什么却成了大清国册封皇后数目最多的天子？性好冶游的同治皇帝，是死于天花，还是丧于花柳？……

这是历史之谜，更是人性之谜！不熟稔历史，不可以解此谜；不谙知人性，不足以解此谜！

中国华侨出版社

图书在版编目（CIP）数据

大清十二帝奇闻秘史 / 刘家平编著 . -- 北京：中
国华侨出版社 , 2007.06
ISBN 978-7-80222-386-8

Ⅰ . ①大… Ⅱ . ①刘… Ⅲ . ①皇帝—生平事迹—中国
—清代 Ⅳ . ① K827=49

中国版本图书馆 CIP 数据核字 (2007) 第 092430 号

大清十二帝奇闻秘史

编　　著：刘家平
责任编辑：陈晓晖
装帧设计：胡椒设计
经　　销：新华书店
开　　本：710×1000 毫米　1/16　印张 /19.5　字数 /300 千
印　　刷：北京通天印刷有限责任公司
版　　次：2014 年 1 月第 1 版　2020 年 5 月第 2 次印刷
书　　号：ISBN 978-7-80222-386-8/K · 16
定　　价：48.00 元

中国华侨出版社　　北京市朝阳区静安里 26 号通成大厦 3 层　　邮编 100028
法律顾问：陈鹰律师事务所
编辑部：（010）64443056　　64443979
发行部：（010）64443051　　传真：64439708
网　　址：www.oveaschin.com
e-mail：oveaschin@sina.com

前言

　　大清三百年岁月，能积淀下多少悬谜？十二朝帝后，又孕育出多少疑案？官史煌煌，总有不敢说、不便说、故意不说之处；野史芸芸，又有不会说、不好说、有心胡说之事。所以，这个大清，说来说去，总还是说不大清。但也正因如此，才说不尽，也听不够，也才有了我们这部换一种说法的《大清皇帝秘史》。

　　大清一共产生过十二位皇帝。太祖努尔哈赤，称汗时管辖的不过是以建州卫为核心的一巴掌地盘。他的孙子顺治，才是大清第一位在北京紫禁城里登基坐殿的皇帝。而最后一位当然就是"从皇帝到公民"的"末代皇帝"溥仪先生了。

　　大清皇帝们留下的是一幅幅威严显赫的历史画像，或正襟危坐，或冠冕堂皇，或英武神纵，或气象磅礴。然而，透过这些帝王之相，我们还应该看到些什么？

　　入关第一帝顺治与秦淮名妓董小宛之间到底有没有那段剪不断理还乱的恩怨情仇？少年英才的康熙大帝几次巡幸五台山，是奉佛拜庙还

是另有他图？自称"十全老人"的康熙为什么对四十七年中宫无主的怪现象熟视无睹？四皇子胤禛成为雍正，是因为偷改遗诏的缘故吗？以苛刻多疑著称于世的雍正皇帝，到底是不是死在江湖剑侠吕四娘的手下？乾隆皇帝是不是到处留情的风流天子？乾隆几次兴师动众下江南，是迷恋水乡景致，是贪爱越女吴娃，还是寻根问祖？自诩勤俭天子的道光皇帝，穿了打补丁的龙袍朝会群臣，为什么却成了清朝册封皇后数目最多的天子？……

　　这就是历史之谜，更是人性之谜！不熟稔历史，不可以解此谜；不谙知人性，不足以解此谜！我们这部书正欲通过讲述大清皇帝秘史，剥下天子那件威严的龙袍，把大清皇帝那些鲜为人知或者虽为人知却知之不多的历史之谜、人性之谜，综合立体、互相联系同时又轻松有趣地展现在大家面前，非特为猎奇也，实在是想让大家在捧卷展读之后，能够多一点对历史的思考，多一份对人性的认知，多一些有益于自我的养分，读者有所收获，编者夫复何求！

目 录

六、风流天子乾隆帝的倜傥人生 ·································· 111

堪称乃祖好皇孙，坐定龙廷六十春。

天子风流想已惯，傅恒宠罢宠和珅。

七、守成之君嘉庆帝的风雨春秋 ·································· 159

循规蹈矩守成君，传是清龙汉凤根。

毕竟天威能抖擞，白绫三尺缢遗臣。

烟焰方禁狼焰燃，百年国耻竟亲签。

山河不是团龙衮，巨手凭谁能补天？

外患内忧国事非，江山龙体两垂危。

若知身后乾坤转，何不当年杀懿妃。

一、换个角度看天命汗努尔哈赤

黑水白山尽血腥，
先人遗甲起哀兵。
汗王纵使承天命，
未破当年宁远城。

1. 天命汗同室操戈诛杀胞弟全过程

清太祖爱新觉罗·努尔哈赤（1559年—1626年），出生于建州（今辽宁新宾）。努尔哈赤年少时酷爱武术，骑马射箭样样精通，打小就以武艺超凡而闻名各部。他承袭建州左卫指挥职务后，凭着自己的武功和才干陆续征服了女真族和海西女真等族，并于明朝万历四十四年建立后金，建元天命，正式称汗，同时创造满文、建立八旗制。1618年，他树起反明的大旗，带领他的军队不过几年就连克了抚顺、辽阳等城，并将自己的汗国即"后金"的首都迁往沈阳。1626年，努尔哈赤身患毒疽死于瑷鸡堡，其后代将他埋葬在福陵。

努尔哈赤为后来的大清三百年江山事业打下了根基。其实，在努尔哈赤战场拼杀、艰难创业的背后，还有一位为大清王朝立下赫赫功劳的人物，那就是努尔哈赤的亲弟弟舒尔哈齐。由于不为人知的历史原因，后来人并没有给予他特别的关注。可是他的子孙却在清王朝的政治舞台上一直处于十分重要的地位，备受后来帝王的重视。咸丰皇帝在河北热河避暑山庄驾崩时，留下的亲笔遗诏上清楚写明让亲王载垣、端华、尚书肃顺等八人辅政，此八人号称"赞襄政务八大臣"。端华、肃顺系同胞兄弟，当时人称"端三肃六"，而他们就是舒尔哈齐的八世孙。

努尔哈赤有弟兄五人，但称得上同胞手足的只有三弟舒尔哈齐和四弟雅尔哈齐。1583年，努尔哈赤的祖父和父亲被明军误杀，努尔哈赤继承了父祖的职位，统领建州左卫，还受封敕书、马匹。当时的努尔哈赤25岁，舒尔哈齐20岁。兄弟俩为报父祖的亡仇，秣马厉兵，不出几年，建州就异军突起，不但让周围女真各部刮目相看，就连明朝和周边的朝鲜也都知道这兄弟二人习兵多智，志向不小。当时明朝政府得到情报说，努尔哈赤自称为王，其弟自称大将，立志要"报仇中原"。明朝当时对兄弟二人没有采取什么强硬的举措，反而给予他们高官厚禄——努尔哈赤晋升都督，加龙虎将军衔，舒尔哈齐也被明廷

3

授予副都督，所以在建州内部人称舒尔哈齐为"二都督"。当时，凡军机大事，均由努尔哈赤兄弟二人密议，决定之后，雷厉风行，竟无一人了解内幕。但是到了 1611 年，建州女真统一内部，灭掉了海西女真哈达、叶赫二部，精兵劲卒数万虎视辽东、窥探中原，帝王之势渐兴的时候，舒尔哈齐却突然去世了，据《清实录》所记，1611 年 8 月 19日舒尔哈齐"薨，年四十八岁"。在日后清朝的官修史书中，舒尔哈齐对清王朝的丰功伟绩无从追寻，这实在耐人寻思。

舒尔哈齐是如何死的呢？丧礼如何？史书全没有交代。当时明朝方面的记载则是"奴酋（明朝官方对努尔哈赤蔑称奴酋）忌其弟舒尔哈齐兵强，计杀之"，"努尔哈赤杀其弟舒尔哈齐，并其兵"。明代黄道周更是详细描述了这场骨肉相残的悲剧："酋疑弟二心，佯营壮第一区，落成置酒，招弟饮会，入于寝室，银铛之，注铁键其户，仅容二穴，通饮食，出便溺。有二名裨将以勇闻，酋恨其佐弟，假弟令召入宅，腰斩之。"（《博物典汇》）在清代的老档案《满文老档》中记载，1609 年 3 月间，努尔哈赤以舒尔哈齐图谋自立为理由，杀舒尔哈齐一子及一僚属，削夺了他所领的军民，两年后，舒尔哈齐死去。如果当时的舒尔哈齐自有军队，当然不可能束手就擒。所以努尔哈赤用计囚禁，杀其亲信，是可信的。看来，明朝人说努尔哈赤杀害胞弟，多半不是误传。

如果确系努尔哈赤杀了自己的同胞兄弟，那么究竟是什么原因使得最为亲密的兄弟两人同室操戈、骨肉相残？其中当然是有权力之争的缘故。和努尔哈赤一样，舒尔哈齐也是明朝任命的管理建州女真的官员，又有自己掌控的兵马，如果他能听从兄长的指挥，自然双方相安无事，但舒尔哈齐偏偏又是高傲难制的人，处处要和兄长分庭抗礼比个高低，兄弟之间难免矛盾重重。虽然他不及其兄兵强马壮，舒尔哈齐还是决心离开兄长。对努尔哈赤来说，舒尔哈齐的独立完全是在自己身边又树立一个敌人，由此努尔哈赤起了杀心。对于这场内部的矛盾，有人指出这不单是权力的争夺，而且是一场"叛明"和"拥明"的斗争，明朝政府很注意扶持舒尔哈齐来削弱努尔哈赤的独立势力，于是重建了建州右卫。新设的右卫位于辽宁铁岭的东南。这样看来，清太祖杀弟的疑案牵扯的问题还很多，一时难以完全澄清。

不过舒尔哈齐被其兄有意诛除的史实基本上已经被公认了，不管权力之争也罢，政见之争也罢，二者互相交织也罢。舒尔哈齐生前有大功于清室，身后却寂寥无闻，官方史书也不敢明言其死因。清初的诸王冤案后来有不少得到了清后帝的平反，唯独没有给舒尔哈齐昭雪，一方面，是因为努尔哈赤的子孙们不愿承认其祖有杀弟的恶名；另一方面，在清后帝看来，努尔哈赤杀弟也是出于维护大清基业的目的，因此不能推翻太祖首定的铁案。舒尔哈齐之子济尔哈朗被封郑亲王，一直到清朝末年，舒尔哈齐子孙世代袭爵，即俗称"铁帽子王"，这一点，也可以说是清皇室对舒尔哈齐为大清帝业开创之功的酬赏。

2. 威猛汗王怎样建立治理他的后宫

"一年三百六十日，多是横刀马上行。"这句古代诗人的名句，也可用来描绘努尔哈赤日常生活的真实状况。他先后共娶了十六个妻子，如果将他娶妻的背景略加叙述，任何人都不难得出这样的结论：他的婚姻伴随着战马的嘶啸和刀剑的光耀，他把爱情完全献给了统一东北各部落的事业。

高皇后叶赫那拉氏，名孟古哲哲，比努尔哈赤小 16 岁，是他的第三位妻子，也是清太宗皇太极的生母。据《清史稿》记：

> 既而太祖兵起，尝如叶赫，杨吉砮顾知为非常人，谓太祖曰："我有幼女，俟其长，当使事君。"太祖曰："君欲结姻盟，盍以年已长者妻我？"杨吉砮对曰："我虽有长女，恐未为嘉偶，幼女端重，始足为君配耳。"太祖遂纳聘焉。

这位初嫁努尔哈赤的 14 岁小姑娘，就是孟古姐姐。其父杨吉砮与伯父清佳砮在当时已是叶赫部首领，明朝廷谓之"二奴"。可见，努尔哈赤娶孟古哲哲，完全出于扩大军事力量的需要，至于新娘子的年龄长相，倒不是要紧的。努尔哈赤娶孟古后仅两年，其岳父兄弟都被明

朝巡抚李松和总兵李成梁设伏诱杀。

元妃佟佳氏，名哈哈纳扎青，是褚英和代善的生母。佟佳氏是最早嫁给努尔哈赤为妻的女人，其以部落为名姓的情况表明，必出佟佳部无疑。

大妃乌拉纳喇氏，名阿巴亥，乌拉贝勒满泰的女儿。她嫁给努尔哈赤时仅12岁，与丈夫年龄相差31岁，连努尔哈赤的长子和次子也比她年长几岁。她生养三子，即阿济格、多尔衮和多铎，努尔哈赤死时曾遗言让她殉葬，成为诸王争位的牺牲品。

继妃富察氏，名衮代，生莽古尔泰和德格类，天命五年因罪赐死。

寿康太妃博尔济吉特氏，系努尔哈赤征服蒙古时所娶，为蒙古科尔沁部贝勒孔果尔的女儿。

侧妃伊尔根觉罗氏，生阿巴泰。

侧妃叶赫那拉氏，是高皇后的妹妹，姐妹同嫁一位皇帝的事在清代并不罕见。

侧妃博尔济吉特氏，蒙古科尔沁贝勒明安之女。

侧妃哈达那拉氏，哈达贝勒扈尔干之女。

庶妃兆佳氏，生阿拜。

庶妃钮祜禄氏，生汤古代、塔拜。

庶妃嘉穆瑚觉罗氏，名真哥，生巴布泰、巴布海。

庶妃西林觉罗氏，生赖慕布。

庶妃伊尔根觉罗氏。

庶妃阿济根，努尔哈赤死时从殉。

庶妃德因泽，努尔哈赤死时从殉。

由以上情况可以看出，努尔哈赤这16位妻子分别娶自满族和蒙古族各部，每个妻子的嫁娶都伴随着一场征服战争，或者说，这16位妻子就是努尔哈赤时代的十几座战争里程碑。

从历史书上几乎看不出努尔哈赤生前格外宠幸哪一位女人，《清史稿》等书上特意为孝慈高皇后多说了几句好话，无非因为她是皇太极生母的原因。不过，这段话里也透露出努尔哈赤对女人的好恶尺度，书称：

后庄敬聪慧，词气婉顺，得誉不喜，闻恶言，愉悦不改其常。不

好谄谀，不信谗佞，耳无妄听，口无妄言。不预外事，殚诚毕虑以事上。及崩，上深悼之，丧敛祭享有加礼，不饮酒茹荤者逾月。

如果再看一下关于那位被逼殉死的大妃阿巴亥的记载，情况就更清楚了：

后饶丰姿，然心怀嫉妒，每致帝不悦。虽有机变，终为帝之明所制。留之恐后为国乱，预遗言于诸王曰："俟吾终，必令殉之。"诸王以帝遗言告后，后支吾不从。诸王曰："先帝有命，虽欲不从，不可得也。"后遂服礼衣，尽以珠宝饰之，哀谓诸王曰："吾自十二岁事先帝，丰衣美食，已二十六年。吾不忍离，故相从于地下。吾二幼子多尔衮、多铎，当恩养之。"诸王泣而对曰："二幼弟，吾等若无恩养，是忘父也。岂有不恩养之理！"于是，后于十二日辛亥辰时自尽。寿三十七，乃与帝同柩。

同时从殉的还有两位庶妃。上述记载中有许多话不尽真实，因为努尔哈赤很是被阿巴亥的"美丰姿"迷恋过一阵子，后来风闻阿巴亥与自己的次子代善有暧昧关系，不禁大怒。以后，事情虽息，努尔哈赤仍隐恨在心，所以让其从殉。至于诸王强逼她自尽，是出于争夺皇位的需要，不过借先父之言以遂其私罢了。

总之，努尔哈赤最忌恨后妃参予政事，上述二妻的荣辱遭遇，清楚地表明了这一点，以后即位的皇帝们也都立此禁令，清王朝大多数政期内都没有后妃干政或宦官乱权之事，这与努尔哈赤对待后宫的态度是有直接关系的。

3. 努尔哈赤是死于袁崇焕的大炮吗

天命六年（1621 年），清（当时称后金）太祖努尔哈赤自统大军，水陆并进，进攻明朝沈阳城，明军以万余人当数倍之众，展开血战，结果仍被歼灭。后金军之所以能取得大捷，事先派人潜入沈阳、联络

城内的蒙古饥民以为内应是一个重要原因。

攻陷沈阳后，努尔哈赤召集诸贝勒、大臣商议，随即又进攻辽东的首府辽阳。不久，辽阳也被攻陷。至此，辽河以东，已无明朝完土。在追逐过程中，后金军把汉民驱徙到河东，分给八族官兵为奴，此即清代包衣的来源。包衣中属上三旗（正黄、镶黄、正白）的隶于内务府。既附旗籍后，便不问其原来氏族。《红楼梦》作者曹雪芹的先世就是包衣，隶正白旗。

沈、辽到手后，努尔哈赤又问诸贝勒、大臣今后应移居辽阳还是回到赫图阿拉（兴京）？大家以"还国"相答。努尔哈赤说："国之所重，在土地人民。今还师，则辽阳一城，敌且复至，据而固守，周遭百姓，必将逃匿山谷，不复为我有矣。舍已得之疆土而还，后必复顽征讨，非计之得也。且此地，乃明及朝鲜、蒙古接壤重要要害之区，天既与我，即宜居之。"众人都觉得很对，于是决定迁都。

这时还是明代天启年间，努尔哈赤还不可能确立进窥关内、灭明称帝的大意图，但也见得他在谋略上确有高出众人的卓见。

迁都之议决定后，诸福晋（夫人）在众贝勒迎接下来到辽阳，踏着芦席上铺设的红地毯，进入汗的衙门里。因为辽阳古城年久倾颓，而东南有朝鲜，北有蒙古，都未宁帖，所以须更筑坚城，分兵守御，于是，努尔哈赤下令降附之民筑城，筑于城东太子河畔，并兴建宫殿、城池、坛庙、衙署，称作东京。

当时的沈阳城只有辽阳城的一半，但努尔哈赤鉴于沈阳比辽阳更有发展前途，又想迁都沈阳。

迁都辽阳，诸贝勒、大臣本已不赞成，这次迁都沈阳，他们又以力役繁兴、民不堪虐为理由向努尔哈赤力谏，努尔哈赤举了迁沈的许多好处：其地四通八达，征明、征蒙古、征朝鲜皆便利。近处多河流，顺流而下又便于砍伐运输木材。出游打猎，山近兽多。最后，他责问道："吾等虑已定，故欲迁都，汝等何故不从？"接着，他于初三出东京，宿虎皮驿，初四至沈阳。从两次迁都上，都表现出他果敢专断的性格。

沈阳后来被称为盛京，城中的大政殿和十王亭是宫殿的主体建筑，大政殿坐北朝南，台基上矗立朱红圆柱，形状为亭子式八角重檐建筑，

顶铺黄琉璃瓦，殿的八脊顶端聚成尖状，上设相轮宝珠与八力士宝顶，十王亭分列左右。全部建筑占地六万多平方米，屋子三百余间，西路有戏台，储存《四库全书》的文溯阁就在西路。

这时的关外，明朝尚驻有重兵，所以两方常在战斗。天命十年（1625年），努尔哈赤得知明辽东经略换了人，新任经略高第怯弱惧战，主动放弃关外诸城，企图退守关内，只有宁前道袁崇焕拒不从命，坚守宁远（现今辽宁兴城）孤城。努尔哈赤以为这是一个好机会，便于第二年正月十四日，亲率六万大军进击。二十三日到达宁远，越城五里横截山海关大路驻营，企图割断关内外的联系。但他又清楚袁崇焕颇有智谋，而后金兵星夜疾驰，士马困疲，所以不敢轻意攻城，于是先遣使诱降袁崇焕，却被袁崇焕拒绝。

宁远城为袁崇焕亲自督修，城脚以大石头砌成，袁营有兵四五万人，其中有善于用火器的闽卒，架设新从葡萄牙输入的红衣炮。城西龙宫寺的囤粮也运入觉华岛，又命士兵凿冰十五里，以防金兵履冰入岛。袁崇焕本人刺臂写血书，激励守城军民，誓与孤城共存亡。

努尔哈赤见劝降不成，便发动猛攻，城上明军即以红衣炮轰击。后金军前锋攻城兵，身披铁铠二重，号为"铁头子"，推动双轮战车进逼。战车用槐榆二木做成，厚八寸，上覆生牛皮，内藏勇士（敢死队）数人，靠近城墙时勇士在内凿城。明军则制成护城的木柜，半边卡在城堞之内，半边伸出墙外，柜中甲士俯下射箭，但仍无法击退"铁头子"，而城墙下半截已有数十处被凿损，百姓大为惊慌，袁崇焕身先士卒，命令用柴草浇上油，再加火药，用铁绳系至城下，然后以柴、棉等掺硝磺、松脂焚烧。金兵战车起火，"铁头子"只好退下，明军乘机发炮猛轰，努尔哈赤突然中炮受伤，八旗兵于是退到龙宫寺结集。

后来后金兵一度踏上觉华岛，占领了东山、西山。但想到明朝援军四面逼来，努尔哈赤又在重伤中，便迅即撤离至兴水县的白塔峪扎营。努尔哈赤二月初九回到沈阳。

这一战役，就死伤人数说，明军大于后金军，仅觉华岛便达三万余人。以孤城而奋战如此惨烈，士兵还是表现得十分勇猛的，并说明火器已在战争中占了重要地位；而努尔哈赤的失败，轻敌是主要的原因。

努尔哈赤败归养伤后，仍然亲自督师出战。这一次的敌人是蒙古

巴林部的囊奴克，最后被皇太极（即后来的清太宗）放箭射落马下，后金军包围了囊奴克营寨，将牲畜、财物全部夺过来，蒙古的科尔沁诸贝勒大首领鄂巴台吉遂前来通好朝拜，便将鄂巴招为女婿。

努尔哈赤在宁远之役后，虽然再次出征蒙古，并且获得胜利，但作为百战老将，受此败绩，对方却是四十岁的初次作战的文臣，这对他的心灵自然是极大的震动。他身上的创伤又未曾完全治愈。儿子那么多，都在战争中立过功，自己已到68岁，将来应当由谁来嗣位，能不能像他那样英明精悍？努尔哈赤祖后期的作战，多半得力于父子兵，而在父子兵的壮大过程中，却随时萌含着家庭巨变的因素，也即为政变提供条件。谁都是汗父之子，谁都可以恃功而坐北面南称孤道寡。他曾经想以褚英嗣位，可是褚英最后却成为他的对头，甚至要诅咒他死亡，那么，还有谁可以信任呢？他的同母弟舒尔哈齐曾被他杀死，人到暮年，静夜扪心，能不负疚么？《清太祖实录》三月三日，曾记有这样一段话：

> 吾思虑之事甚多，意者朕心倦惰而不留心于治道欤？国势安危、民情甘苦而不省察欤？功勋正直之人有所颠倒欤？吾虑子嗣中果有效吾尽心为国者否？大臣等果俱勤谨于政事否？

也许还有些不能记载或不曾宣示的内心活动。这一切使他在有限的岁月中，有着极其沉重的心理负担，被痛苦、悔恨和焦急折磨着。

天命十一年（1626年）七月间，努尔哈赤病势加重，往清河温泉疗养，二贝勒阿敏为他杀牛祭神，但并无效果，便乘船顺太子河而下，并传谕大福晋阿巴亥前来迎接，会于浑河。大福晋到达后，又溯流到瑷鸡堡（距沈阳城四十里）。这说明努尔哈赤对大福晋是相当宠爱的。到了八月十一日，努尔哈赤因为背部疽疾突发，无法医治而去世。

后世研究者说，造成努尔哈赤死亡的背疽，并非普通的外科疾病痈疽，而是由于当年炮伤久治不愈而引发的创伤后遗症，因此也可以说，努尔哈赤实际上是死于袁崇焕的红衣大炮。

二、天聪汗皇太极那些私密桥段

铁腕狰狞铁骑奔，

独裁未必果独尊。

生逼庶母殉节后，

可晓遗孀嫁弟昆？

1. 皇太极怎么样击败代善登上皇位

努尔哈赤去世之前，心里已有打到中原去以成帝业的想法，但当时实力还不够，所以他不敢轻举妄动。他死的时候，正值明天启七年（1627年），明室对后金依然有震慑力。正因为如此，努尔哈赤在其汗国政义中没有明确规定传储继立的旨谕。按照俗规，长子是承继汗位的首当人选，所以努尔哈赤起先欲立长子褚英，可是褚英却犯了罪，不得已被处死，继承人之位自然而然轮到次子代善的头上。努尔哈赤对这第二个儿子有点讨厌，除了代善与其大福晋关系暧昧之外，他在生活上也总让父亲和兄弟们反感。代善为自己修建的住宅府第比努尔哈赤本人的宫殿还要富丽堂皇。其他贝勒们要求代善洁身自好，搬出住宅，并把这座漂亮的宅府作为他们对外对内宴请集会的场所。代善哪肯答应，这样又加了一层努尔哈赤对其不满的积怨情绪。还有就是，代善的第二个儿子硕托想弃营投降明军，但未遂。努尔哈赤后来知道详情，是因为代善听信了后妻谗言，代善要杀死硕托，这样才逼迫硕托叛逃，众贝勒及大臣将军们之所以没有及时站出来说话，是因为他们恐惧代善夫妇。努尔哈赤对此非常恼火，训斥代善：你真乃混球一个，你配当一国之君吗？这是代善被努尔哈赤厌恶的另一原因。

据《清太祖武皇帝实录》记载，天命七年（1622年），八固山王（即八和硕贝勒）等问努尔哈赤："我等何人可嗣父皇"？努尔哈赤说："继我而为君者，毋令强势之人为之。此等人一为国君，恐倚强恃势，获罪于天也。八固山王，尔等中有才德能受谏者，可继我之位。"下面就说些八固山王共理国政的好处，也即八旗共决的重要性。

《八旗制度考实》说："此段文字为太祖制定国体之大训，非太宗皇太极所心愿。"这分析是很中肯的。

后来努尔哈赤逝世了，王氏《东华录·太宗》这样记载：

大贝勒代善长子岳托、第三子萨哈廉告代善曰:"国不可一日无君,宜早定大计。四贝勒(指皇太极)才德冠世,深契先帝圣心,众皆悦服,当速即大位。"代善曰:"此吾素志也。天人允协,其谁不从?"次日,代善书其议,以示诸贝勒,皆曰善。

下面记太宗(皇太极)再三辞谢,众人坚请不已,才始答应。这是历来之官样文章,在官样文章的背面,我们所见到的却是代善与太宗皇太极之间的矛盾,早就很尖锐了。

努尔哈赤生前,虽然未明言将传位于太宗,但后期对皇太极确有偏爱,这自必引起代善的猜忌。天命四年(1619年)萨尔浒之战,代善请示努尔哈赤后,挥师东向,皇太极却不顾努尔哈赤的劝阻,抢战于代善之前,冲上山岗立功。可见皇太极咄咄逼人之势。

而最突出的是天命六年(1621年)九月,努尔哈赤向其亲信阿敦(太祖从弟)询问诸子中谁可即位,阿敦起先不敢明白表示,只说"知子莫若父,谁敢有言?"努尔哈赤要他直说,他便说:"智勇俱全,人皆称道者可。"努尔哈赤知道这是指皇太极。

这次密语却被代善得知,因而对皇太极"深衔之"。阿敦又密告代善说皇太极和莽古尔泰、阿济格要杀害他,事机紧迫,须加防备。代善于是向努尔哈赤哭诉,努尔哈赤将莽古尔泰等招来,三人都矢口否认。努尔哈赤以为阿敦在挑拨离间,便将阿敦逮捕,指责他"讲有损国政的话,另讲其他诸小贝勒的坏话"。诸贝勒、大臣主张将他处死,努尔哈赤却命人将他拴上铁锁监禁起来。

代善为什么要"深衔之"?自然是自己很想继承父位,这时唯一能和他抗争的只有太宗皇太极。《满文老档·太祖朝》还记载三等副将博尔晋当着莽古尔泰的面为阿敦鸣不平,批评诸贝勒不应以太祖的好恶而转移对阿敦的态度,博尔晋为什么如此大胆?此事连朝鲜使臣郑忠信都知道,还说皇太极虽英勇超人,但内多猜忌,"潜怀弑兄之计",这和阿敦密告说皇太极要杀害代善的话也是符合的。但阿敦既然对太祖暗示皇太极可嗣位,说明对皇太极有好感,为什么后来又向代善密告?这一点很让人费解。

不管怎么说，皇太极和代善的兄弟关系，在努尔哈赤生前已经十分恶劣，却是不争的事实。

《东华录》所记代善拥立皇太极，并非虚构，可是这时已大势所趋，皇太极的实力已远过于代善，代善在大福晋事件上恐也声誉下降，不为诚律所容，因而只能拥立。

太宗皇太极即位后，逢到朝会行礼，代善、莽古尔泰一同随太宗南面坐受诸大臣朝见，后因莽古尔泰犯有"御前拔刃罪"，诸贝勒说，莽古尔泰不当与皇上并坐，太宗说："曩与并坐，今不与坐，恐他国闻之，不知彼过，反疑前后互异。"随即命代善与众共议。太宗皇太极为什么要指定代善与众共议？代善当然很明白，因为莽古尔泰今后不能再并坐，已成定局，那么，能并坐的只有代善一人了。代善主动说："我等奉上居大位，又与上并列而坐，并非此心所安。自今以后，上南面居中坐，我与莽古尔泰侍坐于侧，外国蒙古诸贝勒，坐于我等之下，方为允协。"众贝勒都表示赞同，从此便彻底改变过去八贝勒共议国事的体制。

这件事情的起因，原只对付莽古尔泰一人，结果却一箭多雕，把代善也温和地拉了下来，太宗皇太极的谋略可见一斑。

代善自此处处小心，谨守君臣之份，太宗却步步为营，对代善戒忌深严。

天聪九年（1635 年），太宗把归顺的蒙古察哈尔汗的伯奇福晋赐豪格（太宗第一子）为妃。豪格本有妻子，就是太宗姊姊（哈达公主）莽古济的女儿，莽古济因而怨恨太宗皇太极，气愤说："吾女尚在，何得又与豪格贝勒一妻也？"有一次，莽古济路过代善营前，代善请她入内，款待馈赠。这原是兄妹之间的平常往来，太宗听后却大怒，派人往代善及其子萨哈廉处责问：莽古济在太祖时专以暴戾谮毁为能事，代善原本与她不和睦，但因她怨恨太宗的缘故，便将她请至营中宴饮，"先时何尝如此款赠耶"？而萨哈廉统摄礼部，知其事匿而不奏闻。又说太宗喜欢的人，他厌恶，太宗厌恶的人，他却喜欢，岂非有意离间？

其中还有这样一件事：济尔哈朗（太宗从兄）妻死后，因察哈尔

汗之妻苏泰太后是他亡妻的妹妹，欲娶之，诸贝勒以其言奏闻，已获太宗同意；代善却"独违众论"，必欲娶苏泰太后，且屡次向太宗说，太宗亦责其曰："诚心为国者固如是乎？"以此而谴责代善的非"诚心为国"，实在滑稽。又如太宗曾遣人让代善娶察哈尔囊囊福晋（已婚的妇人），代善却嫌她贫穷而拒绝，太宗又责问道："凡娶妻当以财聘，岂有冀财物而娶之之理乎？"

豪格与济尔哈朗娶妻这两事见于《东华录》，让人如读野史，也说明当时的王公贵族的观念极为随便，太宗身为国君，竟会允许其宗室娶亡国的蒙古部族的太后，且因此而引起了一件公案。

太宗以此二事为由，责代善"轻蔑君主"，诸贝勒、大臣将代善的罪状列为四条，并拟议革去代善和硕贝勒名号，另加处罚，太宗皇太极则从宽只罚银马甲胄。

崇德二年（即1637年），太宗御崇政殿，又谕责代善在征战时，违旨用所获粮米喂马及选用护卫溢额，凡事独断妄为，下面又列了代善种种过错，其中说："夫好行不义，虽恭敬，朕亦不喜"，又说："不然，阳为恭敬，阴怀异心，非朕意也。"从这里我们也可了解，代善当时对太宗皇太极是很恭敬的，太宗皇太极却以为是虚伪的，甚至是另有"阴谋"的，那就无法说得清楚了。有一点却是清楚的：代善起先曾是太宗的政敌，后虽拥立，但太宗意识中仍有潜在的敌意，故而必须挫损他的威信，遏制他的势力，所以连以粮米喂马也要看作罪名。然而从权争的眼光来看，这一切也有它的必要。代善随努尔哈赤征战以来，也是父子兵中的骁将，可是在运用权谋和手腕上，皇太极就要比他高出许多了。

皇太极英武非凡，即位以后继续统领大军进行统一东北女真各部的战争。有一个时期，皇太极的第十四弟多尔衮领兵平定察哈尔部。他听说，该部首领的妻子苏泰福晋那里有一颗前代传国玉玺，便立即派人前去索取，取回一看，真是件宝物：玺质是美玉，闪着柔和的光泽，印纽为两条神态生动的蛟龙，印文是汉字"制诰之宝"四字。

得到这颗象征国家权力的宝物，皇太极非常高兴。他更相信，自

己掌天下真是天命所归，于是祷告上天，正式自称皇帝，改国号"金"为"大清"。

2. 爱妃与囚徒之间那些说不清的事

皇太极在松山一战后抓获了当时明朝军事统帅洪承畴，并将他押回盛京。作为汉人，同时又受了明崇祯帝的知遇大恩，洪承畴坚决不屈从清军的各种刑具和诱惑。皇太极对此并不气馁，仍耐心等待，并且对洪承畴更加优待。

这时候肃亲王豪格怒火陡生："父皇，杀了他。依儿臣之见，就是没有洪承畴，八旗子弟也照样进攻京师，来个改朝换代。"

皇太极瞥了一眼，极为不屑，道："杀人容易，挥刀即成，但天底下的人，你能杀得尽吗？朕要得大明天下，就要得大明的子民。"

睿亲王多尔衮道："皇上所言极是，实在不行，就逼他进食。"

皇太极道："人心都是肉长的，朕要亲自劝降，以示恩厚优加。"

汉大臣范文程出班禀道："还是由臣先去，说和说和。"他是担心洪承畴骂语难以入耳，说不定会激怒皇太极，反而功败垂成。要知道，杀了洪承畴，就等于断了引路人。

皇太极应允："还是有劳范先生了。朕在此等候消息。"

"那倒不必了，臣想，皇上还需要些耐心。"范文程道，"皇上能等祖大寿十年，为何不能等洪承畴十天呢？"

"先生言之有理。"皇太极顿悟，是啊，祖大寿不是拱手交出了锦州吗？"罢朝吧。朕在宫里等先生的回音。"皇太极的声音里充满了疲惫……

自关雎宫主人宸妃辞世后，永福宫一改往日的冷清，渐渐热闹起来。

庄妃大玉儿精心地将自己妆饰一番，粉腮上搽了些淡淡的胭脂，华丽的旗袍衣边上缀着一块温润的玉片儿，别有一番风韵。

皇太极揽着庄妃细细地欣赏，毕竟是姐妹俩，在庄妃身上他有时

能找到宸妃的影子：微卷浓密的睫毛在澄澈的秋水上忽闪忽闪，小巧的鼻子、桃红的嘴唇，确似有那么一点细致娇弱的陶瓷美人的味道。

望着四面挂满了的锦绣帘帏，皇太极有一种温柔香艳的感觉。

"爱妃，科尔沁草原上的姑娘都长得你这般美吗？"皇太极将庄妃袅袅婷婷的身材又打量了一遍。

庄妃抿嘴一笑："皇上谬赞臣妾了。"说着褪去外裙，柔声道："皇上，今儿就在此安歇吗？"

"怎么？爱妃还想赶朕走吗？"皇太极道。

庄妃摇摇头道："臣妾哪敢，臣妾只是想，皇上龙体康泰后，可别忘了其他宫妃，特别是皇后。"

皇太极夸道："爱妃真是贤淑有德，朕这几天脑子乱糟糟的，还真没去过呢！"

庄妃不语，她知道，皇上之所以常至永福宫，就是要与她倾诉朝策，她静等皇太极的下文。

"松山大捷后，俘虏了明总督洪承畴，此人是个人才呀，但他决意不降，不能为朕所用，爱妃可有什么妙策呀？"

庄妃道："刚直的人总有脆弱的地方。想死的人终有留恋之情。臣妾想，金银玉馔、高官厚禄都不能打动的人，若从情入手，说不定会有奇效。"

一席话说得皇太极频频点头："朕等范先生回来后，再好好合计。"

正说间，执事太监入禀："皇上，范大学士求见。"

"快，召见！"

范文程行君臣之礼后，皇太极急急地问："事情办得如何？"

范文程答道："还是请死不降。"

"他身体怎样？"皇太极问。

"已饿得骨瘦如柴，要不是天天灌奶，怕早就死了。"

庄妃道："就是死，也有个愿望。"

范文程眼睛一亮，道："对呀，适才臣在三官庙中与洪承畴对谈时，有一丝尘埃飘落在他的衣袖上，那洪承畴轻轻拭去。臣想，一个身陷图圄的人，尚爱自己的衣服如此，他肯定会爱惜自己的生命，只

是时机还不到火候罢了。"

庄妃道："古语云：良禽择木而栖，良臣择主而事。臣妾以为，洪承畴是在等皇上亲自抚慰。"

汉大臣范文程道："臣担心，那洪承畴会满口秽语污言。"

皇太极道："只要能真心降朕，朕就是给他骂上一阵子，又有何妨！就这样吧，范先生辛苦了。"

范文程告退后，皇太极对庄妃道："看来，只有爱妃能解朕之忧了。"……

入夜。两名宫女手提食盒来到三官庙之中。

洪承畴多日水米不进，形容枯槁，兀自端坐在文案前。门旁的两个侍卫死死盯着，以防他撞墙或自杀。

宫女装束的庄妃款款而进，用眼神示意侍卫退下后，打开食盒，乌鸡炖参汤的香味布满了房间。洪承畴一言不发，目光呆滞。

"洪大人，喝点参汤吧，这是大清皇上御赐的，请趁热喝了吧。"庄妃将参汤端至洪承畴跟前，轻声问道："洪大人一心求死，难道无所顾恋？难道洪大人不想家吗？多年征战在外，家中妻小岂不望眼欲穿？"

洪承畴的身子微微一抖，这是被囚三官以来听到的最温情的话语。想到家，洪承畴的眼角溢满泪水，无情未必真豪杰，怜子如何不丈夫。洪承畴想：这几天除了死就没想过别的。是呀，"家"是多温馨的字眼，他仿佛又看到了过去每每出征归来，妻妾相迎，儿女偎膝的场面，可现在自己兵败被俘，亲眷还不知道自己的下落呢？

"唉……"洪承畴叹了口气。

"人非草木，孰能无情？离家久了，洪大人不挂念家小，而她们会挂念大人呀！她们一直盼望着大人能早日归去，共享天伦之乐。如今洪大人却身陷此地，归期无望，真不知她们如何以泪洗面，度日如年。"庄妃动情之时也是语带哽咽。

虽说大丈夫四海为家，不以家为，但现在自己是囚犯，是俘虏，能活着回家，那该多好。洪承畴望着冒着香味的参汤，喉结上下滚动。

庄妃道："还是喝一点吧，要不让奴婢给大人喂下？"说着，真的

端起来，凑到洪承畴的嘴边。

洪承畴打量着庄妃：这美妇鬓云高拥、鬟凤低垂，纤纤玉手，柔若无骨，定不是一位普通的宫女。

"自古以来，识时务者为俊杰，朝代更迭绝不单单会发生在明清之间。洪大人为何愚忠至此，抱残木守瓯缺，这不是太不明智了吗？"庄妃妩媚一笑道："我家皇上厚待大人，大人为何不归顺大清，也好早与家人团聚，以解妻小相思之苦。"

"你是何人？"洪承畴问。

"洪大人喝了参汤，奴家自告身份。"庄妃道。

洪承畴已饿得老眼昏花，俯下身子嗅了嗅，道："也好，洪某就喝了它。"一口气，一碗参汤下肚，顿时感到千万毛孔都舒张开来，惬意无比。是呀，活着真好，我洪某为何要求死呢？

这些天来，洪承畴的脑子里也不时自我斗争。范文程的话掷地有声："《尚书》上说，'民为邦本、本固君宁'，你洪承畴讨伐农民军有功，可你为什么不问一问，那些老实的农民为何起来造反，冒着杀头的危险和官府做对呢？你洪承畴是一介清官，但大明朝有多少贪官，你清楚吗？你洪承畴是一个忠臣，但大明朝的忠臣都有什么好下场，你比谁都清楚！"

洪承畴当然清楚：辽东经略杨镐兵败后被定为死罪；文武双全的熊廷弼经略辽东有功，最后被捕入狱，尸首巡视九边；孙承宗，一代宗师，因支持袁崇焕，解职回家；而袁崇焕呢，这座"大明的长城"被千刀万剐。为什么忠心为国的人都落得悲惨下场？如果自己侥幸逃回京师，那会是怎样的结局呢？皇上肯定会给自己定个死罪以谢天下……

眼下，这位宫女也是出语不凡，振聋发聩。洪承畴喝完参汤，再次发问："你到底是何人？"

庄妃将外罩的宫女服饰除去，现出紧身的一袭葱绿色旗袍，眼光内敛，朱唇微启："洪大人，我的身份不说更好，只要洪大人能看重自己的身子，不要一心想什么死呀死的，本宫就满意了。"

"什么？"洪承畴当然明白"本宫"的含义，吃惊地睁圆了双眼。

"皇太极要我有何用？败军之将，死不足以辱人。"洪承畴顿足道。

"洪大人，"庄妃直截了当地道，"皇上把你当作引路人。洪大人为何要执迷不悟呢？"接着，又道，"皇上怕洪大人落寞久了，特命臣妃服侍洪大人。"说着，欺身上前，伸手扶起洪承畴，对门外道："来人，先给洪大人洗洗脚。"

"不，不，"洪承畴闻到庄妃身上的阵阵脂粉香，神思恍惚，但语气坚定地道，"请回去吧，告诉皇太极，我洪某领情了。"

庄妃笑道："我知道洪将军是个情重之人，不过，好好活着，洪将军要不了多久就会和家人团聚。"说罢，留下另一个宫女转身出了三官庙。

第二天，洪承畴还在睡梦中时，就听门外有太监高声朗语："皇上驾到！"

第一次躺在簇新裘褥里的洪承畴，慢慢翻身坐起，他实在不相信，难道皇太极亲自来看我不成？他甚至还有点不相信昨晚上的事。

范文程疾步而入，道："洪大人，皇上真的来看你了。"

洪承畴这才起床，着衣，出门，望着人群中的一个身材伟岸之人，开口道："洪某多谢皇上不杀之恩。"说着深深一揖。

皇太极头戴九龙冠，身着九龙黄绫袍，腰束玉带，面如朗月，目含瑞气，上前几步道："北地风寒，先生不会感到太寒冷吧？"

说着，从身上解下貂裘披风，亲自披到洪承畴身上。

洪承畴说不出话来，蓦地，他看到站在皇太极身后的妃子，那么熟悉，噢，不就是昨夜力劝自己饮食的那个女子吗？

洪承畴仰视皇太极良久，是梦境，是幻觉，是百年才出一人的明君？玉帛临身，如沐春风，败将被视为良相……突然，洪承畴伏地跪道："皇上真乃真龙天子。"

一切顺理成章，万事水到渠成。

皇太极大喜过望，双手搀起洪承畴，立即赏给金银、绫罗、貂皮。并令其搬进一座王府，给亲兵五十、亲随三十、奴婢十二人，听其调用。

即刻，洪承畴被带到一座王府，沐浴更衣。因夜受寒气袭身，微

感不适，饮下一剂汤药，在床取暖出汗。这时，一奴婢入内禀告："洪大人，皇妃娘娘听说你身体欠佳，特命人送来鹿茸、人参。"

几天后，洪承畴自请剃发，忠心归顺大清。

3. 为何称皇太极马背上的多情天子

皇太极兼有其父努尔哈赤的英勇与谋略，却不似其父努尔哈赤对女人的那种寡情，可以说是马背上的多情天子。

皇太极的妻子总数无准确统计，有记载的包括五宫后妃和十几位妃子，共生养子女25人，其中儿子11人，女儿14人，另有养女2人。在他的众多后妃中，唯有宸妃独得专宠，让他爱得神魂颠倒、死去活来。

与其父皇不同的是，皇太极改变了其父想在东北割地称王的总战略，他看到明王朝已腐败至极，便积极扩军，多次进攻，意欲打进关内定鼎称帝。因此，皇太极联络抚绥广大蒙古各部落，他为此娶了五位蒙古贵族的小姐，晋封为五宫后妃，全是清一色的博尔济吉特氏，宸妃即其一。

宸妃与庄妃是姐妹，其父是蒙古科尔沁贝勒寨桑。有趣的是，姐妹先后同嫁一夫，而且中宫皇后（即孝端文皇后）是她们的亲姑妈。这样，皇太极的这三位后妃中，不仅有姐妹，而且有姑侄两辈人。早在天命十年（1625年）初春，妹妹即嫁给当时仅是四贝勒的皇太极，时年仅13岁。太宗皇太极即位，她受封为永福宫庄妃，两年后生福临，即后来的顺治皇帝。庄妃不仅秀美俏丽，且大度识理，因此颇得皇太极钟爱。尽管庄妃在清朝定鼎中原后立下盖世之功，成为"无冕之王"，但皇太极在世时，她与夫皇年龄相差较多，难以产生真正的情感交流。

天聪八年，宸妃与太宗成婚，时年已26岁，比妹妹成婚的年龄大出一倍。然而，晚熟的果子格外甜，宸妃以贤淑文静、言行识度的出众品行，将皇太极的宠爱集于一身。太宗皇太极封她为关雎宫宸妃，

"关雎"二字即取自《诗经》中的爱情诗，"关关雎鸠，在河之洲。窈窕淑女，君子好逑。"这本身就表明太宗对她的特殊恩宠。崇德二年（1637年）七月，宸妃生了个胖儿子，排行皇八子，太宗异常兴奋，颁诏大赦刑徒。由于皇后没生儿子，因此宸妃之子很可能被立为皇储（清王朝没有嫡长子即位制度），而且宸妃也升到仅次于皇后的位置上。谁料，新皇子两岁就夭折，未及命名，太宗和宸妃为此十分悲痛。崇德六年（1641年）九月十二日，太宗正率大军与明军大战于松锦战场之际，突然传来宸妃病重的消息，太宗可谓情令智昏，竟下令撤出战场，驱马急返盛京（现今沈阳城）视病。十七日赶至旧边驻跸，半夜一鼓时分，又有快马报宸妃病危，太宗当即下令拔营回驰，天未亮即赶到皇宫，可是宸妃已死。太宗扶柩痛哭不止，下令丧礼从厚，棺椁出盛京地载门外五里暂殡，并亲自奠酒三爵。

此后的几天内，皇太极朝夕悲泣，竟至昏迷，言语无绪，经抢救一整日才苏醒。从此，这位屡经血战的皇帝被恋情的失落彻底击倒，饮食大减，军政无心。在诸王大臣的劝谏之下，他曾悔悟道："天之生朕，原为抚世安民，今乃过于悲悼，不能自持。天地祖宗知朕太过，以此示警。朕从今当善自排遣也。"话虽如此，他内心的悲苦却未稍减。诸臣建议他去蒲河射猎，借以排遣悲情，但行猎队伍路过宸妃葬地时，太宗旧情复发，扑在墓上大哭一场，在场的人无不动容。以后，太宗每过此伤心之地，总不禁下马祭奠一番，两年后他也去世，与宸妃相逢于九泉之下，也许与悲痛太甚有关。

皇太极的另两宫妃子是麟趾宫贵妃与衍庆宫贵妃，也都是蒙古女人。据说她们曾是林丹汗的福晋（妻子），林丹汗兵败逃亡，死在青海大草原，他的这二位福晋就归了皇太极，而且，她们来时各带一女，也可为佐证。皇太极对这两个形同战俘的蒙古妃子，似乎从来没有放在心上，把她们娶进宫内只是出于和亲蒙古的政局考虑，不过是给空房里添了两件能看到的摆设。

4. 皇太极为什么要把堂弟囚禁至死

努尔哈赤同母异父的弟弟舒尔哈齐被努尔哈赤所害。真是有其父必有其子，舒尔哈齐的第二个儿子阿敏，又被努尔哈赤的儿子皇太极所害。历史就是这样，在权力斗争中，往往演绎同样的悲剧。

阿敏是皇太极堂弟，是清入关前四大贝勒之一。按照齿序，他居莽古尔泰、太宗（皇太极）之前，称二贝勒，任镶蓝旗主旗贝勒。天命六年（1621年），努尔哈赤和子侄八人焚香告天，儆戒子孙，不要自相操戈，其中即有阿敏，可见他当时地位的重要。

舒尔哈齐想携所属移居黑扯木，阿敏预闻此事，努尔哈赤怒而欲杀阿敏，赖诸贝勒劝解得免，但阿敏另立门户的念头，始终未曾泯灭，说明皇族内部的派系已在酝酿。

太宗皇太极即位，阿敏也附议拥立，可是当诸大臣哭太祖的灵柩时，阿敏却派传尔丹向太宗说："我与诸贝勒议立尔为主，尔即位后，使我出居外藩可也。"其实就是想另立门户。太宗深感惊异，并说："若令其出居外藩，则两红、两白（应是两黄，因正白旗为太宗统辖）、正蓝旗等，也宜出居于外，朕统率何人，何以为主乎？若从此言，是自弱其国也。"他又问阿敏的弟弟济尔哈朗，济尔哈朗说："彼曾告于我，我以其言乖谬，力劝阻之，彼反责我懦弱，我用是不复与闻。"阿敏的亲信，亦行为反常，语言怪异，扬言"谁畏谁，谁奈谁何？"可见两派已到了剑拔弩张之势。济尔哈朗劝阻阿敏，阿敏反怪他懦弱。

天聪元年（1627年），阿敏率大军征朝鲜，朝鲜国王李倧派人议和时，贝勒岳托等鉴于清的御前军很少，蒙古与明朝又是西南的威胁，必须防备，所以和议后即想班师，阿敏却因爱慕朝鲜城郭宫殿，一定要到王京。朝鲜降将总兵官李永芳劝阻他，却遭怒斥："我岂不能杀尔蛮奴，尔何得多言？"并对其侄杜度说："他人愿去者去，我叔侄二人，可同住于此。"杜度是被太祖处死的褚英之子，阿敏用意自然是离间杜度和太宗的关系，杜度却没有答应。

当时七旗大臣均欲班师，只有阿敏的镶蓝旗大臣顾三台等附和，说明镶蓝旗将士已成为他的亲信嫡系，更助长他拥兵自重的野心。

后来阿敏被迫班师，却鼓动领兵诸将分路纵掠三日，所到之处，男女财畜，掳掠一空，这也是一种变态的泄愤心理，实际还是发泄对太宗统治的不满。这时太宗因即位不久，所以隐忍未发。

还师途中，将领将俘获的美妇进献太宗，阿敏欲自己娶纳，岳托说："我等出征，甚多奇物，闻朝鲜产美妇，故以此一妇进于上。"阿敏说："汝父往蒙古，不尝取美妇人乎？我取之，有何不可？"岳托说："我父所得之妇，始献之上，上不纳，而分赐诸贝勒。我父得一人，汝亦非得一人乎？"后来阿敏又派副将求美妇，太宗说："未入宫之先，何不言之？今已入宫中，如何可与？"阿敏为此而又有怨意。太宗闻知后说："为一妇人，乃致乖兄弟之好乎？"索性赐给总兵官冷格里。

天聪三年（1629年），太宗率重兵入边，攻占北京东北的永平、遵化、迁安、滦州四城，阿敏留守沈阳。第二年春，太宗命岳托、豪格等率军先还，阿敏出迎，至御前马馆，留守大臣，坐于两侧，阿敏居中，俨然自诩国君，让两贝勒遥拜一次，再近前拜一次，方行抱见礼。两贝勒中的豪格是太宗之子。按惯例，诸贝勒大臣出师而还时，太宗也乘马出迎，至御座方受跪叩，阿敏却自视如君，欺凌诸贝勒。

太宗回沈阳后，派阿敏、硕托率兵往代驻守永平的济尔哈朗（济尔哈朗为阿敏的弟弟），阿敏要求与济尔哈朗同驻永平，太宗未予允许。临行，阿敏对他叔父贝和济说："皇考在时，尝命吾弟与吾同行，今上即位，乃不许与吾弟同行。吾至永平，必留彼同驻，彼若不从，当以箭杀之。"贝和济责他出言谬妄，阿敏攘臂说："吾自杀吾弟，将奈吾何！"这又是针对即位不久的太宗的。

阿敏至永平时，镇守官员来迎，张一盖（作为仪仗的伞盖，俗称黄罗伞），阿敏怒曰："汉官参将游击，尚用二盖，我乃大贝勒，何只一盖乎？"遂策马入城。他以汉官来对照，正见得对汉人的仇视。所以，他进入永平后，虽谕告城中汉民安心，心中却深恨汉人，认为太宗攻明京城而不克，及克永平，就应杀其平民，还对士兵说："我既来此，岂令尔等不饱欲而归乎？"不久，阿敏即率兵四出掳掠，又将归降

的汉人驱至永平，分给八家做奴。

后来明军围攻永平，又发红衣炮轰击滦州，城楼火起，清军溃围而出，途中遇明军伏击，伤亡惨重，阿敏只得退出永平，还将新降汉官巡抚白养粹等杀死。

清军大败而归，太宗皇太极将阿敏等拘押听勘，一面召集诸贝勒大臣于阙下，会议列举阿敏罪状。议毕，命岳托历数十六大罪，说他"怙恶不悛，由来久矣"。

诸臣拟议当斩阿敏，太宗皇太极却赦其一死，送高墙内囚禁，永不任用。阿敏有田庄八所，打猎围场三所，羊五百，牛二十头，满蒙汉人二十名，其子的乳母等二十人，都遭抄没，从这里也略见一个旗主拥有的财富。

三年后，汉降官谈大受等以阿敏自怨自艾，悔不可及，请太宗皇太极赦释出狱，让其戴罪立功以表悔过之心，但皇太极未答应。

阿敏被囚十载，终在崇德五年（1640 年）死于狱中，年已 54 岁，落得与其父舒尔哈齐一样下场。

阿敏被幽禁时，其弟济尔哈朗率弟篇古和诸侄发誓承认，他们父兄行为有点过失，是自罹罪戾，"若我等以有罪之父兄为是而或生异心"，必将使之夭折。至此，努尔哈赤和舒尔哈齐、皇太极和阿敏两系的内讧，才算结束。

阿敏十六大罪，虽是太宗方面宣布，但阿敏是一个很有野心的贵族，这是毫无疑问。他狂妄自大，骄横残忍，性格中这些坏的质素，因权争而愈益滋长，又成为权争中失败之道。他与济尔哈朗是同母弟，对太宗的态度却不相同，主要原因恐在于他起先的地位权力要比其弟高得多，镶蓝旗对他又很忠诚，所以恃势而骄。他是清太祖之侄，自不可能直接夺取君位，因而一心想另立门户，割据一方，和太宗对抗，所以被太宗所痛恨。由此又说明当时皇族内部倾轧的激烈，政变的火种，在关外时已经在断续地燃烧着。

三、入关第一帝顺治的情丝爱结

天子冲龄主紫宸，

忽然一念弃红尘。

五台僧唱孝陵柏，

直令后人猜到今。

1. 顺治为何要开大清王朝选秀先河

清王朝从顺治年代到光绪年代的二百多年，有九个皇帝，朝朝都曾大张旗鼓地举行过选秀女活动。皇帝们都说这是"遵循祖制"。可我们查一查清朝的官文书，太祖努尔哈赤和太宗皇太极时，并没有关于选秀女的记载。其实那时正忙于进行各部落间的吞并战争，还没空"选秀女"。根据《大清会典》记载，选秀女始自顺治年间："八旗满洲、蒙古、汉军官员、另户军士、闲散壮丁秀女，每三年一次，由户部行文八旗二十四都统、直隶各省八旗驻防及外任旗员，将应阅女子年岁，由参领、佐领、骁骑校、领催及族长，逐一具结呈报都统，汇咨户部。户部奏准日期行文到旗，各具清册。委参领、佐领、骁骑校、领催、族长及本人父母或亲伯叔父母兄弟、兄弟之妻，送至神武门，依次序列，候户部交内监引阅。有记名者，再行选阅，不记名者，听本家自行聘嫁。如有事故，不及与选者，下次补行送阅。未经阅看之女子及记名女子，私相聘嫁者，自都统、参领、佐领及本人父母族长，皆分别议处。"

那么，顺治帝为什么要来个选秀女活动呢？他的选秀又是从什么时候开始的呢？从《清实录》查得，顺治皇帝六岁登基，十四岁举行大婚，二十三岁死去，在位仅十七年，而在这十七年中，前七年又是睿亲王多尔衮摄政。那时顺治还是个十来岁的小孩子，选秀女一事根本提不到日程。多尔衮虽然专横，却也从来没有选过秀女。这一点，从顺治为追黜多尔衮而拟定的罪状中可以得到证明。大清朝第一次选秀女应发生在多尔衮死后。

顺治七年（1650 年）十二月，多尔衮病死在塞北喀剌城。第二年，顺治帝亲政；同年八月，举行了大婚礼，册立科尔沁蒙古卓礼克图亲王吴克善的女儿博尔济吉特氏为皇后。按理说，大婚之前举行选秀女应是最理想的时机。事实上在此前却没发生过选秀女一事。顺治在两年后曾明确宣称："今后乃睿王于朕幼冲时因亲定婚，未经选择。自册立伊始，

即与朕意志不协，宫阃参商。"由于这个原因，顺治提出要废掉博氏，重立皇后。满朝文武对皇帝这一打算，非常震惊，深感不安。一方面他们从传统的封建伦理道德出发，认为"皇后母仪天下，关系甚重"，有些史称贤主的君王，如汉光武、宋仁宗等，都因废后受过史家的指摘；另一方面，他们又担心清入关时间不长，统治地位还不巩固，废后之举不应是开国主君所为，深怕因此而在朝野引起动荡不安，所以纷纷上疏反对。但"君为臣纲"，皇帝要办的事情，岂能让大臣阻挡？何况顺治正值春秋鼎盛，血气方刚之时，大臣们的反对，反而促使他下定了废后的决心。顺治十年（1653 年）八月，他下令将皇后降为静妃，改住侧宫。

顺治从大婚后两年来，一直因多尔衮为他"包办"婚姻而耿耿于怀。为了弥补两年来自己亲政的遗憾，顺治把选择皇后的范围，从宫中已有的妃嫔，扩大到全国满蒙八旗人家。这年十月，他下令"选立皇后，作范中宫，敬稽典礼。应于内满洲官民女子，在外蒙古贝勒以下、大臣以上女子中，敬慎选择。"此次选秀女，只限于满蒙官民，由于居住分散，且多在边陲之地，从上谕颁布，到各家打点行装，把女儿送到京城，还是要相当一段时间。因此，这项活动前后进行了半年多，一直到第二年五月，才择定了科尔沁蒙古镇国公绰尔济的女儿，也就是废后静妃的侄女博尔济吉特氏为皇后，并在同年六月举行了大婚礼。

我们从史料中查看，尽管顺治帝在谕旨中并无"选秀女"一词，但这种在满蒙官民的女子中较大范围地举行择女为皇帝配偶的做法，同后来一些皇帝公开"选秀女"活动，意图完全相同。清朝人士吴振棫曾指出，这种大规模地选秀女的目的，"或备内廷主位，或为皇子皇孙拴婚，或为亲、郡王及亲、郡王之子指婚"。不管怎么说，顺治帝的选女纳后举动，算是大清王朝首开"选秀女"活动的先河。

2. 顺治出于何种考虑废了他的皇后

科尔沁亲王吴克善是摄政王多尔衮的亲戚。顺治登基伊始，吴克善就将自己的女儿送入宫中，并由多尔衮做主把他的女儿许配给顺治。

当时，多尔衮视顺治如自己的儿子，事事都要亲自把关。顺治八年（1651年），吴克善的女儿被册封为皇后。可是顺治本人对这个皇后一点都没有兴趣，当年十月，他就将她打入冷宫，废黜幽禁起来。

顺治年幼时，朝政均被多尔衮掌控，顺治十分愤恨多尔衮的所作所为。年长亲政以后他以恣意谋反篡位为借口，铲除了多尔衮的家族，并剥夺了他生前所有的封爵。因多尔衮同皇后是亲戚关系，顺治又把怨恨迁到皇后身上，使其终以"失德"罪名被废。

废后诏令下达的那一天，满朝文武都为之动容震惊。大学士冯铨等首先上奏章为皇后辩解："前朝如汉光武帝、宋仁宗、明宣宗等，均被称为贤明君主，但均因为废黜皇后的行为，受到后世人的责备。恳望皇上深思详虑，慎重举动，圣上千秋万世的盛名是否受到损害，就看您今天的决定了。"顺治帝看了奏章，很不以为然，认为自己所废的是一个无能的人，而冯铨等人因为这个沽名钓誉，夸大措辞，应该严厉申斥。这时礼部仪制司员外郎孔允椒等人又上奏争论道："臣等考察古代事迹，像汉代的马皇后、唐朝的长孙皇后，敦厚朴素，都能养平和之福。至于吕后和武则天之流，并非不聪明果断，但最终却导致天下动乱，危害国家社稷。如今的皇后不以才能出名，却天生敦厚踏实，作为中宫之主有何不妥，竟要随便改变呢？"当时，继续为皇后争辩的，还有御史宗敦一等十四人。奏章呈上，顺治一概不听从。随即，满洲亲王济尔哈朗等人上奏附和皇帝，废黜皇后最终成为事实。可是五年以后，顺治突然醒悟了废后的错误决定，于是下令将皇后的尊号和册文、玉玺一切恢复如前。

3. 顺治是怎样笼络明朝遗民人心的

顺治帝即位以后鉴于朝廷体面，册封多尔衮为其叔父摄政王，并建立丰碑，记载他的功绩。但他又怕百姓不忘明朝，便施行了种种笼络民心的政策。在这里大略列举几条：

- 为明朝崇祯帝和皇后、嫔妃发丧。派官员管理保护明朝皇帝们的陵墓。

- 明朝官吏凡主动投降者，均予升迁提拔，并给予实权。明朝朱姓的宗室诸王，仍然保持他们的爵位。明朝的官吏士绅在明朝亡国时殉国的，亦均给予谥号同时加以抚恤。

- 被撤职的官员，只要不是贪赃枉法的，有名望的读书人，隐居山林而才德出众者，全部给职起用。

- 受到战乱践踏的地方，所有鳏寡孤独以及乞丐，均发放粮食，济贫抚养。

- 国家的田赋和捐税，除了正额以外，原先明朝的所有加摊名目，像辽饷、练饷、剿饷等，一律除免。

- 明朝末年的种种机构弊政，如东厂、锦衣卫，一律给予废除。

- 汉人的官制和服装，暂时沿用明朝制度和风俗。

被清兵占领的地方，士绅百姓之所以没有大规模立即反抗，正是因为顺治帝及时颁布了以上笼民政策措施。

4. 顺治对多尔衮削爵掘坟前前后后

顺治七年（1650 年）十二月，多尔衮病死，死后却被诸王尊为义皇帝，庙号为成宗。

但时隔不久，多尔衮尸骨未寒，平素就怀恨多尔衮的清世祖顺治帝就命人将多尔衮府中所有信件收贮内库，又命人将多尔衮的赏功册收进大内，还意外地任命当年多尔衮的近侍苏克萨哈、詹岱为议政大臣。

二月十日，苏克萨哈、詹岱等告发了多尔衮死时，其侍女吴尔库尼将殉葬，并把从官罗什、博尔惠等叫来，告诉他们：睿王曾密制八补黄袍（衣服上有八种文绣），让与大东珠朝珠、黑貂褂，潜置棺内，又于永平府（在今河北）圈房，以两旗官兵移驻，与都统和洛会等共定逆谋，因出猎延迟未及实行。都统谭泰也出来揭发多尔衮纳肃亲王

豪格之妃，并令豪格子到府中较量射击，和洛会还以恶言骂豪格子。

于是以郑亲王济尔哈朗为首，巽王满达海、端王博洛、敬王尼堪及内大臣合词追论多尔衮的罪状。满达海等三个人，在顺治七年（1650年）八月间，都受过多尔衮的处罚。

顺治将多尔衮之罪名归纳起来，大致有下列几点：

太宗龙驭上宾，世祖顺治尚在幼年，令济尔哈朗与多尔衮共同辅政，多尔衮却不令济尔哈朗预政，而以母弟多铎为辅政叔王，妄自尊大，以皇上之即位尽为己功。

将太宗昔年重用的诸大臣攻城破敌之功，全归于多尔衮自己。

所用仪仗、音乐、卫从之人，俱僭拟至尊，造府与宫阙无异，擅用织造缎匹（专门供应内廷的丝织品）。

将原属黄旗的皇上侍臣伊尔登、陈泰一族，刚林、巴尔达齐二族都收入多尔衮旗下。

诳称太宗即位系夺立，以挟制中外。

构陷豪格使不得其死，遂纳其妃，且将户口财产不归公却肥己。言下之意，是多尔衮欲纳豪格之妻乃置豪格于死地。

引诱皇上侍臣额尔克岱青（额克亲）、席讷布库等附己。

一切政事及批票本章，不奉上命，概称诏旨，任喜怒为黜陟。

不让诸王公大臣入朝办事，让日候王府前，以朝廷自居。

以上罪行，由于诸大臣畏多尔衮生前声威，不敢出面告发，今经苏克萨哈等首告逆谋，详鞫皆实，自应严办，"谨告天地、太庙、社稷，将伊母子并妻所得封典，悉行追夺"。

不想到了顺治十二年（1655年），诏内外大小官直言时政时，却有吏科副理事官彭长庚、一等子爵许尔安上疏颂多尔衮之功，并请复爵号，修陵墓，都被济尔哈朗及贝勒尚善驳斥。

彭长庚道：太宗创业，多尔衮之功为冠，又与诸王坚持盟誓，扶立皇上。

驳词：太宗创业，遴选诸王分理六曹，从未推多尔衮功大为冠。皇上践位，也非他独效忠诚。

长庚道：遇奸人煽惑，离间骨肉，如阿达礼、硕托私谋拥戴，多

尔衮却持大义，立置重刑。

驳词：这是因为礼亲王代善遣谕多尔衮，言词迫切，多尔衮畏罪及己，开始举首。

长庚道：当时收拾明疆，关内外只知有摄政王一人，皇上还在盛京，多尔衮如果于此时称帝，谁能禁止？他却迎驾入关。

驳词：多尔衮克取明疆之前，济尔哈朗已攻克明之中后所等三城，当时北京不过是一空城，其他亲王前往也能攻克。

长庚道：多尔衮去世之初，尚无异议，为时无几，朝论纷起，论罪削爵，毁灭未免太甚。

驳词：这是因近侍首告，又经过审问核实，怎能说朝论纷起？

长庚道：询之故老，听之传闻，前后予夺之间，似不相符。

驳词：彭长庚份属新进，所询故老是何人，所得传闻是何语？

长庚道：豪格妃渎乱一事，愆尤莫掩，然功多罪少，应存议亲议故之条。

驳词：豪格无故被戕害，多尔衮收其一妃，又以一妃私与母兄阿济格，此罪尚说轻小，那么何罪为大？如果说议亲，肃亲王豪格难道不够亲么？

长庚道：私匿帝服御用等物，想必由多尔衮传谕织造，迟早送至御前，只是暂存王府。

驳词：多尔衮侍女已密嘱潜置棺内，后经首告而搜出，并非暂存。

长庚道：当今皇上力求安宁，而水旱相继，似同风雷之警。

驳词：多尔衮在日，岂无水旱之灾？而且现在也并无风雷之警，又怎能以《尚书·金縢》的故事比拟？

又如援引周公辅成王事迹，尤其乖谬。周公诛管蔡，因为管蔡通武庚而叛，肃亲王豪格难道也曾叛反？多尔衮企图纳肃王之妃，周公曾有这种行为么？多尔衮为了建避痘处所，私动内帑，苦累官工，"周公又有此行吗"？驳词是用十分严厉正经的态度写的，却让人看了为之莞然。

最后，对彭长庚、许尔安的处分是：本应论死，从宽流放宁古塔（在今黑龙江）。

仅仅两月之差，多尔衮便由开国功臣的义皇帝而沦为大逆不道的

乱臣贼子，这说明功高常与罪大相应。彭长庚、许尔安居然敢火中取栗，想为睿王充当辩护人，结果遭到流放，这并不难料。他们职位不高，不是多尔衮当年亲信。这说明朝中为多尔衮鸣冤不平的人还大有人在，只是迫于政势不敢出面罢了。可是真正是多尔衮亲信的，有的却反戈一击，掉转头来诋毁旧主。

5. 顺治宠爱的董鄂妃就是董小宛吗

顺治帝的爱妃董鄂氏原来本是顺治同父异母弟襄亲王博穆博果尔的妻子。董鄂氏隶属满洲正白旗，父亲鄂硕任内大臣，母亲却是江南的一位才女。她兼有满汉女子的优点，既有满洲性格的豪放、开朗、洒脱，又有汉家才女的蕴藉、温柔和多情善感，她外柔内刚，含而不露，有心胸有见识，同时又姿容绝代。

顺治年幼即位，大权最初由其叔叔多尔衮掌管，因此他自小形成暴躁、猜忌的性格。再加上娶了一个刻薄的妻子，日子过得很不顺心。清初有命妇轮番入侍后妃的制度，这便给顺治帝与董鄂妃相识热恋提供了机会。董鄂妃经常到后宫来拜见皇太后。她天生丽质，又很朴素，一眼看去宛若仙子，这引起了顺治的注意。博穆博果尔经常从军出征，董鄂氏出入宫苑侍候后妃，很快与顺治相识并坠入情网。孝庄皇太后察觉后立即采取措施，宣布停止命妇入侍的旧例，以"严上下之体，杜绝嫌疑"。但这一切并不能阻止顺治帝对董鄂氏的迷恋。为了获得更多接近董鄂氏的机会，顺治十二年（1655 年）二月，顺治帝封博穆博果尔为和硕襄亲王，以示优宠。后来博穆博果尔得悉其中内情，愤怒地训斥董鄂氏。这事被顺治知道，他打了弟弟一耳光，博穆博果尔羞愤自杀。未及守孝一年，董鄂妃便被顺治皇帝接进宫里封为王妃。一个月后，晋为贵妃，地位仅次于皇后。

顺治对董鄂氏的感情，已到了难以割舍的地步。他认为董鄂氏有德有才，正是理想的皇后人选，准备二次废后。顺治的皇后是科尔沁蒙古博尔济吉特氏亲王的女儿，科尔沁蒙古自大清入关以前就始终支

持皇太极平定满洲，夺取天下的战争，是蒙古四十九旗中最强大且举足轻重的一支。如果顺治再度废后，改立董鄂氏，蒙古女人失去中宫主子之位，势必影响满蒙关系，动摇大清帝国的立国之基。所有这些，顺治不是不知道，可是当一个人感情达到狂热的时候，理智难免就要丧失。董鄂氏没有显赫的家庭背景，她的母亲还是一个汉族女子。顺治册封董鄂氏为皇贵妃，因有违祖宗"满汉不通婚"的制度，已经引起很多人不满。孝庄太后毫不犹豫地对儿子的举动进行了抑制。

董鄂妃入宫不久生下皇四子荣亲王，不久爱子病逝，董鄂妃十分伤心悲痛，身体每况愈下。顺治十七年（1660年），董鄂妃去世。顺治非常悲伤，为此五天没有上朝。不久，顺治下旨礼部，称"奉圣母皇太后懿旨，皇贵妃佐理宫中事务多年，以其贤淑之德行教化宫闱，成绩斐然。如今突然去世，我内心深为痛悼。现追封贵妃为皇后，以示褒奖推崇。朕仰承太后懿旨，特此追封，并加以下谥号：孝献庄和至德宣仁温惠端敬皇后"。顺治为她亲撰行状，说她对皇太后"奉养甚至，左右趋走，皇太后安之"；"事朕，晨夕候兴居，视饮食服御，曲体罔不悉"；"至节俭，不用金玉，诵四书及易，已卒业；习书未久，即精"，等等。并命学士王熙、胡北龙编纂《董鄂皇后语录》，大学士金之俊撰《董鄂皇后传》。当时听说的人都感到十分惊讶和不解：仅仅是一个贵妃，死后三天就被追封为皇后，皇帝何必如此滥加谥号？

关于顺治孝献皇后董鄂妃，社会上有各种传说。最普遍的一种，说她就是明末清初的秦淮名妓董小宛。

相传这位贵妃，原来是明朝江南才子冒辟疆的小妾董小宛。明弘光末年（1646年），豫亲王多铎出兵讨伐南明，占领南京后将董小宛带回献给顺治。清末秘史还盛传，董小宛是被南下的洪承畴抓获。洪本想自己占有，因董誓死不从，才将她送入皇宫表忠心，成了顺治帝的爱妃。福临对董小宛宠爱有加。后来，董小宛触怒孝庄皇太后被赐死。又传董小宛被清兵掳掠到京师并进入皇宫，深得顺治宠爱，赐姓董鄂氏，不久被册封为贵妃。顺治对于董鄂氏，可谓情有独钟，三千宠爱于此一身。没想到董小宛心念故国，情怀故人情郎冒辟疆，誓死不屈。后来为顺治帝的真情所感，相约可有夫妻之名而不可有夫妻之

实。入宫后董小宛就这样忧郁而死，顺治为之终日抑郁，数月之后，削发为僧，皈依佛门了。大清宗室虽然百般劝解，但始终未能使顺治回心转意，于是清皇宫在顺治十八年（1661 年）正月谎称皇上驾崩，同时颁布皇帝的"罪己诏"，作为遗诏。在董小宛与清顺治帝的缠绵凄婉的爱情故事里，顺治为了董小宛剃度出家，这就是清代有名的"顺治帝五台山出家"的传说。为此还引出了康熙去五台山寻父的故事：康熙见一和尚打扫庭院，问他叫什么法名，他说"八乂"。康熙打听询问了半天也没有找到他的父亲顺治。当他走出寺院，突然意识到"八乂"是个"父"字，于是又翻回来找那位和尚，可是和尚已不知去向。

顺治一向好佛，宫中奉有木陈、玉琳两位禅师，钤章有"尘隐道人"、"懒翁"、"痴道人"等称号。他对木陈曾说过这样的话："愿老和尚勿以天子视朕，当如门弟子相待。"看来，他早有削发为僧的念头。在去世前几天，他还叫最宠信的内监去闵忠寺削发做和尚。据说，康熙曾四次去五台山，前三次都是为看他父亲去的，每次，必屏侍人独上高峰叩谒。第四次去时，顺治已死，康熙帝触景伤情，做诗哀悼："又到清凉境，岩卷旋复垂。芳心愧自省，瘦骨久鸣悲。膏雨随芳节，寒霜惜土时。文殊色相在，惟愿鬼神知。"诗文十分哀惋。又传说在康熙年间，两宫西狩，经过晋北，地方上无法准备供御器具，却在五台山上找到了内廷器物，于是，顺治出家便有了更充分的证据。以上为一些人作为顺治出家的原因。

据《清史通俗演义》，康熙皇帝五度巡幸五台山。吴伟业有《清凉山赞佛诗》，就是咏叹此事。《清稗类钞》、《清代野史大观》等书中都有关于顺治帝因董鄂妃去世而削发出家的故事。其实关于顺治到五台山出家的说法，只是一种传闻和间接推测，从来没有直接证据。史家所谓的清初三大疑案：太后下嫁、顺治出家、雍正夺嫡，顺治出家的依据材料最薄弱。

董小宛生于明天启四年（1621 年）甲子，顺治出生时，董小宛已15 岁了；顺治 7 岁即位，董小宛已 21 岁了；顺治八年（1651 年）正月二日董小宛死，年 28 岁，而顺治那时还是一个 14 岁的小孩子。小宛比顺治年长一倍，断无入宫邀宠之理。而且董鄂妃是在董小宛逝世

五年之后的 1656 年才奉召入宫，这就是说董小宛根本没有进过清宫。由此可见，董小宛并非董鄂妃。实际情况是董小宛嫁与名士冒辟疆，1645 年多铎挥师南下攻占南京后，冒辟疆和董小宛离家逃难，辗转于离乱之间长达几年之久。董小宛终因劳累过度于 1651 年死于肺病，终年 28 岁。后来冒辟疆写了一卷记载董小宛生平的文章《影梅庵忆语》，深情追忆他和董小宛休戚与共的难忘岁月。《影梅庵忆语》明白地写着董小宛于顺治八年（1651 年）去世，当时海内无数名流以诗词相吊。

为什么各野史和秘史能把董小宛与孝献皇后扯在一起呢？原因是她们的姓中都有一个董字，她们的样貌都堪称一个美字。顺治帝曾经钟情的董鄂妃就是顺治帝五台山出家传说中董小宛的真实原型。但真实的董鄂妃，和董小宛并不同姓。根据汤若望回忆录记载，她是内大学士鄂硕之女，顺治异母弟襄亲王博穆博果尔妃，满族人，姓董鄂氏。汤若望是当时的钦天监监正，为德国传教士，与顺治帝关系相当密切，因此他的这段回忆可靠性、可信性很高。又据清代纪晓岚《阅微草堂笔记》记载，她应为东鄂洛氏，而王国维《吴梅村清凉山赞佛诗与董小宛无涉》一文考证为栋鄂氏。姓董鄂氏是满语译音，许多史书也有译为"栋鄂"、"东古"、"东果"。

关于顺治的死因，据当事人王熙《王文清集·自撰年谱》载："奉召入养心殿，谕：朕患痘势将不起。"王熙是顺治年间一名进士，授官检讨，后在康熙朝官至保和殿大学士，并奉命专管密本。因此他的记述有一定的可靠性。张宸在《青集》中也称："传谕民间毋炒豆，毋燃灯，毋泼水，故知上疾为出痘。"张宸也是当时人，曾任兵部主事。王、张二人所记完全相合，可以互相印证。似乎顺治死于出痘是无疑的了。已故明清史专家孟森的《世祖出家事实考》举了《东华录》等文书的记载，认为顺治死于痘疹，没有出家。从董鄂妃死后火化看来，可能是董鄂妃患上了天花，并传染给了顺治。

"顺治帝为董小宛出家五台山"的传说，自然是清初好事文人的附会。但这一传说的起源，除了一个"董"字外，倒也和顺治帝不无关系。顺治帝与董鄂妃感情极好，其向佛之心，也和思念董鄂妃不无关系。在顺治帝遗诏中，曾多次提到董鄂妃。顺治在自罪的遗诏中，列

举了自己不孝、亲汉排满、董皇后丧礼太过……等十四项大罪，承认在董鄂妃死后"丧祭典礼，过从优厚，不能以礼止情"，可见感情之深。关于董鄂妃的美，顺治下了"倪静"二字的按语，这倪字，根据"集韵"，意思是妩媚。塞外的满洲女子，刚健婀娜的很多，妩媚的极少。如果拿"妩媚"来形容一个南国佳人，倒是十分恰当。正是由于这两个不起眼的字，引来了好事文人的猜测。

董小宛身为"秦淮八艳"之一，生逢明末清初乱世，其遭遇自然是文人骚客们关注的对象。曾与董小宛交往深厚的"明末四公子"之一的冒辟疆，在其《影梅庵忆语》中说，曾经在顺治八年（1651 年）三月底，梦见董小宛被人抢去，又说在同一天夜里，董小宛自己也梦见被人抢走。这不可能不成为无聊文人们猜测的"凭据"。文人们将这些只言片语的传闻与董鄂妃事迹结合，就成为了董小宛被清兵掠走，先为博穆博果尔之妻，后为顺治帝之妃的传说。

清初《同人集》中《行路难八首存三》以及吴伟业诗集中《古意六首》，考证出董小宛并未死，而是于顺治七年（1650 年）先归豪门后没入宫廷。吴伟业与钱谦益、龚鼎孳并称"江左三大家"，与"秦淮八艳"有较为密切的往来。他的一些诗作，被认为是寻找秦淮八艳下落的明证。吴伟业有《题冒辟疆名姬董白小宛像八首》诗，歌咏董小宛的事，该诗载于《梅村家藏稿》。其中有这样的诗句："乱梳云髻下妆楼，尽室仓黄过渡头，钿合金钗挥弃却，高家兵马在扬州。"这被很多人认为足信。同时，"欲吊薛涛怜梦断，墓门深更阻侯门"明显暗示出了董小宛的下落——大约是被掳走并卖给豪门世家。其"古意"第六首，曰："珍珠十斛买琵琶，金谷堂深护绛纱。掌上珊瑚怜不得，却教移作上阳花。""上阳"两字，即使在今日也不可能不引起人们的某些联想。他的四首《清凉山赞佛诗》，也常被附会为顺治出家的证据。诗中有"可怜千里草，萎落无颜色"。草头下面一个"千"字，"千"字下面一个"里"字，合起来，便是董小宛的董字了。

后来还有人考证《红楼梦》影射了顺治与董鄂妃：贾宝玉即比作清世祖顺治，林黛玉即是董妃。"世祖临宇十八年，宝玉便十九岁出家；世祖自肇祖以来为第七代，宝玉便言：'一子成佛，七祖升天'，

又恰中第七名举人；世祖谥‘章’，宝玉便谥‘文妙’，文章两字可暗射。”“小宛名白，故黛玉名黛，粉白黛绿之意也。小宛是苏州人，黛玉也是苏州人；小宛在江苏如皋，黛玉在江苏扬州。小宛来自盐官，黛玉来自巡盐御史之署。小宛入宫，年已二十有七；黛玉入京，年仅十三余，恰得小宛之半……小宛游金山时，有人以为江妃踏波而上，故黛玉号‘潇湘妃子’，实从‘江妃’二字得来。”是否牵强附会且不说，但在考证中无疑将董小宛与董鄂妃混为一谈了。

至于为什么当时人会编造顺治与董小宛的悲剧恋情，以及顺治出家的荒唐故事，恐怕已无可得知。大约与明末知识分子尴尬的处境有关，董小宛的经历或许正是他们自己不堪回首的心理路程的折射。历史是由语言组织而成，真实的历史不仅是那些曾确实发生的事实本身，也包括世道人心在其中的沉淀，唯有这样，这历史才是“人”的历史。通过许多虚构的镜子，平凡的人照亮了自己。

四、经文纬武康熙帝的野史稗传

擒鳌折桂若拂灰，
文治武功未可追。
不是此公开盛世，
唐裔汉种肯服谁？

1. 康熙上五台山是为了寻找父亲吗

康熙，名爱新觉罗·玄烨，是清世祖顺治帝第三个儿子，生于公元1654年，是清朝入关后的第二代皇帝。康熙为年号。

传说康熙皇帝八岁登位之后，心里老是惦念着自己的父亲顺治先皇，经常问他母亲："皇阿玛到哪里去了？你难道不知道吗？"

康熙的母亲佟佳氏是个聪明的女人。她知道顺治皇帝喜爱僻静，喜欢游览名山大川，平时经常说起五台山风景幽美，那里名胜古迹很多，现在肯定是隐居在五台山一带。因此，当康熙再次问他皇阿玛的下落时，她就回答说："你皇阿玛出家了。你真想找他，可以到五台山一带去打听打听。"

康熙听了他娘的话，决定到三门峡去寻找父亲。他脱下了龙袍，换上了便服，打扮成普通老百姓的模样，然后辞别了母亲，到五台山来了。

他到了五台山，看到这里山川美丽，峡谷雄伟，黄河水冲出峡口，一泻千里。这种美丽的自然景色，在京师北京城里是看不到的。他心里想：这正是皇阿玛喜欢的地方，说不定他就在这里。

于是，康熙就在这里住下了，一边寻找父亲，一边还能游山玩水。

有一天，康熙来到一座山上，游游转转，不觉天黑，路上连一个人也没有。这座山风景虽好，只是太荒僻，前不挨村，后不着店。这一夜到哪里去住呢？康熙正在发愁，抬头一望，见前面不远有一页席，席左边直放着三根枣棍。他急忙走到那里，拣了一根最粗的枣棍当自卫武器，防备野兽，然后便躺在席上睡了一夜。

第二天康熙醒来以后，又在山上转了一圈，沿途打听父亲的下落，但结果一点音讯也没有。他只好回去了。

回到北京，康熙的母亲问他："见到你皇阿玛没有？"

康熙回答说："没有。"

康熙母亲又问:"那你一路上见到什么东西没有?"

康熙说:"有一天夜里我在山上找不到住处,看到一页席,席左边直放着三根枣棍。我把枣棍拿在手里当武器,在席上睡了一夜。"

康熙母亲想了一会儿说:"对了,你爹一定在那个地方!你写一下看看,在页字前加三道直杠。"

康熙拿起笔,在"页"字前面写了三竖,一看是"顺治"的"顺"字。这时他才恍然大悟,后悔自己错过了机会。他对母亲说:"我再去找一次,要是见不着人,就把这页席和三根棍拿回来做个纪念。"

康熙第二次来到五台山,又上了那座大山,想把席和三根枣棍拿回去。但是走到山顶一看,席和枣棍早已不见了,想必是老父亲收回去了。于是康熙又往前边寻找。翻过山是一片平地,绿油油的庄稼就像汪洋大海,一眼望不到边。走着走着,天又黑了。这时康熙不敢再往前走了,他怕又像上回那样找不到住处,就站在路旁向四处张望,忽然看到前边的树丛里,隐隐约约有一座庙,他就向树林走去。康熙来到庙前一看,见门上写着"八乂"两字,说啥不像啥。再往里边一看,庙里只有一张床和一张桌子,连个神像也没有,更不知道这是个什么座庙。康熙走得很累,一进庙倒在床上睡着了。半夜里,忽然听得有人敲门,康熙开门一看,面前站着一个老和尚,康熙就问他是哪里人,法号叫什么。

老和尚回答说:"我叫八乂和尚,从山北边来。你从哪里来?"

康熙回答说:"我从京师来。"

老和尚微微一笑说:"好吧,你就在这里住,我再去寻个地方。"

康熙实在是想睡,不再推让。老和尚走后,他又睡着了。

这一次寻父,又没有什么结果,枣棍和席也没有找到,康熙只好又空手回家。

回到京师后,康熙母亲问他:"席和枣棍拿回来了没有?"

康熙说:"没有,恐怕是皇阿玛收走了。"

娘又问:"那你见到你皇阿玛没有?"

康熙说:"也没有,那座大山很荒凉,一个人也没有碰到。山下只

有一个小庙，我在庙里过夜。半夜里来了个八乂和尚，看我在那里，他就另找地方安歇去了。"

康熙母亲想了一会儿对他说："你在'八'字下面再写一个'乂'字，看看是个什么字。"

康熙拿过笔这么一写，才发现是个"父"字。他母亲又叹道："你见父不认父，这次机会又错过了。"

康熙听到他母亲这话，非常懊悔。想想自己千里迢迢，不辞辛苦，奔波到五台山就是为了寻找到父亲，可是万没料到，因自己疏忽大意竟错失了两次极好的机会……

2. 康熙借赐袍训教贝勒的民间传说

有一天，康熙帝在大乌喇窝集打猎，他骑的是白龙马，正要拉弓射一只花翎子野鸡，突然从树窠子里窜出两只小白嘴鹿羔子。康熙帝瞧见毛色光亮、体小好看的白嘴小鹿，惊喜地把弓放下了。只见两只鹿崽瞅着人，惊恐怪叫，声调十分凄怆。那小鹿边叫，边回头朝山岗上跑。康熙帝觉得挺好奇，就领着随从们，催马踹镫，紧跟后边撵。过了一道岗，又过一道岗，穿过一片松林子，又过一片松林子。他往鹿崽跑的方向望去，嗬，有两个乌喇贝勒（清官爵位），各领一帮壮勇，为了争抢一只白嘴母鹿，张弓舞棍，正厮打成一团！

这伙人看见了旌旗、伞盖，可吓坏了，哪顾得抢白嘴鹿，都扔掉弓棒，扑噔噔跪了一地。两个贝勒慌慌张张，连爬带滚地来到康熙皇帝白马前，磕头便说："奴才不知圣驾御猎，奴才死罪，奴才给皇上请安。""你们为什么打斗？"康熙帝问。一个贝勒急忙上前说："禀皇上，这里是奴才的围场。"另一个贝勒抢着说："禀皇上，奴才围场的鹿逃到这里，奴才追讨白鹿到这里来的。"两贝勒互不相让，还要争执。康熙帝说："噢，为一只野鹿，竟伤了和气！且罢，回宫再议。"

按规矩，皇上出围，两个贝勒聚众斗殴，是大不敬，有惊驾罪。侍卫们早跳下马，过去摘了两个贝勒的顶戴，带回行宫。

　　原来，从小乌喇到大乌喇的林田，早叫贝勒和将军、宗室给分占了，连年争斗，闹得连驿道都不通畅。两地交通全靠水路联络，行走不便。康熙帝看见一个个贝勒，居功骄横，十分有气，想处治几个。可是，又觉自己初来乌喇，这里功臣遗老很多，自己临政不久，国势方稳，北方罗刹又不时犯边。要励精图治，贵在人和。康熙夜里翻来覆去地想，终于想出了一个办法。

　　第二天，康熙帝把将军、贝勒、贝子还有亲随大臣们召进行宫，赐了座。他们一个个像怀揣兔子，心里怦怦直跳，都以为皇上非得发怒怪罪不可。谁知，康熙帝却慢声慢气地问了个奇怪的问题："朕身上穿的袍子，织得好看不好看？"

　　众人忙说："好，好！天下无比！"

　　康熙帝又说："朕初访乌喇，无有所赐。身上的锦袍，分给众位勋臣吧！"

　　大家一听，吓得一愣一愣的。皇上的龙袍，谁敢分啊！

　　康熙帝笑了，站起身走了过来，说："乌喇的锦绣山川，良田沃土，是先王留下的，可供万民衣食之用。民富可使民安，民安方能国强。它像朕身上穿的这身袍子，匠心巧手使用经丝纬丝织成的。如果众手都来抽丝拔线，难道还有袍子么？今后，乌喇土地不准私占豪夺，你们不得违旨！"

　　康熙帝也没责怪两个贝勒，大家都感激万分。从此以后，乌喇的圈地斗争没有了，方圆数百里土地也没有私人围场了，都由吉林将军管辖。就这样白嘴鹿繁殖起来了，旗民伐木开路，烧荒耕种。从小乌喇到大乌喇交往沟通不断，并且还自吉林经过炮台山，九站至哨口，修通了直达乌喇的交通陆路，进而巩固了北方的军事要塞。因为这条路清一色用白石子铺成的，人们就把这条通道称作"白鹿（路）"，又称"合欢路"。

3. 历史上的康熙当真是射猎高手吗

人们说自古帝王多好游猎，汉武帝就是个著名的打猎迷。他常"自击熊豕，驰逐野兽"，甚至闹到国事荒疏、人心不安的地步，所以才有司马相如上书谏猎的事。清朝皇帝的狩猎，自然也是出于享乐，但在清初，主要还是为了保持入关前渔猎、尚武的习俗，因而把一年一度的秋狝定为一种朝廷皇帝例行的制度，目的是不使统治者忘本。

在清朝皇帝中，康熙是个打猎能手。他小时候，曾跟一个叫默尔根的侍卫学习骑马、射箭。默尔根要求十分严格，凡是姿势、方法上有一点差错，他就直言不讳地指出。默尔根的教练，给康熙留下了深刻的印象。康熙晚年曾回忆说："朕于骑射哨鹿行猎等事，皆自幼学习，稍有未合式处，默尔根侍卫即直奏无隐。朕于诸事谙练者，均为默尔根之功，迄今犹念其诚实忠直，未尝忘也！"

除了在热河围场举行秋狝之外，康熙每次到北方出巡，往往伴有打猎的活动。值得注意的是，在今天已行踪很少的猛虎，而当时分布却很广。不仅黑龙江、吉林，就是山海关、锦州、遵化、古北口、滦河西岸，都有虎豹出没山丛林中。《圣祖实录》记载：康熙二十年（1681 年）二月，"辛丑，帝出山海关，行围，射殪二虎"；"壬寅，上行围，射殪二虎，驻跸中后所"；"癸卯，上行围，射殪二虎，驻跸宁远州"；"丙午，上行围，射殪二虎，驻跸广宁县闾阳驿"。仅在一周之内，康熙就打死了八只老虎。

康熙二十二年（1683 年）二月，他在巡游五台山的归途中，于"长城岭西路旁射殪一虎。是日驻跸龙泉关。"

康熙二十五年（1686 年），他去遵化拜谒顺治的孝陵，在米峪口、滦河西岸、龙井关都打死过老虎。

康熙行围打猎的规模相当大。跟随康熙身边的西方传教士南怀仁，在所著的《鞑靼旅行记》中记载了康熙二十一年（1682 年）的一段打猎的情况："抵达了称作山海关的城堡，……皇帝连同王侯百官，从此

每天都狩猎，……此时皇帝从亲卫军中，挑选出三千名弓箭武装的侍卫兵。

"他们按着一定的顺序和间距，列队绕着山峰，向两侧扩展，围成了一个直径三里的环形。……等所有的位置固定后，全体成一条线向前进。前面无论是谷涧，还是荆棘深丛，甚至是险陡的山崖，任何人都必须攀涉，不准左右串动，离开队伍。

"就这样，横越山岭和涧谷，把兽类圈在这个环形网中，再渐渐地围到一块没有树木的低地。三里半径的圆环，缩小到半径仅有二三万步的圆环。然后他们各自下马（七万人全都骑马，无一步行），步比步、肩并肩地穷追那些从洞穴中、从栖息地赶出来的兽类。兽类东窜西跳也找不到逃路，终于力竭就捕。我亲眼看见，用这种办法，仅半日间就抓住三百多只牡鹿和狼、狐狸以及其他野兽。在辽东前方鞑靼的边陲地方，我时常看到一个时辰就捕住一千多只牡鹿和穴居的熊……

"捕住的虎有六十头，这是用另外的方法，使用其他武器击毙的。"

康熙身边的文学大家高士奇，在《随辇集》中也记录了一些打猎的情况。其卷七《扈从杂纪》诗云："漠漠荒陂路不分，千山立马对斜曛。彩旄时杂岩前树，黄辔遥飞岭外云。出队狐狸人共逐（兽逸出围外者，人皆得射之），合围麋鹿自成群（每合围麋鹿数百）。扬雄羽猎无能赋，后乘空惭托圣君。"他叙述康熙打猎的规模与南怀仁所记大体相似。

在狩猎中，康熙自己常用火枪、弓箭射击。他晚年曾做过一个统计数字："朕自幼至今，凡用鸟枪弓矢，获虎一百三十五、熊二十、豹二十五、猞猁狲十、麋鹿十四、狼九十六、野猪一百三十二，哨获之鹿凡数百，其余围场内随便射获诸兽，不胜记矣。"有一次，他一天之内就"射兔三百一十八"。他的箭法枪法确实很高超。他的孙子即后来的乾隆皇帝曾经说："圣祖神勇天赐，力能挽强，并用二十把长箭，臣下罕有及者。曾见圣祖箭无虚发，围中射鹿，率多贯胁洞胸。即猛如虎，健如熊，捷如兔，亦往往一发殪之。"

自从康熙在学习西方解剖学之后，他总想对古代"关于熊能引气，

故冬蛰不食"的说法做一次实地考察。有一次，他在狩猎时获得一只冬眠熊。经过解剖，他发现这熊的肠胃中确实是"净洁无物"。从此，他才相信熊"冬蛰不食"的说法。康熙说过："倘猎者不即毙之窟中，熊逸而去，则虽冬月亦必搏兽而食。"由此，他还联想到道家用"食气内息"之术可以"两三日不食不饥"的问题。他说："若与人应对酬酢便不耐饥饿。"这是因为"气随音而动，动则外泄内虚"的原因。康熙当时还不知道熊在冬眠中是靠消耗体内贮存维持生命，但他所说的传统理论——"食气内息"，却是值得后人深思和研究的，因为冬眠并不是单靠消耗体内贮存就可以达到的。

当然，康熙出宫围猎早已成为历史的旧闻。我们只不过是作为一桩历史的秘闻，从一个方面来把康熙的私生活描绘出来。

4. 村翁野叟以什么棋局指点了康熙

一年秋季，康熙皇帝到木兰围场打猎，住在龙潭山下的行宫里。

这天，他骑上逍遥马，带着宫中的太监和士卒，向伊逊河方向跑去。秋日的塞上，天高气爽，一朵白云在峰峦中飘过，阳光下黄花在山野里争妍。康熙策马顾盼，顿觉心境开朗，一口气跑出了三十多里路。可奇怪的是，在这段路程中，连个野兔、山鸡也没撞见。康熙有点失望，不由得放松了马缰，慢悠悠地走着。突然，路旁草丛里窜出一只黄色的狍子。康熙急忙提起马缰，"啪啪"两鞭，追上前去，又抽出弓，搭上一支雕翎箭，"嗖"地射去。平时"百发百中"的康熙，这一箭却没有射中。那黄狍子一转弯，钻进了一条乱石沟。康熙紧皱了一下眉头，又扬鞭追了进去。说来也很怪，那黄狍子大概是以为到了安全地，竟回过身来蹲在一块青石板上，看着康熙。康熙跃马腾空，冲了过去。谁知逍遥马的前蹄被乱石绊住，身子一扑，把康熙甩了下去。康熙"哎呀"一声，趴在一块石板上不动了。太监们吓得缩脖瞪眼，急忙上前抢救。怪! 康熙好像一点事也没有，正用两眼盯着石板上刻的文字呢! 康熙是个沉着而有学问的人，遇到他看书品字，太监

是不敢胡乱插话的。康熙细细地看了一会儿后，惊奇地叫喊："好诗啊！一首难得一见的好诗！"说着竟自己吟诵了起来：

> 南山种黍斜阳暮，怅然归去溪横路。
> 山河俱在余辉里，不见清明上河图！

太监们见这首诗里没有歌颂国朝的话，就小心翼翼地说："万岁爷，这里荒山僻野，哪有《清明上河图》？难道不有点荒唐？"康熙轻轻地拈着胡须，若有所悟，说道："不对呀！你看这诗的第一句，'南山种黍斜阳暮'，大概此山就叫南山吧。"太监忙回道："万岁，木兰围场的地图上没有南山呀！"康熙沉思一会儿，又说："那就是比喻。晋朝隐公陶渊明不是有'采菊东篱下，悠然见南山'的名句么？看来做诗的人并非等闲之辈。他是清明节种黍，一直种到夕阳西下才回家的。'怅然归去溪横路'，怅者，失意也。也正在这时，他回首看到'山河俱在余辉里'。最后一句，那就意味更深了！"太监们一听，就纷纷赞叹道："万岁说得对，看来这穷乡僻地真有文人墨客了。"

康熙环视四周，又道："岂只是文人墨客，恐是一位极不寻常的人。你瞧，谁不知《清明上河图》是张择端的名画，此画细致入微地画出了北宋时汴京的繁华。可是这首诗里说，如今他只看到在夕阳余辉里的河山，却见不到像《清明上河图》那样的北宋繁荣景象了！"

太监们听康熙这么一解释，猛然醒悟道："喔唷，原来是一首反诗！他敢骂我大清朝，非把他抓起来不可！"康熙摇摇头："不，不，如果我大清繁荣昌盛，他不就改成'又见清明上河图'了吗？"几个太监叫康熙说得摸不着头脑，只得附和道："对，对，万岁心胸宽大，不计小人之罪。"

康熙光顾说诗，把那猎狍子的事已忘得干干净净了。太监们要扶他上马，康熙整一整衣冠说："我们走走看吧！前边有人家，到那里去。"

他们来到一棵老槐树下，树旁有一块卧牛石，石上刻着一副棋盘。康熙蹲下一看，又惊奇地说："这深山之中竟有棋手，快，快快将他找来，朕要与他消遣片刻。"太监们应声去找，可不一会儿就转了回来，

50

稟道："万岁，这几户人家都不通晓棋艺。"康熙一时生气道："没有通晓棋艺之人，这棋盘为什么如此平光锃亮？"太监们愣住了，谁也不知道说什么好。

这时，忽然飘来一阵悠扬的牧笛声。一个太监心地机灵，依景随口吟出几句诗来："山岗野川生僻处，荒草萋萋三秋树，眼前有屋人不见……"他吟到这里，故意向康熙求教道："万岁，小人不才，结尾一句实在想不出来了，乞求万岁恩赐。"康熙最喜好做诗，不加思索地接上说："悠扬笛声震耳鼓。""对，对，实在妙极了。"太监拍手称好。康熙微微一笑，却见山那边转出一个吹笛的牧童，便指指牧童道："快去问问他，谁会下棋？"太监连颠带跑地赶了过去。那牧童说，这里的人确实不会下棋，那卧牛石上的棋盘也不知道是怎么回事，不过，山后有个老翁经常坐在这棋盘旁，自言自语地用手比划着。太监像得到了宝贝似的，兴冲冲地跑回来告诉康熙。康熙大喜，忙令太监到后山将老翁找来。

大约一顿饭工夫，那老翁来了。看上去他年近七十，农夫打扮，面色红润，两眼有神，长长的胡须上，像是撒了霜雪。太监刚要引见，康熙一摆手，上前拱拱手道："老丈安康吗？"谁知老翁并不还礼，嘴里喃喃地说："俺山野村夫，找俺干吗？"几个太监气得直咬牙，可康熙好像并不在意，他沉思了一下，随即用手指一指棋盘。那老翁仰天一阵大笑后，转身就走了。

不一会儿，那老翁又转了回来，手中提着个包袱，二话没说，盘腿坐在卧牛石上。他把包袱一解开，康熙一见大为惊异。这哪里是棋子，而是一些栩栩如生的雕像。你看那奔腾欲跃的马，带着辖辘的车，身披帅服的将，还有盔甲整齐的士。更多的要算那手持长戈的兵卒啦！

老翁摆好了棋，一摆手，示意康熙先下。康熙并不谦让，"啪"，来了个当头炮。老翁不慌不忙，把马跳起。走着走着，康熙渐渐发现这老翁棋路特别怪。人常说，丢卒保车，他却丢车保卒。老翁的卒子争着往前拱，过河就形成了连环阵。马也蹾掉了康熙的中炮。等康熙急忙调兵遣将时，老翁的卒子已经兵临城下了！看到这个架势，几个观棋的太监坐不住了，生怕他赢了万岁，触犯了龙威。太监们在旁边又是挤眼，又

是打手势，那老翁就像没有看见，一步过去，"将"死了康熙。

第二局，老翁还是那种走法。康熙已慢慢熟悉对方棋路，棋走得扎实稳健，双方勉强和了局。第三局，老翁仍是拱卒、跳马。康熙心想，这老头就这两下子啦！哪知老翁一个卧槽"将"，逼得康熙挪开了老帅。紧接着，老翁的卒子又拱了上来，几步就把康熙的以前部署打乱了。康熙只好交棋认输。老翁连连说："得罪了，得罪了！"

康熙心中着恼，但转念一想，这老翁善以卒取胜，确实值得借鉴。于是开口问道："老丈，你走棋为什么丢车保卒呢？"老翁一拈胡须，哈哈笑道："万事以民为本。卒者众多，善用必胜！""那车纵横直入，比卒力大势威，为什么不用车呢？""车是卒操纵，无卒怎能动呀？"

这时，康熙方才大悟，故意板起了面孔问道："老丈，你认得我吗？"老翁拉长了脸，回道："啊！难道还用我说？"康熙心想：这老家伙莫不是隐匿在这里的明代遗老？那石板上的反诗也很可能是他写的。不过，康熙毕竟是个有远见卓识的皇帝，他很注重搜罗人材，于是转口说道："老丈，为什么不出山报效朝廷？""我年老力衰，归居田园，已达宿愿。若悟根本，还需我否？"老翁稍停，又意味深长地说了七个字："勤民方不愧为君。"康熙一听，不禁肃然："说得对呀！勤民方不愧为君……"当他再想和老翁说话时，抬眼一看，那老翁已收起包袱，旁若无人地远去了。康熙也不去追，对太监们说："谁说此山无名？实是棋盘山哪！棋盘指的是社稷，下棋卒为本，社稷民为本。老丈说得好，勤民方不愧为君。"

康熙在老翁那里学得了做一名君王的思想根本，并始终把"勤民方不愧为君"一句诗放在自己的书桌上和头脑里。

5. 太子胤礽为什么让康熙如此纠结

胤礽是孝庄太皇太后指定的皇太子，他自小就受到父皇康熙的精心呵护和栽培。胤礽很有才干，骑射、言谈、文学都很好，不到十岁就随从康熙四出巡幸，学习处理各种政务。康熙也着意培养他在朝中

的威信，给他制定了储君的特有制度，体现他作为太子威严的着装、仪仗，用物与皇帝差不多，国家三大节日的元旦、冬至以及太子的千秋节，王公百官在给皇帝进表、朝贺之后，也要到太子处进行同样的仪式，要行二跪六叩首礼。藩国朝鲜国书因没有为胤礽避讳及表笺用词不当，被康熙帝指责。康熙三次亲征噶尔丹，都让胤礽留守京城，处理政事。可以说对胤礽这个太子，康熙帝给予了极大的信任。可是，胤礽在做了三十三年皇太子后，于康熙四十七年（1708 年）突然被康熙废黜，这个决定震动了整个朝野，更出人意料的是，半年之后，康熙又将废掉的太子重新立为储君。但是好景不长，康熙五十一年（1712 年），胤礽再度被废。康熙的反复废立把所有人都弄得一头雾水，他这样做的原因究竟是什么呢？胤礽究竟犯了什么错？这里确有一段秘史。

有人认为，胤礽被废的原因之一是结党谋位。在人类社会进入"父传子、家天下"之后，立储就成为任何一个王朝不可缺少的一个环节。储君就是未来的皇帝，一些官员便奔走太子门下，在官僚集团内形成一个既依附于皇权又会对皇权构成某种潜在威胁的太子党。只要一册立太子，不管是否存在一个图谋不轨、虎视眈眈的太子党，总要有一些人趋附在太子身边。

胤礽储君的特殊地位，如果他能正确处理其与父皇、与诸兄弟、与贵胄朝臣的关系，就有利于朝政和他的顺利登基，而处理不好就会出大乱子。胤礽虽然年轻，但做太子的历史却很长，随着时间的推移，一部分人就想依附于他求取发迹，于是在他周围形成了一个小集团，主要成员是索额图。此人是胤礽生母孝诚仁皇后的亲叔父，即是胤礽的叔外公，早在康熙八年（1669 年）就担任了大学士，康熙二十五年（1686 年）改任领侍卫内大臣，随后率领使团与俄国签订尼布楚条约，是康熙前朝的重臣。他极力使皇太子的仪卫接近于皇帝，更为严重的是他反对康熙，图谋胤礽早日登基。康熙为保护帝位，对太子党的活动自然不能容忍，但投鼠忌器，为保护皇太子，不使事态扩大，只惩治了少数人。太子党人的活动把胤礽推到了康熙的对立面。康熙四十七年（1708 年），从木兰围场返京途中，胤礽每夜在康熙住的帐篷周

围活动，从缝隙处窥测其父行动，康熙认为他可能要谋害于己，因此昼夜不宁。康熙对胤礽的容忍是有限度的，同年九月终于做出了废黜太子的决定，并迅速付诸实行。

废太子事件发生后，皇子胤禔和胤禩认为太子既废，于是到处结党谋求储位。他们的活动让康熙感到事情的严重性，立即制止诸子结党倾轧，不许与诸皇子非法结党。可是，太子是国本，国家当有储君，而且康熙立太子已达二十多年之久，朝臣都有立太子的心理习惯，康熙本人也不例外，在这种情况下若再立一个太子，既符合臣民心理，又免得诸子争夺储位，所以康熙在废太子不到一个月的时候，就有再立太子的打算，但是立谁好呢？

康熙命朝臣推荐太子，在佟国维和马齐的示意下，朝臣一致举荐胤禩，康熙对此非常不满，一面惩治马齐，谴责佟国维，一面决心再起用胤礽，并于康熙四十八年（1709 年）三月把他复立。康熙惩处马齐、佟国维之意，是不许朝臣干预立储。胤礽并不是康熙的理想太子，再次册立他，只是用他填补储位的空缺，以扼制诸皇子结党谋位。康熙深知臣下拥立皇子，将来会以此要挟正位的太子，擅权恣肆，对皇权不利。他考虑的是清朝的长治久安，把立太子当作是专属于皇帝的权力和事情，结党谋求储位就是侵犯他的权力，就是危害朝廷的行为，结党谋位者就没有资格充当储君。所以康熙在胤礽再立过程中进一步明确，在发生过废立太子事件的客观条件下，不能用结党谋位的人为储君。

虽然再度被立，但胤礽的地位很不巩固。胤礽本人意识到这种形势，再次结成团党，希望早正大位。康熙发现之后，指斥胤礽无耻，与恶劣小人结党，再加上服御陈设等物超过皇帝标准，因此又将他废黜幽禁，终于使胤礽丧失了作为太子的政治生命。

除了结党谋位，太子的人品让康熙不满，恐怕也是被废的原因之一。皇储与皇帝只差一步，唾手可得的皇帝宝座足以使胤礽狂妄自大，唯我独尊，唯我是从，奢靡纵欲，总之一切贵族子弟的恶习，他无一不具。胤礽贪婪钱财，以至于侍从康熙巡幸，把外藩蒙古进贡的马匹也掠为己有，他还性情暴躁，毫不克制，责打王公贵族，当着父皇的

面，把官员推到水中。康熙行政注重宽仁，这就使父子间政见相悖，令康熙感到后继无人，担心胤礽当政祸国殃民的恶果。有人认为，胤礽的个性暴躁疯狂，也是令康熙厌恶的原因。胤礽因性情暴躁不时鞭打左右，就连平郡王纳尔素、贝勒海善、公普台等也不免"遭其殴挞"，因"暴怒捶挞伤人事"屡有发生。胤礽变态的个性，使得康熙"毫无指望"，坚定了废太子之心。

康熙以"孝"治天下，"父慈子孝，兄友弟恭"是他所尊崇的伦理道德。他自己孝养太皇太后和皇太后，并以此期望于胤礽，哪知胤礽不顾其父死活，更不用讲孝顺了，因此康熙认为他"绝无忠爱君父之念"，父子感情恶化。康熙四十七年（1708 年），他带领胤礽及几位小皇子于木兰秋狩返京途中，随行的皇十八子患重病，胤礽毫不关心，康熙以兄友之义责备他，他根本不当回事，让康熙大为愤怒，对待兄弟如此无情，这样的人日后怎么成为一名仁君呢？

当年立储君的时候，康熙认为太子应当有三个条件：一是要忠于父皇，不可结党谋位；二是为人仁义，将来为政清明有道；三是孝友为怀，做储君时能守孝道。从实际来看，胤礽根本不符合康熙的标准。

太子这样的性格，固然跟他自己的天性有关，但是更关键的原因恐怕是被储权所扭曲而导致的。

康熙很注意皇太子能力的培养，在三次亲征噶尔丹（康熙二十九年，1690 年；康熙三十五年，1696 年；康熙三十六年，1697 年）期间，俱令太子留守京师，处理日常事务，各部院衙门的所有本章，"停其驰奏，凡事俱着皇太子听理，若重大紧要事着诸大臣会议定，启奏皇太子"。在康熙看来，祖宗留下的江山社稷最终要由他交付皇太子去治理，为此他不得不对胤礽进行强化教育，对"往古成败"、"人心向背"、"守成当若何、用兵当若何"都要"精详指示"，一一面授机宜；为此他安排皇太子学汉文、学满文、学骑射、读经史、习书法，自朝至暮"读书无逸斋"，"虽元旦佳节封印之期，亦不少辍"。

然而，超负荷的训练，极大地摧残了胤礽的身心，在陪同康熙第四次南巡时（康熙四十一年，1702 年），胤礽因过度劳累中途病倒，险些魂断德州府。康熙皇帝在给李照奏折的朱批上有"不意皇太子偶

感风寒，病势甚危"等语。胤礽的病并非一般伤风感冒，而是邪寒由表及络，又由络及里。发病初期恶寒发热，头部及周身关节酸痛，继而疼痛剧烈难忍。胤礽在从永清启程之前（九月二十七日）即已不适，因没能及时调治，在从景州向德州进发途中已呈现伤寒的症状：上吐下泻，畏冷无汗，四肢冰冷，有时甚至全身战栗。十月初三，在抵达德州的前一天，年轻的皇太子已处于昏迷状态。在胤礽病危期间，康熙对其"多方调治"。从十月初三到十月二十二整整二十天的时间，他不仅日夜守护在胤礽身旁，还要对太医所开方剂反复斟酌，终于使得皇太子的病情化险为夷。皇太子的身体虽已康复，但留在其心灵上的苦痛是很难消失的。同为皇帝儿子，当他从早到晚在无逸斋发奋苦读之时，他的兄弟们却在御花园尽情玩耍；当他随驾出巡饱尝颠簸之苦时，他的兄弟们却在皇宫内恣意享乐。这种巨大的反差，在胤礽的心中，引起越来越强烈的不满，于是这位皇太子便在皇帝亲征期间，寻欢作乐，宣泄被压抑的欲望。久而久之，太子"昵比匪人"的传言也就传入康熙的耳中。

在长达二十年的时间里，胤礽是在储位危机日益明显、步步紧逼的情况下度过的。皇储一旦被废就意味着失去一切，甚至要失去生命。他在一只脚已踏上通往权力之巅的坦荡之路的同时，另一只脚却仍停留在陡壁上。在这种高度紧张的状态下，胤礽已经煎熬了至少二十年，他没有天真的童年，也没有充满欢乐的少年，更没有生机勃勃的青年。他的心灵、躯体都被皇太子的身份所窒息。畸型的自尊驱使他必须时时事事循规蹈矩，难以遏制的欲念却又使他屡屡越轨。皇储地位所培育出来的独尊意识使得他不免在无意之中触犯皇权，在通往权力之巅的漫漫岁月中又令他诚惶诚恐，如履薄冰。为了克服那日益明显的储位危机，他必须及时了解父皇的喜怒哀乐，善于捕捉父皇含而不露的思绪，想父皇之所想，急父皇之所急，言谈举止都要与父皇保持一致。既然他的生命是康熙生命的延续，他的储权是康熙皇权的延伸，他的灵魂就理所当然受康熙灵魂的支配。他不能有自己的思想，自己的好恶，自己的喜怒哀乐，他的躯体只能是康熙生命的投影。在历经三十三个春秋之后，胤礽仍未能完全毁灭或掩饰自我的存在，以至于最终

因自我的膨胀而触犯了君父，于是这个生活在精神桎梏下的皇太子，终于沦为身系锁链的阶下囚。

长时间的高度紧张使得胤礽心神不宁、疑神疑鬼，无休止地自我遏制，又不胜其烦，一旦失控便迁怒他人，鞭打下属。宣泄之后，接踵而至的则是新的更深的危机，如此恶性循环，不仅使胤礽的精神濒于崩溃，也使得他那唯恐失去的储位终于失去。

平心而论，二阿哥胤礽在康熙诸子中的确才能一般，学识远不如三阿哥胤祉，韬略又不及四阿哥胤禛，名声比不上八阿哥胤禩，才干更不像十四阿哥那样得到公认。而嫡出的特殊身份以及皇太子的特殊地位，使得性格暴躁的胤礽最为骄横。被废的经历虽然使他猛醒，但多年所形成的个性、恶习却已根深蒂固。加上这位二阿哥又是一个天生不会掩饰自己弱点的人，他的表现再次与康熙的期望发生冲突，结果只能是他再次沦为阶下囚。

归根到底，酿成康熙父子感情危机的根源是高度集中的皇权。康熙在废太子之前颁布的那道上谕中，所强调的"国家唯有一主"、"大权所在，何得分毫假人"就充分反映出这一点。这里所说的"大权"不得"分毫假人"恐怕主要是针对胤礽来说的。当康熙感到自己的皇权受到太子的挑战后，当然不能容忍。在经历两立两废之后，康熙无意再立太子。对于臣下的奏请，实际是一拖再拖，或以借口进行搪塞，或以皇太后丧期拖延时间，直至无推辞之言时，又以"动摇清朝"这种骇人听闻的罪名，惩治进言者，以闭天下人之口。康熙仅仅给群臣留下了一个许诺、一个安慰："即使朕躬如有不讳，朕宁敢不慎重祖宗弘业，置之磐石之安乎？待到那时，你们自知有所依赖也。朕万年后，必择一坚固可托之人与你们做主，必令你们倾心悦服，断不致赔累诸臣也。"

康熙意中的继承人是谁？他从未透露给任何人。任何人也从不敢触及他的这块心病。人们，包括觊觎皇位的诸皇子，只能远远地暗自猜度。

康熙是了不起的帝王，在位六十一年，平定三藩，统一台湾，扫清漠北，稳定西藏，修治黄河，实行滋生人丁永不加赋的社会政策，

巩固与发展清朝统治，促进社会经济的恢复发展，促进中国统一多民族国家的兴盛，他是有功的。但是康熙也不是白璧无瑕，在立皇储的问题上，他处理得确实不当，造成了政治混乱，也使自己身体耗损，威信降低，晚年的康熙不能保持励精图治的精神状态，实在由于储位问题把他搞得精疲力尽，再也没有精力去实现自己的雄心壮志了。

6. 康熙频下江南是迷恋山川秀色吗

（1）秦淮激扬文字

江南秦淮河南源江苏省溧水县东北，它横贯南京，流入长江。相传为秦始皇南巡会稽时所凿，同时又因疏导了淮水而得名，是江南的名胜之一。

历史上秦淮河是南京地区客货流通的重要通道。三国吴、晋等几个王朝相继建都南京，使之成为江南重镇；明朝的贡院设在这里，南方各省的书生都要到这里赶考，又是文人荟萃之地。这一切，无不刺激着南京地区的经济发展，秦淮两岸也因此被那"十六红桥夹两岸，蜀娇越艳扬新声"的舞榭歌台所充斥。当时的达官权贵、文人墨客，都把买笑于秦淮看作是一种风流时尚。因此，明末复社的侯方域尽管吟诵着"商女不知亡国恨"，却还在秦淮河边与名妓李香君结下了一段姻缘。清朝的康熙皇帝在南巡时也亲临秦淮，观赏这一江南名胜。

康熙帝在位期间，为稳固满清在中原的统治地位，曾六巡江南以观民风土俗，同时乘机游览了江南各地名胜。他曾经谈道："朕每至南方，览景物雅趣、川泽秀丽者，靡不玩赏移时也，虽身居九五，而乐佳山水之情与众何异？"（《圣驾五幸江南恭录》）在第二次南巡驻跸江宁（南京）时，他亲祭明太祖孝陵，借以笼络那些不肯臣服的明朝遗民，巡游秦淮即是这次驻跸江宁期间的一个插曲。

当时随从康熙南巡的南书房大臣张英记载道："至金陵（南京）之次日，上诣明太祖孝陵致祭，……驾旋从至文德桥，明巷陌皆有鼓吹，上命停之，遂登舟……"（《南巡扈从纪略》）那时候，秦淮河确是非

常美丽的，碧绿的河水缓缓东流，岸边垂柳倒影清晰明丽。唐朝颜真卿曾在这里放生，杜牧曾在这里畅饮。虽然时过境迁，那放生池和杏花村酒店却依然照旧，让人留连忘返。两岸河房中不断传出歌声、笑语声……康熙帝在随从大臣和侍卫们的簇拥下，从文德桥上船，往返游荡，欣赏着秦淮两岸美丽的景色。看到百姓家家张灯结彩、跪迎"圣驾"的情景，康熙帝不免有些盛世之君的得意之情。为了显示对臣民的仁爱，他又向旁边侍奉的大臣们说了些诸如"无乃烦扰百姓"一类的话。而面对当时社会分工明显加强、工商业日趋繁荣以及文人墨客、乡绅仕宦沉溺于秦淮声色的社会现实，康熙帝似乎又想起了南明政权偏安江宁以致灭亡的历史，发出江南"大略尚虚华，安佚乐，力田者寡，逐末者众"的感叹，他告诫地方官员们"当使之去奢反朴，事事务本"（《清实录》）。

在江宁，康熙帝曾专就江南民风土俗问题对地方官员论道："朕向闻江南财赋之地，今观市镇通衢，似觉充盈，其乡村之饶，人情之朴，不及北方，皆因粉饰奢华所致。尔等大小有司，当洁己爱民，奉公守法，激浊扬清，体恤民隐，以副朕老安少怀之至意。"（《清实录》）这些话，表明了康熙受到儒家农桑为本、工商为末传统思想的极大影响。但是，当时工商业日益兴盛已是历史发展的必然，而且在封建制度下，像秦淮两岸河房那类虚假的繁荣不可能被毁灭，康熙帝也不可能真正听到那些下层妓女们强作欢笑背后的痛苦和泣泪。因此，尽管康熙帝的"圣谕"被勒石树碑，却终于没有成为现实，只是他的秦淮之游，成了他"虽身居九五，而乐佳山水之情与众何异"的自白。

数百年过去了，昔日秦淮的"六朝金粉"早已荡然无存，连明清的盛世繁华，人们也只能从偶然尚存的几所雕梁画栋的房舍中，依稀想象它当年的风采。然而，这一切都过去了，正像秦淮的流水一样，一去不复回，迎来的则是新时代和平昌荣的气象。

（2）晾肚皮晒书的老翁

有个王店镇坐落在杭嘉湖平原上，清代时它不叫王店，而叫梅会里。

有一年立春过后，康熙皇帝下巡江南，路过梅会里，他装扮成老

百姓，四处察访民情。那时，梅会里有七十二条里弄。康熙皇帝七个转身八个拐弯，走着走着迷了路。他来到一个荷花池边，发现池塘南面有个草亭，亭里有个五十多岁的老汉，就赶忙上前去问讯。

康熙走上草亭，向老汉一看，不由大吃一惊：当时天很冷，西北风呼呼地刮着，池塘里的水也结着很厚的冰，但这个老汉却摊开衣服，裸露着肚皮，一动不动地坐在亭内的一把木椅上好像没事似的晒太阳。

康熙皇帝奇怪地问道："老伯呀，天气这么冷，你露着肚皮干什么呀？"

老汉听了，叹口气回答说："唉，没办法呀，肚皮里装的书太多了，憋的时间又太长，快发霉了，五脏六腑受不了，所以我只得把它敞开来晒晒太阳呵！"

康熙皇帝是个聪明人，立刻明白了老汉的意思：他是个不得志的读书人。康熙皇帝当时是很重视人才的，回京后，马上宣旨召那个老人进京。就这样，那老汉就带着自己的一肚子学问进京去了。

康熙皇帝对老汉说："朕很想看看你肚皮里装的是什么书，你能不能答应朕的要求呢？"

那老汉一听，才知在草亭迷路的人原来是康熙皇帝。他慢吞吞地说："好吧。"接着，便不慌不忙地解开衣带，拿出了八十一卷书。

康熙皇帝翻开书一看，是一部很有价值的宏文巨著，笔迹端正秀雅，心中不由暗暗称赞。他又让左右大臣传阅，大臣们也都惊叹不已。康熙皇帝对老汉说："你以后就不用再晒肚皮啦，留在京城为国家效力吧！"老汉忙跪下道："谢万岁！"没多久，康熙就封老人为翰林院编修，并且叫人把这部著作拿去刻印。他还亲自赐给老人一块匾额，上写"研经博物"四个大字。那么回过头要问，这个被康熙皇帝特召进京的老汉何许人也？他呀，就是我国文学史上很有声誉的朱彝尊先生。

后来人为了纪念朱老先生，就把他曾晒过肚皮的草亭，取名"曝书亭"。康熙皇帝亲手题的"研经博物"的金匾至今仍端端正正挂在亭子的檐上。

（3）微服私访治贪官

康熙皇帝为了更进一步体察民情风俗、官吏政绩，多次巡游了

江南。

有一次，他私行察访，来到了一个小集镇，在一家小吃店坐了下来。

这家小店，摆几张桌子，环境倒很清静。康熙坐了一歇，还不见人出来，心里有点急躁，便喊道："店家，店家在吗？"

康熙喊了两三声，还是不见有人出来，便向内房望去，只见里面有一位阔脸浓眉的大汉在喝酒，桌上一锅烧鸡，几盆美菜，店主聚精会神地把着壶筛酒。直到这位汉子吃好酒，洗过脸，扬长而走，店主这才转身来到康熙面前，赔着笑脸说："怠慢怠慢。客官要多少酒，几个菜？"康熙并没责怪他，只要了一壶酒、三碟小菜，慢慢地吃了起来。

康熙感到一个人寂寞，便要店主一起来饮酒闲谈。酒过数巡，店主感到这顾客和蔼可亲，话就多了起来。康熙听他讲的许多当地风土人情，觉得很有意思，便插嘴问道："请问店家，刚才我连喊三声，你为什么只奉承那位大汉，却对我不答理呢？"店主轻轻地叹了一声说："唉，客官远道而来，有所不知，刚才那人是本地财税老爷呀！你想，我哪敢怠慢他？"

康熙想，一个小小的地方财税官，架子这么大，肯定不是好官，于是问道："财税老爷常到你店吃酒吗？"店主笑笑说："客官，白吃哪有不来呀！常言道：'税爷笑，心勿焦；税爷怒，三年苦！'这小小一爿店，死活全在他手里呢！"康熙皱皱眉说："收税不是朝廷有规定吗？"

店主想起自己的苦处，便放低声说："客官，人家有权势，明文规定不抵用！前些年啊，人家要我每月送去一只鸡。送了十个月，忘了一个月，就罚我五十两银子的税。我这个店小利薄，伙计带老板就我一个人，哪有这许多现银，只得把生财抵卖，现在这些家什都是借来的呢！"说到这里，他流下了眼泪。

康熙听了很气愤，就叫拿纸笔来，写了张字条，盖个印，套上封套，交给店主说："你明天头顶此信，到县衙门跪地告状，冤情就可得到伸解。"

店主一听，想此人来头一定不小，于是问道："不知客官尊姓大名？"康熙说："店家不必多问，日后自然知道。"说完话，就离开了。

店主捧着信，将信将疑，想想只有这一条路可以试试，第二天，就硬着头皮来到了县衙。役衙见有人顶信告状，就去禀报。书办走出来取信拆开一看，不看则已，一看顿时大惊失色。他双手扶起店主；连忙命人点起香案，请出县官跪接康熙皇帝圣旨。

县大人即日就抓人开庭。那个财税官一看这阵势，还有皇上亲谕的圣旨，早已被吓得魂都飞了。当场就把所索要的银赃物件全部退还。审完此案，县官慌慌张张组成一队人马敲锣打鼓这就去迎接康熙皇帝。可是康熙早不在这个集镇小店了。

7. 康熙皇帝当真如此赞赏蒲松龄吗

据传蒲松龄创作的《聊斋志异》原名是《鬼狐传》。现在这个书名就是康熙皇帝改的，并亲笔题了字。这里面还有一段故事呢。

有一年，蒲松龄进京应试，三场考完，他非常满意。他心想，根据自己的文章，定能金榜题名。谁知皇榜颁出，同乡中不学无术的人考中了，自己却反而名落孙山。他愤愤不平，回到了山东淄博老家。一路上他已想好，一到家就埋头著书，揭露人世间的黑暗。但直来直去地写又不行，怎么办呢？他发现民间流传的许多鬼怪故事，惩恶扬善，寓意深刻，能发人深思，就决定搜集整理这类故事，用以发泄心头的愤慨。于是，他在村头开设茶馆一座，招呼过往行人游客，凡能讲鬼怪故事者，喝茶留宿都不收钱。消息一经传开，很多人都到他的茶馆来讲故事。就这样，蒲松龄日以继夜，发愤了三年，写成了一部故事书，并把它取名叫《鬼狐传》。

这一年，蒲松龄的一个在京做官的老同学祝枝柳返乡省亲，前来看望他，发现了这部书，要求带到京城拜读，蒲松龄答应了。

祝枝柳回到京城，竟被蒲松龄的文笔和书中的故事深深迷住了。他随身携带，稍有闲暇，便摊开细读。一日早朝，五鼓未到，群臣们

都在殿下朝房内等候。祝枝柳又捧着《鬼狐传》在聚精会神地阅读。这天康熙也起得很早，上殿之前，来到朝房闲转悠，突然发现祝枝柳在专心攻读，便轻步走了过去，站在他的背后，探身注目观看。文武大臣见皇上驾到，个个躬身施礼，而祝枝柳却全然不知。有人想提醒他，康熙却用手示意，不让别人打扰他。后来，有人偷偷拉了一下祝枝柳的衣袖，他转脸一看，皇上正站在身后，不禁十分惊慌，纳头便拜道："小臣不知皇上驾到，望万岁恕罪！"康熙笑着说："你把瞬间光阴当寸金来用，十分可嘉，无罪，无罪！"说着伸手把书要了过来。这时，金钟三响，五鼓已到，康熙说："借给我看看，读完再还你。"转身就登殿去了。

没有多日，康熙召见祝枝柳进宫，询问《鬼狐传》的作者是谁。祝枝柳禀告是他同乡同学蒲松龄所写。康熙说："这个人很有才华，为什么不进京应试？"祝枝柳答道："应了，没有考中。"康熙立即书写诏书一道，交给祝枝柳说："宣进朝来，量材录用！"祝枝柳很高兴，谢恩捧诏，日夜兼程，来到淄博，谁知蒲松龄却执意不肯进京。祝枝柳没办法，只好回京复旨。蒲松龄违抗圣旨，这让他非常担心，生怕惹下祸端。不料康熙不仅不生气，还要亲自去淄博面会蒲松龄。

康熙驾临蒲家，让蒲松龄进京为国出力，蒲松龄又婉言谢绝。康熙暗自叹道："是我任用选才之人不当，以致造成玉柱不架金梁，这是我的过错呵！"正要起驾回朝，他又想起《鬼狐传》，环视一下谈话的房舍，对蒲松龄说："此屋是你会友聊天的书斋，你那部书想是在这里写成的，我想给它改名为《聊斋志异》怎么样？"蒲松龄思索一下，表示很同意。康熙便亲笔题了书名。

康熙回朝，马上就把前一科主持考试的六名官员传到殿下，命令取来蒲松龄的应试文章观阅。看罢，问道："此人为何不取？"六个人面面相觑，浑身打颤，不敢回答。康熙又说："老实讲来，从宽治罪！"这时一个名叫张万生的考官急忙跪下奏道："蒲松龄的文章篇篇俱佳，本应该考中；因我们妒忌他的才能，才故意不录用他，这一点有负于皇上的恩典，我们真是罪该万死！"康熙听完勃然大怒："我信任你们，希望你们为国家选择良才。可是你们一个个嫉贤妒能，心怀不轨，此

真狗猪不如啊！你们又有什么脸面面对朝廷国纲呢？"康熙随后派人将他们交由刑部处罚，只有张万生从轻发落，其余均处以极刑。康熙的这一举动在民间传开，人人都拍手称快。

当然这只是民间流传的野史稗传，历史上的蒲松龄与康熙之间并没有产生过这样的交集。不过，直到今天，蒲老先生家乡的老人说起这段半真半假的"历史"来，还都津津乐道得很呢！

8. 少林寺的匾额是康熙御笔亲题吗

如今少林寺的山门上，悬挂着一块黑底金边紫檀木大匾，匾中间书写着三个斗大金字——"少林寺"，据说这就是清初康熙皇帝的御笔。

传说，少林寺的山门重修后，比原来的山门气势雄伟壮阔了。门面阔，进深三间。门内前龛塑有赤足袒腹弥勒佛像，后龛塑有手执"降魔杵"挺立的护法韦驮。门前有十七级台阶，两旁是一对张牙舞爪的石狮子。还有那参天的古柏，把山门衬托得非常壮观。可就是门上缺少一块"少林寺"的匾额。当时住持僧名叫敬斋，他费了许多周折，从江南运回来一段质地坚硬、色泽柔美的紫檀木，让木匠高手做了一块黑底金边大匾。他还请来好几个善于书法的人，写出了几十张"少林寺"题字，但都觉得不满意。

正在这时候，北京传来圣旨，说康熙皇帝要到中岳游巡，让少林寺做好接驾准备。敬斋和尚听到这消息，高兴得不得了。一来皇帝来游寺，少林寺有光彩；二来可请皇帝在匾额上御书"少林寺"三个字。但一想，他却又泄气了。为什么呢？因为康熙的书法虽然很好，但他很谨慎，一般场合，不肯轻易动笔。所以，文武大臣私下议论说：康熙皇帝的字，一字值千金。

这可怎么办？敬斋和尚想呀想呀，终于想出了一个好办法。在康熙皇帝来游寺的前一夜，他把全寺八九百名寺僧召集在一起，把想好的计谋，如此这般讲说一遍，又一一做了细致的安排。寺僧们听后，

都称很好。

第二天，康熙皇帝来到少林寺，只见寺内冷冷清清，门口站着一老一小两个和尚，地上铺着两张白纸。老和尚年约八十岁，两鬓斑白，右手握着一支像扫帚似的大笔，在前面一张纸上写下了"少林寺"三个大字。字大如斗，歪歪斜斜，笔划粗细不匀，看起来很刺眼。小和尚也只不过八九岁年纪，脸上胎毛还没褪净，穿的僧袍盖住了脚面，右手握着一支小小竹笔，也在那张纸上写下了"少林寺"三个字。字小如杏核，笔划曲曲弯弯，好像蚂蚁爬，看起来也很难看。老和尚说小和尚写的字像"羊屎蛋"，小和尚说老和尚写的字像"猪脚爪"。两人起初在小声争吵，等康熙皇帝走近，把吵声故意提高了起来。后来，两人就请康熙皇帝评一评。

康熙皇帝看着一老一小两个僧人，为写字争吵得面红耳赤，心中不觉可笑，便对老的说："你字大如斗，笔划不周，粗陋。"又回头对小的说："你字小如豆，笔划歪扭，太丑。"

这时，小和尚跑入院内，拿出一支足尺湖笔，递给康熙皇帝，说："那你说怎么个写法呢？"老和尚也说道："请写个样子叫俺看看！"

康熙皇帝接过湖笔，蘸饱松烟徽墨，在地上铺的另一张如匾大的白纸上，刷刷刷写下"少林寺"三个大字。

他刚写完，寺内外突然涌上来八九百个和尚，双手合十，个个躬身高呼："谢万岁！谢万岁！"

康熙知道寺僧智取御笔，也不责备住持僧敬斋，还高兴地在匾上盖了一枚方方的御印。

康熙皇帝所题的字，距今已有三百多年历史了，其挥洒淋漓，正大庄重的神形，一直被后人仰瞻。

9. 康熙降伏的河妖究竟是什么东西

东北吉林省永吉县的白小米，是闻名中华的特产，其米颗粒又大又圆，白净如同玉石一般，做出来的饭清香可口。不过，这种米并不

是此地土生土长，它的历史不但悠久，还带有传奇色彩。

有一年，康熙帝第二次巡察吉林，地方官员巴海陪同泛舟于松花江上，欣赏沿岸的景色。康熙帝坐在五彩缤纷的彩船上放眼四望，细雨如烟的江面上几十只船竞相划行。到了一个地方，康熙帝眼前出现了一只十分显眼的楼船：船舷上八面大旗迎风招展，桅杆上挂着九条纸做的金锭，船头船尾悬吊着神刀、铃铛、手鼓，顶上摆满了猪头、水果、点心，木碗里香烟袅袅，上方的木雕彩龙看去好像在云层中飞腾。

"那是什么船？"康熙帝指着那彩船问。

巴海忙跪下答道："回禀皇上，那是一条祭船。"

"祭什么？"

"祭河妖。"

康熙帝不觉眉头一皱，正色问道："哪儿来的河妖？"

"禀皇上。前些时候，奴才府里的兵丁伐树的时候，在江边刨出一个石罐，夜里闪光，他们大为奇怪，拿来献给奴才。奴才请萨满求神，神说，这是一个神罐，里面装着被天神收伏的五百河妖，在罐里过了九九八十一天，河妖就不能兴妖作怪了。所以专门设下祭船，八十一天过了，就将它放走。"

"是这样！"康熙帝学过自然科学，不相信有什么河妖，但又不好当着众人的面揭穿，只是随口说道："既然是神罐，那朕也应该祭一祭，你们把它送到行宫来。"

巴海胆战心惊，亲自把"神罐"抱到康熙帝行宫。康熙帝放下手中的书，上前摩擦神罐，向惶恐的巴海问道："敢打开吗？"

巴海扑通一下跪在地上，惊慌奏道："万岁，千万使不得！万一妖怪出来冲撞了万岁，奴才可吃罪不起！"

"爱卿放心，我身为天子，也算半个天神，妖怪不敢加害于我。"

"那妖怪会害老百姓的！"

"爱卿，你不是说请朕来镇妖怪的吗？"

"这个——那请萨满来开吧。"

"不，朕亲自来开！"说完，康熙帝拿起石罐，扒开固封的罐口，

周围的人纷纷后退，有的甚至往别人背后躲。

罐口慢慢被扒开，一股谷子的香气扑鼻而来。康熙帝小心地倒出来，这是黄灿灿的谷种，颗粒饱满沉实，大家不禁异口称赞：好谷子！一直闭眼低头的巴海也慢慢抬起头来，看见果然是谷种，才松了一口气。倒完谷种，康熙帝仔细端详那石罐，见罐肚上刻有"大唐开元丰谷"几个字。

"开元，那么至今已经快一千年了。"康熙帝自言自语地说。他转向巴海，带几分嘲讽地问道："巴爱卿，你不是说是河妖吗?"

巴海的脸红一阵，白一阵，鼻尖上冒着点点汗珠。他立即撩袍下跪，磕了一个响头，说："奴才该死，望万岁念臣年老糊涂，格外开恩!"

"起来吧!"接着康熙帝转向众人说："臣民们，这是一件大喜事。上天保祐本地百姓，赐予这宝物。现在，朕把这宝谷赐给你们，你们用最好的土地播种，收获以后再全部用作种子，广为种植。要不了几年，军队、老百姓就不愁没有好粮食吃了。"

自那以后，这千年佳种就在吉林及整个东北播种、发展起来。直到今天，一些老人们还常常讲这白米的来历，称赞当年康熙帝做了一件好事。

10. 康熙是怎样煞费苦心训教皇子的

在清朝北京西郊的丹陵沴，康熙帝曾经建过一座"避喧听政"的畅春园。园里的无逸斋，雕梁画栋，典雅幽静，这里也是皇太子胤礽读书的地方。

康熙帝有三十五子，二十女。皇长子胤禔，为惠妃纳喇氏所生，康熙不大喜欢他。康熙最钟爱的是孝诚仁皇后赫舍里氏生的次子胤礽。胤礽出生于康熙十三年（1674年），出生时，他母亲就死去了。他一岁时就被太皇太后和皇太后命立为皇太子。四岁时，康熙帝便亲自教他读书、写字。六岁时，康熙帝请了大学士张英和李光地作为皇太子

的老师，延馆在宫，孜孜教诲。在皇位世袭的封建时代，皇太子的好坏，直接关系到清朝的宗庙、社稷。康熙帝认为"自古帝王莫不以豫教储贰为国家根本"。他唯恐皇太子不深通学问，不明达治礼，所以对胤礽总是面命耳提，督以礼节，勤加训教。

胤礽长到十四岁时，应该正式出阁读书了。一天，康熙帝在畅春园对皇太子老师尚书达哈塔、汤斌和耿介等人说："古昔圣贤训储不得其道，以致颠覆，往往有之。"又引用唐朝君主李世民的教训说："唐太宗亦称英明之主，而不能保全储副，朕深悉其故。"于是康熙帝特委任诸臣，教导他的儿子胤礽。康熙帝戒谕胤礽读书写字要勤奋，不准许有一日暇逸，所以赐名胤礽读书的学堂为"无逸斋"。

胤礽在无逸斋的读书生活按当时干支纪时为序，这里以某一天作息为例：

上午5～7时。满文师傅达哈塔、汉文师傅汤斌和少詹事耿介，进入无逸斋，向皇太子恭行臣子礼之后，侍立在东侧；管记载皇太子言行的起居注官库勒纳、田喜侍立在西侧。皇太子胤礽伏案诵读《礼记》中的章节，讽咏不停。胤礽遵照他父皇"书必背足一百二十遍"的规定背足数后，让汤斌靠近案前，听他背书。年近六十岁的汤斌跪着捧接皇太子的书。听完胤礽的背诵，就用朱笔点上记号，重划一段，捧还经书，退回原来地方站立。

上午7～9时。康熙帝上完早朝，向皇太后请安之后，来到无逸斋。皇太子率领诸臣到阶下恭迎。康熙升座后，问汤斌："皇太子书背熟了吗？"汤斌奏道："很熟。"康熙接过书后，胤礽熟背如流，一字不错。康熙又问起居注官："你们看皇太子读书怎么样了？"奏道："皇太子睿质岐嶷，学问渊通，实在是宗庙万年之庆！"康熙帝嘱咐他们对皇太子不要过分夸奖，而应严加管教。检查完胤礽的功课，康熙帝就回宫。

上午9～11时。时值初伏，骄阳似火。皇太子不挥羽扇，不解衣冠，凝神端坐，伏案写字。这时他的师傅汤斌和耿介，因为年迈暑热，晨起过早，站立时久，体力不支，斜立昏眩，几乎晕倒。胤礽写好汉字数百，满文一章，让师傅传阅。师傅们看后，汤斌奏道："端严秀

68

劲，真佳书也！"库勒纳也奏道："笔法精妙，结构纯熟。"

上午11～下午1时。侍卫给皇太子进午膳。皇太子命赐诸师傅饭食。诸臣叩头谢恩后，就座吃饭。膳后，皇太子没有休息，接着正襟危坐，又读《礼记》。读过一百二十遍，再由汤斌等跪着捧书，胤礽背诵。

下午1～3时。侍卫端进点心。胤礽吃完点心后，侍卫在庭苑中张候——安上箭靶。皇太子步出门外，站在阶下，运力挽弓，扣弦射箭。这既是一节体育课，又是一节军事课，是为教育皇太子"崇文善武"。胤礽射完箭，回屋入座，开始疏讲。汤斌和耿介跪在书案前面，翻书出题，胤礽依题答解。

下午3～5时。康熙帝又来到无逸斋。皇长子胤禔、三子胤祉、四子胤禛、五子胤祺、（六子早殇）、七子胤祐、八子胤禩，同来侍读。康熙帝说："朕宫中从无不读书之子。向来皇子读书情形外人不知。今特召诸皇子前来讲诵。"汤斌遵旨从书案上信手取下经书，随意翻开经书命题，诸皇子依次鱼贯进前背诵、疏讲。

下午5～7时。侍卫在院中张候——安置箭靶之后，康熙帝令诸皇子依序弯射，各皇子成绩不等。随后康熙帝亲射，箭箭射中。

天色已暮，诸臣退出。胤礽在无逸斋一天的功课就算完毕。

根据清代官书记载，皇太子读书，不论寒暑，没有一日间断。但尽管康熙教子谨严，皇太子胤礽并没有按他所期望的路子走，后来被废掉了。这里原因自然极为复杂。清朝不取皇位嫡长袭制，而康熙帝在位年久，皇子众多，诸皇子鸠聚党羽，奔走钻营，个个觊觎大位。所以，康熙帝深感"不卜今日被鸩，明日遇害，昼夜戒慎不宁"之苦。胤礽被废后，各皇子更结党营私，趋之若鹜。康熙帝无法，又废而复立，立而复废，后来不再订立太子之制。

康熙帝教子，可谓煞费苦心，思之长远，但终于事与愿违。这不怨康熙帝没有能力，而是千年封建专制世袭制度之祸。

11. 康熙为什么四十七年不册封皇后

康熙皇帝只举行过一次大的婚礼，另外还册封了两位皇后，但不幸的是，这两位皇后都是红颜薄命之人，很早就撒手人间。但他嫔妃众多，中宫虚位时并不寂寞难耐。据载，康熙在位六十一年中，竟然四十七年后宫无主、皇后之位空缺，这在中国古代历史上是极为少见的。

康熙皇帝成婚的年龄比其他皇帝要早。他是由其祖母孝庄太后做主在他十二岁时与四辅臣中资深的索尼孙女赫舍里氏结婚，并封为皇后，康熙四年（1665年）九月初八日举行大婚。这位皇后就是后来的孝诚仁皇后。按清廷惯例，皇帝成婚的年龄至少要到十七岁，康熙帝早婚可能有其特殊的宫内背景。

康熙皇帝远比他父亲顺治乖巧听话，几乎从未惹祖母孝庄太后生过气。孝庄太后在宫中地位殊尊，对下辈婚事干预极大。孝庄太后给顺治安排了二位皇后，结果被顺治帝视为寇仇。而康熙帝与孝庄太后安排的赫舍里氏皇后却成了一对恩爱伴侣。赫舍里皇后与康熙帝在一起只生活了短短十三年，先为康熙帝生一子胤祐，但四岁便夭折，后来生下皇子胤礽，并在产日去世。康熙帝为失去这位妻子曾悲痛欲绝。康熙帝是个情感不易外露的人，关于康熙与赫舍里皇后的恩爱之情，历史记载很少。不过，从几件事中也足以看出皇后的死对他打击之大。首先，康熙十三年（1674年）五月皇后死，次年十二月十三日，他便迫不及待地立仅有一岁半的胤礽为皇太子，比其父立荣亲王虽晚了一年余，但也嫌操之过急。确立皇太子便是指定了接班人，但一岁半的孩子今后的一切都是未知数，这种立储其实毫无意义。康熙还为此颁诏天下：

"自古帝王继天立极，抚御寰区，必建立元储，懋隆国本，以绵宗社无疆之休。朕缵膺鸿绪，夙夜兢兢，仰惟视宗谟烈昭垂，付托至重，承祧衍庆，端在元良。嫡子胤礽，日表英奇，天资粹美。兹恪遵

太皇太后、皇太后慈命，载稽典礼，俯顺舆情，谨告天地、宗庙、社稷，于康熙十四年（1675年）十二月十三日，授胤礽以册宝，立为皇太子，正位东宫，以重万年之统，以系四海之心。大典告成，洪恩宜霈。……布告中外，咸使闻知。"

将这么大个国家的命脉交给一位周岁的婴儿，草率荒诞莫过于此。此中除了孝庄太皇太后在操纵外，更主要的还是康熙对亡后挚爱感情的一种告慰。

其次，从康熙在晚年垂泪废掉太子胤礽一事上，也看得出他对亡妻仍怀着眷恋之情。康熙二十九年（1690年）时，因太子"不孝"曾使父子关系出现裂痕，接着在康熙三十五年（1696年）亲征噶尔丹，让太子临朝理事，又表现出对胤礽的莫大信任。到康熙四十七年（1708年），则以胤礽"绝无忠爱君父之念"、"听信匪人之言，素行遂变"的严厉理由，于九月四日废黜胤礽。当日，康熙泣泪宣布了胤礽的一堆罪状，诸如"专擅威权"、"肆恶虐众"、"穷奢极欲"、"鸠聚党与，窥伺朕躬"、"必致败坏我国家，戕贼我万民而已"等等，降谕拘执太子胤礽，并于十八日告祭天地、太庙、社稷，将胤礽幽禁咸安宫。康熙亲自宣谕后，不由得老泪纵横，泣不成声，甚至痛哭仆地，这在他叱咤风云的一生中是少见之事。此后，康熙对此又心生懊悔，甚至责怪诸皇子诬陷胤礽，曾说："朕初次中路出师，留皇太子办理朝事，举朝皆称皇太子之善。及朕出师宁夏后，皇太子听信匪人之言，素行遂变。自此朕心眷爱稍衰，置数人于法。因而外人窃议皇太子不孝，及所行不善者，遂自此始。……胤禔所播扬诸事，其中多属虚诬。"但此事已颁诏天下，悔恨已晚。从此，康熙心力交瘁，神思恍惚，在这位已立为太子三十多年的胤礽被废之事上，真实反映了康熙对亡妻的悼念，才使得此时的老皇帝有如此强烈的失落与伤心。

此外，康熙在皇后死后，本来完全可仿效父皇顺治再举行一次大婚，册立新皇后，但他对此事从不热心，至于后来册封的两位皇后，都未办大婚典礼，可知他的爱心早已随亡妻而去。

康熙后两次册封皇后没能举行大婚礼，是因为他本人也未觉得这种事情有实际意义。第二位被册封皇后者是前朝辅政王遏必隆的女儿

钮祜禄氏，此事说来十分有趣。遏必隆是清王朝开国的勋戚，其侄女曾嫁给太祖努尔哈赤的孙子尼堪为妻，婚后久不生育，恐尼堪移恩另娶，于是暗中以一汉族女仆所生之女送入府内，"诈为己生，以给兄子尼堪"。事发之后，遏必隆以徇庇欺诳之罪被削夺世职。此后，他戴罪征战，屡建大功，几次复职升迁，又几次在朝廷党争中失利被黜，摄政王多尔衮和顺治帝执政时都对他有过严厉的处罚。顺治死后，遏必隆虽为辅政王，但地位和权势远在索尼之下，更不及鳌拜，因此趋炎附势，与鳌拜沆瀣一气，常对小皇帝大不恭敬。康熙初政时，遏必隆将女儿钮祜禄氏送入宫中，封为贵妃，实指望入选皇后，藉此加强自己的在朝势力。孝庄太后对此心里十分清楚，为打击鳌拜和遏必隆的势力，于是指定忠心皇室的老臣索尼之子、承恩公噶布拉之女赫舍里氏为皇后。消息传出，鳌拜和苏克萨哈四处扬言："若将噶布拉之女立为皇后，必动刀枪。满洲下人之女，岂有立为皇后之理？"遏必隆表面上声称："封为皇后，系太皇太后所定之事，我等何以管得？"背后却对鳌拜等表示："我们朋友之女，恨不能封皇后。"此后，鳌拜、苏克萨哈和遏必隆曾一起奏劝孝庄太后改立钮祜禄氏为皇后，但未获准，大婚如期举行。

康熙亲政之后，将鳌拜、遏必隆俱逮押狱中。遏必隆在狱中反戈倒噬，以告发鳌拜党羽为立功表现，又得到康熙的宽宥处理，于次年正月下诏："（遏必隆）系皇考顾命大臣，且勋臣之子，其咎止于因循瞻顾，未尝躬负重愆，特为宽宥。仍以公爵，宿卫内廷。"对此，遏必隆感激涕零，康熙对罪臣的宽大处理，更使亲王大臣们敬畏有加。不久，遏必隆病死，康熙对他"赐祭如例"，谥号"恪"，并于康熙十六年（1677年）八月册封钮祜禄氏为皇后，以示皇恩浩荡。这位钮祜禄皇后既没能享受大婚的荣耀，也没能生儿育女，只当了半年皇后便死去，康熙对她的死并未感到更多的伤怀。

第三位册封的皇后是康熙生母孝康章皇太后的侄女佟佳氏。按现代血缘观点看，这是一门典型的近亲婚姻，佟佳氏是康熙的表妹。佟佳氏早在康熙十六年（1677年）就被选为贵妃，康熙二十年（1681年）晋为皇贵妃，其地位仅次于皇后。她曾生过一女儿，早折，这也

许与近亲婚配有关。康熙二十八年（1689年）七月，佟佳氏病剧，奄奄一息，康熙帝亲往探病，念她伴驾多年，于病榻前加封皇后，第二天她就一命归西。显然，这次封后更是空有名号，其意义仅在于加强皇室与势力庞大的佟氏家族的关系罢了。

可以说康熙皇帝的爱情生活也并不美满。人常说，无论有多少次婚姻，真正的爱情只有一次。多位妃嫔所生的众多皇子，也未为晚年的康熙带来快乐。同室操戈，如战沙场，闹得康熙刻无宁日。康熙皇帝以六十一年的文治武功，为其子孙留下一个强盛空前的大帝国，但他本人却带着情爱生活的遗憾孤然走开。

12. 康熙后妃中怎么有四对同胞姐妹

在清太宗皇太极的后妃中，有姑侄三人嫁一夫。在顺治帝福临的后妃中有姑侄四人嫁一夫。这在清朝后妃中虽无异议但也新奇。可是在康熙的后妃队伍中竟有四对是同胞姐妹，她们共同侍候一夫，确实是大清后妃史上的奇景。

康熙在位六十一年多，是清朝封建社会在位时间最长的皇帝。他活到六十九岁，在今天看来并不算长寿，然而在中国三百多位帝王中，能活到六十九岁者却寥寥无几。正因为在位久、寿命长，就决定了康熙的后妃比清朝其他皇帝要多。文献中有记载的有封号的妻妾就达五十五位。这个数字与秦汉、唐宋的皇帝所拥有的后妃数相比，虽然只是个零头，但与清朝其他皇帝的后妃数相比，则是比较庞大了。

康熙的后妃中，有四对是亲姐妹。

孝诚仁皇后是康熙的嫡皇后，刚十三岁就正位中宫。后来她的妹妹也被选入了皇宫，成了康熙后妃中的一员。然而她并没有姐姐那样幸运，更没有她姐那样威风。她只是一名较低下的嫔御。由于她具有大家淑女的风范和天生的丽质，使她有侍寝的机会，居然为皇帝生了一个皇子，即胤禩。妹妹是在姐姐死后二十二年即康熙三十五年六月二十二日死去的，死后第七天荣获了"平妃"的封号，同年十月葬入

景陵妃园寝。

　　孝诚仁皇后死后第三年，原辅政大臣遏必隆的女儿钮祜禄氏被册立为皇后，即后来的孝昭皇后。她只当了半年皇后就死了。三年后，她的妹妹被封为贵妃并很受康熙的宠爱，先后生了一子一女。康熙三十三年（1694年）十一月初三日病逝。按规定，贵妃是不赐谥号的，而这位贵妃不仅是宠妃，还是皇后的妹妹，皇帝的小姨子，非一般贵妃可比，因此康熙破格赠谥为"温僖贵妃"，翌年九月初八日葬入景陵妃园寝，她是园寝内唯一的贵妃。

　　康熙的生母孝康皇后有两个侄女，花容月貌，玉骨冰肌。康熙把他的这两个表妹都接入皇宫，加入了他的后妃队伍。姐妹先后被封为贵妃。姐姐在康熙二十年（1681年）晋为皇贵妃，康熙二十八年（1689年）又被立为皇后，只当了一天皇后就死了，谥为孝懿皇后。妹妹在雍正二年（1724年）晋为皇贵妃。因抚育年幼的乾隆帝有功，被葬入单独为她和另一位妃子修建的园寝内，谥为悫惠皇贵妃。

　　八旗兵的佐领三官保虽然官不大，却生了两个俏丽动人的女儿，远近闻名，后来都被选入宫。姐姐为皇帝生了三个皇子，最后被封为宜妃，很受康熙宠爱。妹妹为皇帝生了一个公主、一个皇子，到康熙死后十三天才被封为嫔。宜妃是在雍正十一年（1733年）死的，而妹妹的封号、卒年和丧期，则不见于史载。

五、大清铁腕帝雍正的难言之隐

阴鸷狠残名已亏,
承前启后岂无碑。
龙廷自古多霾雾,
正大光明说与谁?

1. 雍正对臣下究竟是不是阴险残暴

由于小说、戏剧的宣传，人们对雍正的印象不是很好，总认为他阴险残暴，对臣下不留情面、喜怒无常。其实，这是一种误读，历史上的雍正是很善于笼络大臣的。他知道大臣的俸禄太少，根本不够开支，便特别规定了内外大臣的"养廉银"。每年赏赐给大臣的珍贵物品更是不计其数。

鄂尔泰奉调入京任军机大臣，雍正特命工部尚书海望为他在大市街北面修建了一所府邸，所有家具及日用器具样样不少。

大学士张廷玉偶然得了小病，雍正对身边的近侍说："朕手脚不大舒服，要几天才好。"王公大臣们听说，纷纷进宫问安。雍正笑着说："是张廷玉有病，他不就是朕的股肱吗？"

陈时夏原籍云南，雍正考虑他母亲年岁已高，特命云南巡抚将陈的母亲妥善护送到陈的任所。

岳钟琪因战功位至大将军，有人上奏朝廷，诽谤他是岳飞的后代，将报宋金两国的世仇。雍正专门将这道奏折封好，转交给了岳钟琪。后来，岳钟琪出征新疆，雍正特别批准其子岳浚一直送到玉门关。

雍正笼络人确有一套，所以一些大臣们都非常卖力。

2. 雍正为什么最终处死勋臣年羹尧

年羹尧，镶黄旗汉军人。康熙三十九年（1700年）进士。康熙命胤禵（后因避雍正名讳，改为允禵）为抚远大将军征西北时，年羹尧以川陕总督辅佐进取。后胤禵被召回京，年羹尧受命与管理抚远大将军印务的延信共同执掌军务。雍正元年（1722年）五月，雍正下谕"西北军事，全交年羹尧办理"，实际上是让他总揽西北军政大权。朝

廷考庶常时，雍正将试卷秘密送给年羹尧阅视，并在朱谕中写道："不可令都中人知发来你看之处。"这时年羹尧在西北，又非积学文臣，试卷原用不着给他看，朱谕又写得那样诡秘。举此一例，说明两人之间的关系特别密切。

年羹尧第二次到京时，雍正特令礼部拟定迎接的仪式，侍郎三泰草拟不够妥善，于是受降级处分。年羹尧则黄缰紫骝，郊迎的王公以下官员跪接，年羹尧过目不平视。王公下马问候，他只点点头。时为雍正二年（1723年），雍正甚至在朱谕中这样说：对年羹尧，"不但朕心倚眷嘉奖，朕世世子孙及天下臣民当共倾心感悦，若稍有负心，便非朕之子孙也，稍有异心，便非我朝臣民也"。实在说得语无伦次，不成体统，年羹尧本是粗莽而反覆无常的武将，怎么不会由此而昏头昏脑，狂妄自大呢？

然而这样一位受殊宠的勋臣，最后却成为罪人而被处死，时间距雍正即位才三年，原因究竟为什么？史学界流传两种说法。

一种是年羹尧、隆科多都曾为雍正夺位出过力，雍正既登大统，他们已完成使命，为了怕泄露当初的隐秘，自然非清洗不可。

另一种认为年羹尧被诛，全由于自己骄妄专擅，使雍正不能容忍。所以年羹尧被杀，与雍正承统合法与否无关。

年羹尧有没有参预雍正夺位的机密呢？应当说，是参预了的，而且是卖力的。

他在西北佐理雍正的政敌胤禵军政大计时，其实就是在对胤禵钳制和监视。可是胤禵的远征西北，是康熙生前亲自任命的，康熙是出于对胤禵的器重和信任，才授以抚远大将军的要职（但并不等于将胤禵当作皇位的继承人）。年羹尧怎敢钳制和监视他呢？

我们假定雍正的嗣位，确出于康熙生前的意图，可是康熙从来没有公开表白过，雍正未必知道。这一点，也是为后来人争议的一个焦点。皇太子胤礽第二次被废，事在康熙五十一年（1712年），到康熙六十一年（1722年）康熙病重时，这十年中，储位一直空虚，因而引起诸皇子之间的结党蓄谋，雍正是其中热衷者之一。年羹尧当时是雍正为雍亲王时的潜邸亲信，其妹是雍正的妃子。

胤禵出征西北，决非如雍正登位后所说的，是由于康熙鄙视他，

不让他留在京城，事实恰恰相反。雍正已窥测到圣祖康熙对胤祯的信任，因而更加将胤祯看作劲敌。年羹尧心领神会，相互默契。这时候的西北战役，对朝廷威信影响极大，而政变需要武力做后盾。

《清世宗入承大统考实》引《上谕内阁》云："年羹尧因皇考大事来叩谒时，曾奏：'贝勒延信向伊言，贝子允䄉在保德遇延信，闻皇考升遐，并不悲痛，向延信云：如今我之兄为皇帝，指望我叩头耶？我回京，不过一觐梓宫，得见太后，我之事即毕矣。延信回云：汝所言如此，是诚何心，岂欲反耶？再三劝导，允䄉方痛哭回意。'朕闻此奏，颇讶之。看见允䄉到京，举动乖张，行事悖谬，朕在疑信之间。去冬年羹尧来京陛见，朕问及此事，何以未见延信奏闻，年羹尧对答：皇上可问延信，彼必实奏。朕言：伊若不承认，如何？年羹尧奏道：此与臣面语之事，何得不认？朕因谕延信，延信奏称并无此语。及延信至西安，朕又令年羹尧讯之，年羹尧回奏道：今延信不肯应承，臣亦无可如何。"允䄉当初说的话应当是可信的，延信没有想到年羹尧会去奏告雍正，他若承认，雍正岂不要责问：你听到后为什么不先来奏闻？延信怎么受得了？只好不承认了，但延信最后仍因与允禩结交而获罪。世宗雍正自己在上谕中也明言允䄉到京时，举动乖张，行事悖谬，那么，他在延信面前说这些话，更属可能。

雍正三年十二月，上谕中有云："雍正元年，允䄉深信和委用的太监阎进，在乾清门见年羹尧，指出'如圣祖仁皇帝宾天再迟半载，年羹尧首领断不能保'等语。圣祖仁皇帝之必诛年羹尧，阎进何由预知？"意思是，圣祖迟死半年，得悉羹尧钳制允䄉的秘密，当然要处死年羹尧，而年羹尧与允䄉之间的敌对关系，连阎进都知道。可见年羹尧在西北时，已成为雍正的情报干将。《清世宗入承大统考实》说："允禩与羹尧相图，势已岌岌，圣祖不遽宾天，世宗之事未可知。"虽是推测，却有灼见。

由于允禩、允䄉等在政变中的失败而沦为罪人，他们一些亲信，不得不将做过的事、说过的话据实招供，而至于雍正和年羹尧过去暗地里进行过什么活动，后人自然无法知道。

但年羹尧的恃功自骄、目中无人也是事实。他在西北行营时，任用私人，只具文告知吏部，不由奏请，人称为"年选"。雍正三年（1724年）正月，年羹尧参劾四川巡抚蔡珽威逼所属知府蒋兴仁至死，蔡珽罢

职，珽自陈被年羹尧诬陷，雍正特宥蔡珽，并升为都御史，谕云："蔡珽系年羹尧参奏，若置之于法，人必谓朕听年羹尧之言而杀之矣。朝廷威福之柄，臣下得而操之，有是理乎？"雍正忌恨年羹尧专横已很明显。同年十月，三法司等劾奏年羹尧罪状达九十二款，也并非全是罗织，其中年羹尧的私人胡期恒幕友汪景祺《读书堂西征随笔》中《功臣不可为》一文，更触雍正之忌。景祺曾上书年羹尧，此文作于年羹尧极盛时，景祺或有暗示的意思，这时便成为既见而不劾奏的罪状。雍正本人，原是不避杀功臣之讥，《雍正朝起居注》三年（1724 年）七月十八日云："朕辗转思维，自古帝王之不能保全功臣者多有鸟尽弓藏之讥，然使委曲宽宥，则废典常而亏国法，将来何以示惩？"所谓辗转思维，就是反复考虑，很能道出他的心事。

道光时旗人文康做《儿女英雄传》，内容写侠女何玉凤之父为仇人纪献唐所害，玉凤欲伺间报仇，因而被称为"首善京都一桩公案"。这个纪献唐便是影射年羹尧。此虽小说演义，也见得年羹尧怨家之多。

最后，年羹尧从宽免于斩首，加恩在狱中自尽，儿子年富被斩，其他十五岁以上的子辈发极边充军。父遐龄、兄希尧革职免罪。

所以，年羹尧之死，实是"合并症"，即烹功狗与诛权臣相结合，而年羹尧的专横弄权，也是雍正起先过分宠遇的后果。孟子所谓"赵孟之所贵，赵孟能贱之"，正可移用在雍正与年羹尧这种功臣的关系上。

雍正皇帝下令捕杀年羹尧时，上谕称其犯有以下大罪。

大逆之罪五条：

一、与静一道人邹鲁等人图谋不轨。

二、皇上朱批谕旨应缴还，但年羹尧故意藏匿原件，谎称破损，命人仿造笔迹进呈。

三、浙江人汪景祺《西征随笔》，诗词多讽刺朝廷，其所做《功臣不可为》，语言多狂妄反动，但年羹尧隐瞒不上奏。

……

僭越之罪十六条：

一、出门时以黄土铺道，命部下朝廷命官身穿补服（正式制服）为其打扫街道。

二、召见武官，用绿头牌引见。

三、将其座位设于朝廷龙牌正面。

四、公然穿着四衩衣服，使用鹅黄佩刀和荷包。

五、擅自使用御用黄色包袱皮。

六、官员对其馈赠称为"恭进"。

七、纵容儿子穿着四团龙补服。

八、赠送部下属员物品，命其北面向其叩头道谢。

九、命令总督李维均、巡抚范时捷跪在道旁迎送。

十、命蒙古札萨克郡王、额驸（驸马）阿宝下跪。

十一、行文总督巡抚时，直书其官职姓名。

十二、在进京途中大举整修道路桥梁，市场都被勒令关门闭户。

十三、所住馆驿，墙壁上画四爪龙。

十四、在军营辕门鼓厅壁上画龙，乐队人员都身穿蟒袍。

十五、私自制造大将军令箭，将朝廷颁发的令箭毁坏。

十六、赏赐动辄千万，部下总兵、提督被勒令叩头谢恩。

狂悖之罪十三条：

一、朝廷两次恩诏（朝廷对地方豁免钱粮或大赦之类的诏书）到达陕西时，并不公开张挂宣布。

二、向朝廷上奏时不穿制服拜发奏章，只是在私人房间中发出。

三、同城的巡抚拜发奏章时，竟然不许其放炮。

四、强娶蒙古贝勒七信的女儿为妾。

五、以侍卫前后随从，执鞭坠镫。

六、不肯交出朝廷颁发的大将军印。

七、妄称大将军行事。

八、纵容家仆魏之耀等穿着蟒袍补服，同朝廷命官司员、道台、总兵、提督等同坐一处。

九、违抗朝廷旨意，在仪征逗留不行。

十、勒令川北总兵王胤吉以年老体病请求退休。

......

年羹尧如此骄横妄为，被曾经的主子处以极刑也是情理中事了。

3. 雍正为什么要囚死亲舅舅隆科多

隆科多，曾祖佟养正本为汉人，姓佟氏。养正第二子佟图赖的女儿为康熙生母孝康皇后，圣祖康熙孝懿皇后则是佟图赖的孙女，也即孝康后侄女，两朝全盛的国戚出于一家。雍正即位后，下谕：嗣后启奏处，应书舅舅隆科多。又在年羹尧奏折中批云："舅舅隆科多，此人朕与尔先前不但不深知他，真正大错了。此人真圣祖皇考忠臣，朕之功臣，国家良臣，真正当代第一超群拔类之希有大臣也。"但从康熙二十七年（1688 年），隆科多任銮仪使兼正蓝旗蒙古副都统起，他的才能政绩就很平庸，中间还以所属人员违法妄行，被圣祖康熙责以"不实心办事"，雍正并革去副都统及銮仪使之职，而他所以受到这样"超群拔类"的褒奖，自然由于拥戴世宗雍正之功，正如雍正所谓"朕之功臣"。

圣祖康熙仓猝驾崩，大臣承顾命的只有隆科多一人，后来因而有篡改遗诏的传说，这虽然出于附会，但隆科多对圣祖病逝前后的许多宫闱隐秘，确实亲自耳闻目睹，当时又任步军统领要职，圣祖逝世之地畅春园，即在他统辖之中。他所指挥的，除官长外，步甲就有二万三千一百余名，足以应付政变，所以他自己承认一呼可聚二万兵。

圣祖康熙遗体将还大内前，他即先驰入京。这时果亲王胤礼（圣祖第十七子）已知出了大事，立即奔赴畅春园，遇隆科多在西直门大街，从隆科多口中得悉大位传于世宗雍正，一惊之下，近乎疯狂。

可是当年羹尧在狱中被迫自戕后二年，即雍正五年（1727 年）冬，隆科多也被永远禁锢，禁所在畅春园附近，可能是要他在园外思过。所谓永远禁锢，也便是要他命归禁地。到次年六月，他果真死于禁所。

隆科多虽然有专擅揽权的地方，如对皇子的傲慢，铨选官员自称佟选，以及贪赃勒索等等，但这在当时权重势盛的满大臣中并非个别，即便受到处分，何至于永远禁锢？

据萧奭《永宪录》卷四：雍正四年（1726 年），怡亲王胤祥劾吏

部尚书隆科多贪赃诸罪。而世宗雍正又好抄家，同卷《禁造流言非议朝政》条，载上谕云："朕即位以来，外间流言，有谓朕好抄人之家产，轻信风闻之言，以为用舍。不法之人原有籍没之例，朕将奇贪极酷之员没其家资，以给赏赉，尚保全其性命妻子，不过使人知儆畏。"隆科多当然很敏感，所以早已把财产分藏到亲友处和西山寺庙中。他还主动提出辞去步军统领职，世宗雍正则在朱谕中说："朕并未露一点，连风也不曾吹，是他自己的主意。"但世宗雍正内心中倒是不愿隆科多继续将军队要员的官职担任下去，到雍正三年（1725 年），即解除他的步军统领之职。

当议政大臣奏劾隆科多时，他还在东北勘议俄罗斯边界，世宗雍正说："俄罗斯事最易料理，朕前遣隆科多前去，非以不得其人，必须隆科多而使之也。特与效力之路以赎罪耳。"于是命他速即回京。

经过诸王大臣的审讯，所议罪状有四十一款，这里摘录下列几款：

一、私钞玉牒，收藏在家。

二、妄拟诸葛亮，奏称："白帝城受命之日，即是死期已至之时。"这是属于大不敬之罪。

三、圣祖升遐之日，隆科多并未在皇上（指世宗雍正）御前，亦未派出近御之人，乃诡称伊身曾带匕首以防不测。

四、时当太平盛世，臣民戴德，守分安居，而隆科多做有刺客之状，所以将坛庙桌下搜查。这是属于欺罔之罪。

五、皇上谒陵之日，妄奏诸王心变。这是属于紊乱朝政之罪。

六、交结阿灵阿、揆叙，邀结人心，曲庇菩萨保。这是属于奸党之罪。

七、自知身犯重罪，将私取金银预行寄藏菩萨保家。这是属于不法之罪。

以上几款，都与世宗嗣位有直接间接的关系。

玉牒就是帝王族谱，其中所记诸皇子的名字、排行等等，或许与世宗嗣位不利，隆科多不是皇族，更不应私藏。

隆科多虽效忠于世宗，但也深知世宗的阴鸷猜忌，白帝城受命一说，必是感到世宗雍正登位后已对他有猜忌之心而说的。

圣祖康熙升遐之日，隆科多并未在御前，这是王大臣拟罪的奏疏

中说的。可是疏入之后，上谕却说："但皇考升遐日，大臣承旨者，唯隆科多一人。"（见《清史列传》）岂非自相矛盾？其实后者是众所共知的事实，而隆科多说的身带匕首以防不测一语，正说明他已料到，圣祖康熙一死，必有政变，原意实为世宗安全着想，这和搜查庙桌用意相类。后世传说世宗为皇子时曾蓄养刺客侠士，世宗能蓄养，其他皇子手下何尝没有？第五条"妄奏诸王心变"尤为明显，隆科多其实毫无"妄奏"之处，他已经看到山雨欲来风满楼了。

年羹尧和隆科多同为世宗雍正亲信，但两人间却有矛盾，年看不起隆，说是"极平常人"，前引世宗对年羹尧奏折朱批中语，即为了弥合两人的裂缝，隆恐年来京对世宗、对自己都不利。

阿灵阿、揆叙都曾向圣祖推举胤禩为皇太子，他们生前未曾被治罪，雍正登位后，却在阿灵阿墓碑上改刻"不臣不弟暴悍贪庸阿灵阿之墓"，在揆叙墓碑上改刻"不忠不孝阴险柔佞揆叙之墓"。可见帝王之尊的世宗的胸襟。菩萨保是胤禩和婢女所生之子弘旺。隆科多和这些人接近，为世宗所不容，自然不在话下。

世宗雍正的承统，到底通过什么样手段，是合法还是篡夺？此处暂且搁一搁。但他登位之前，和隆科多之间定有秘密的勾结，隆成为他的一双耳目，则可断言。登位之初，隆科多以拥戴之功而成为重臣，重臣的结局，往往有两条，一是隐居埋名，一是沦为刑场或监狱的孤魂野鬼。汉高帝刘邦、明太祖朱元璋登帝位，并不存在和兄弟之间的争夺储位问题，因而也没有宫闱之间隐藏的内幕，可是功臣被杀的就不少了。

4. 传说中雍正微服私访的有趣故事

来看两段有关雍正微服私访的有趣故事。

一段是酒馆夜遇蓝供事。

浙江富阳人蓝某，在内阁当差多年。雍正六年（1728 年）除夕，同僚们都回家过年了，蓝某因家眷不在京城，就独自留在内阁，置酒独酌。突然走来一位中年男子，身材高大，衣着华丽。蓝某怀疑他是内廷值班

的官员，便举杯相邀。那人也不推辞，欣然就座，笑着问道："现任何官职？"

蓝某回答："我不是官，只是一名供事。"

"你贵姓？"

"免贵，姓蓝。"

"请问阁下职掌什么？"

"管收文书。"

"同僚共有多少人？"

"四十多人。"

"今天他们都到哪里去了？"

"今日除夕佳节，都回家过年了。"

"你为何独自一人？"

"家眷不在京，无家可归。何况既负有管理文书之责，也不敢随便离开。"

"你当差多年，有什么好处？"

"将来工作期满，可以选任一个小小官职。"

"当小官快乐吗？"

"如果运气好，被选为广东河泊所，那就知足。"

"当河泊所就那么满意？"

"那里靠近海边，商船往来很多，所得的馈赠自然也不少。"

那人笑着点头，又喝了几杯，起身便告辞了。

次日上朝，雍正召大臣问道："广东有河泊所这种官职衔吗？"大臣回答有。雍正便说："可以特授蓝某补任此官。"大臣们退出后，都不知道蓝某是什么人，又怀疑，又奇怪，不知如何是好。这时，一名太监告诉他们昨天夜里皇上微服夜访之事。于是大臣们马上赶到内阁宣布皇上特旨。蓝某被搞得丈二和尚摸不着头脑。他的官最后还当到了道台。

还有一段是西湖边巧遇卖字秀才。

雍正帝还是皇子的时候，以侠义自任，常微服独行。据说，有一次他到杭州游玩，准备泛舟西湖。走出涌金门时，看到一位书生在路旁设摊卖字，其字颇得"永字八法"的精髓，便请他书写一幅对联，其中有一"秋"字,将"火"写在了左边。雍正问书生是否写错了,那书生有条有理地举出许多著名碑帖来辩解。雍正说:"先生如此博学多才,为什么不从科举求取功名,却在这里卖字呢?"书生回答:"我曾中过举人,但家中太穷,无法养活妻子儿女,只好卖字为生,还敢想什么功名富贵。"雍正便掏出几块马蹄金送给书生,并说:"我是做生意的,赚了一些钱,不如资助你去求取功名。你将来如果得志,希望能想起我这萍水相逢的商贾。"书生谢过雍正,收下金子,立刻打点行装上京参加会试,结果中进士,点翰林,青云得志。

后来雍正登基称帝。一天,他在奏章上看到那书生的名字,便召见此人,假装和他讨论书法。雍正提笔写了一个"和"字,将"口"写在左边,拿给书生看,书生回答说这是伪体。雍正笑了一笑,没有说什么。第二天,书生接到旨意,奉一道诏书前往浙江。浙江巡抚接受诏书打开一看,只见上面写着:"命此书生仍到涌金门卖字三年,再来朝廷供职。"这时,书生才恍然大悟。

5. 雍正为什么不喜欢把他比作太阳

雍正帝是历史上颇受争议的清朝帝王。这里从雍正七年(1729年)的《起居注》里摘抄两例,以从另一侧面反映雍正帝这一历史人物的思想方法。

一例是批评"不教而杀"的做法。

雍正七年(1729年)三月,湖广巡察王瓒上了一个奏折,主张用严厉的手段打击民间的迷信活动,内称:"楚俗信巫尚鬼,熟习符水咒术,不畏刑罚。惑世诬民,为害靡尽,请严行禁止。倘有违者,拿究照光棍(光棍即指流氓、凶徒等罪犯)例治罪。"兵部在议论了王瓒奏折之后,表示完全同意,并上疏说:"应如该巡察所请,照光棍例,为首者拟斩立决,为从者拟绞监候。"四月初二日,大学士马尔赛、张廷玉两人传下了雍正的谕旨,说:"此本内议称:熟习符咒、作奸犯科、惑世诬民者,俱照光棍例治罪,而未曾议及通行晓谕之后再有犯者方

照此例定拟，甚属疏漏。从前屡降谕旨，凡有改定科条，俱宽其限期，悉令家喻户晓。如此而犹有不率教者加以严惩，始为不枉。今法司更定律例而不示以遵行之期，则彼无知之人，冒昧而犯重辟，是谓不教而杀，于心忍乎？且令地方官甚有难于奉行之处，着另议具奏。"限制和禁止迷信活动的做法本身是好的，但用杀头等严刑来镇压，而且不预先警告给以悔过自新的机会，则是矫枉过正，是不教而杀。特别是对于民间有悠久历史传统的宗教习俗，用这种简单的办法并不能收到预期的效果，而且可能引起极大的反感。所以，雍正批评兵部和王瓒"甚属疏漏"，否决这种"不教而杀"的主张，是让人称赞的。

另一例对"太阳与灯烛"的见解。

有一次，雍正叫"在京大臣官员科道等轮班条奏"，目的是"欲广见闻以资治理"。御史汤倓的条奏，被雍正训斥为"甚属鄙琐，不可见诸施行"。汤倓一面表示"醒悟悦服"，一面又奉承说："皇上如太阳之光，臣如灯烛之微耳。"雍正针对汤倓的歌颂，发表了一通很有见识的理论。他说："尔言不然。太阳与灯烛各有其时，各有其用，不应分别光之大小也。日间太阳能照，至于昏夜则太阳无所施其光。赖有灯烛之光以补太阳之所不逮。天下至广，应务至繁。朕耳目心思所未到之处与不能周知之处，尔等能殚其忠诚智虑，以为赞助劻勷，正如太阳之有资于灯烛也。灯烛之功，岂可少乎？但不可有私意存乎其间耳。倘借奏事之名，以为营私之计，则是燃灯烛于朗日之下，欲以爝火之微与太阳争光，其为暗昧极矣。此则可羞可愧之甚，诸臣所当共以为戒者也。"封建时代，称颂帝王"智烛千里"、"明察秋毫"者很多，颂为太阳者也有不少，所以帝王所居之地有"日下"之称。其实，雍正并不是反对臣民把他比作太阳，他只是认为太阳与灯烛"各有其时，各有其用，不应分别光之大小"。这个看法，对于一个封建帝王来说，也就达到了思想认识上的高峰。尤其是他厌恶那种借称颂太阳之名"以为营私之计"的人，更为他的议论增加了光彩。汤倓向雍正进谀词，不但没有得到青睐，而被作为反面典型加以批评，这的确是雍正好的一面。

6. 谁在西湖灯会上戏弄过雍正皇帝

杭州的美色，在江南是出了名的，它吸引了历史上不少天子帝王。雍正也不例外，他到过杭州，并在西湖住了好一阵子。不过他巡游杭州，与他皇阿玛康熙皇帝完全两样，没有半点风雅的味儿，而是在刀光剑影中度过。

地方官碰到的第一件古怪事，就是这位皇帝不肯住孤山富丽堂皇的行宫，却指定要住到西湖中间的船上去。原来雍正杀人太多，仇敌太多，因此他比谁都怕死。他怕岸上警卫疏忽，容易出现差错；住在湖中，四面环水，就可做到有备无患。

知府一声令下，湖内的大小游艇，一律征用，所有的船民统统赶上岸去。湖心摆开几艘特制特备的龙舟，除留一个出入口外，四周和水底用许多铁索围护，还系上上万只铜铃，如果有任何东西触及铁索，铜铃就会发出声响，起到报警作用；再加上雍正身边有不少侍卫，个个武艺超群，把那雍正的龙舟护卫得如同铁桶一般。

第一夜平安无事。到了第二夜，半夜时分，骤然铃声大作，所有的侍卫人员不约而同地向铃响处发射兵器。等到天明，却见离索不远的湖面上，浮着一尾二十来斤重的死鱼，鱼身上密密麻麻地插满了飞镖袖箭，好似刺猬一样。虽是一场虚惊，雍正却因为警备森严的效果获得验证而十分满意，他从此便可安心地在西湖的龙舟上住下了。

从三月底到六月上旬，住了两个多月，人们还不见雍正有回北京的迹象。雍正住在西湖上，可苦了百姓。不要说一向靠湖谋生的船户和渔户生活无着，就连沿湖居民也不容自由行动。

杭州每年农历七月十五日，有放荷花灯的风俗，民间俗称"盂兰胜会"。每到这夜，湖中飘起万盏花灯，一眼望去，满湖全是白里透红的荷花，随着习习清风，飘浮闪烁，宛如璀璨的明珠缀于水上，令人叹为观止。雍正想要玩赏"西湖灯会"的盛景，在十日前特下谕旨要与民同乐，共庆天下升平。这下，给杭州的官吏添了个发财的机会，

官府勒令每户居民限期贡献二两纹银的花灯捐，还征用大批民伕沿湖高搭花棚彩楼，以壮观瞻美景，搞得百姓怨声四起。

杭州的纸扎工艺是全国出名的，不过几日功夫，工匠们已在湖中扎起庞大的龙宫、鳌山各一座，又在其间配上三界星宿、八洞神仙、四海龙王和西天罗汉。七月十五这天天黑后，灯烛齐明，花灯盏盏，蔚成奇观。果然是：此景只应天上有，人间哪能几回看！不料这一来却触怒了一位游湖侠士。

雍正拥着嫔妃，在金碧辉煌的龙舟上，摆开筵宴，一时，江南丝竹一同响起。他正沉醉在温柔乡里忘乎所以，身边的一位贵妃突然手指南天，惊奇地叫道："万岁爷，您看！"雍正乜斜着朦胧醉眼，顺着她指的方向，只见远处有碗大两颗红球迅速飞来，他仗着微醺的酒意，站起身来，快步跨向船头，睁眼朝红球观望。陪宴的也纷纷跟到船舷，交口称奇。说话间，红球朝龙船越飞越近，保驾的侍卫统领知道不好，急忙发镖，将红球打入水中。雍正退入舱中，命大小船只尽快进行查点。这时，太监已从湖中捞上那落水的红球，却是两盏红灯。雍正拿起一看，每盏灯上各有两行字，一盏写着："今晚取灯，明夜还灯。"一盏写着："三日不去，'维民所止'。"这一下可把雍正吓出一身冷汗，七分酒意消了四分。还没有思索，忽见贴身太监从后舱慌张地奔出，跪下奏道："龙榻前御用的一盏红纱如意灯被人取走了！"雍正听后，好比五雷轰顶，顿时瘫倒在龙椅上，心想，这个胆大包天的世外高人，趁我不备劫走宫灯，倒也罢了，竟明目张胆地提出，如果我不走就要取我性命，可气呀可气！他的一腔怒气正无处发泄，忽见跪在地上的众大臣，便破口骂道："你们这班饭桶，限你们明日查明刺客，捕获回奏。抓不到人，一个个提头来见！"骂完，自己拂袖进入内舱。

大臣们生怕皇帝有什么闪失，搞不好自己要掉脑袋，便恳请雍正连夜搬到行宫去。雍正是个刚愎自用的人，执意不肯。大臣们只得悄悄退出。这天夜里，龙舟上虽然戒备森严，可是上上下下全都提心吊胆，连雍正也吓得一夜没有合眼。他想起前年江西主考官出了个"维民所止"的试题，被同僚参奏了一本，点明其有意犯上，要去掉"雍正"的头。自己御笔一批，当即将主考官满门抄斩。想不到今夜这个吃了豹子胆的，又来个"维

民所止"。想到这里，雍正恨得把牙齿咬得"格格"直响。接着又想道：这盗宫灯的人，本领确实不一般，他既能在我寝舱的龙榻边取走如意宫灯，不也能轻而易举地割下我的脑袋么！想到这里，雍正手脚冰凉。

第二天，全杭州的军兵捕快、水陆丁勇，围着西湖轮班巡逻。入夜以后，雍正身穿紧身钢甲，手持宝剑，坐在舟中，生怕有变。一更二更，毫无动静，刚打三更，东南湖面骤然飞起一道闪电，紧接着一声响雷，闪电变成火团，直射船头。一时间湖里湖外，镖箭齐飞，要截住这股火球，火团在瞬息万变中，上下翻腾，坠入不远的湖面。舟上的人竞相前去打捞。就在这时，雍正似乎感觉背后有人推了一把，站立不稳，一个趔趄栽下湖中。众人都吓坏了，急忙来救圣驾，好容易才捞得雍正上船。

一阵混乱过后，雍正神魂刚定，抬眼一看，昨夜失去的宫灯，不知何时，已好端端地放在身旁的龙案上。灯上又多了四行诗句：

> 昏君行不端，劳民罪滔天。
>
> 知趣连夜滚，留头在汝肩。

雍正看完这四句诗文，恼羞成怒，一脚就将宫灯踢入湖中。他立即传旨："今夜湖上之事谁敢张扬出去，斩立决！"

雍正最终还是斗不过那位似乎时刻在身边而又看不到的"不速之客"，急忙离开了西湖，回宫了。第二天清早，西湖的湖面上已收拾干净，只有那盏被雍正一脚踢入湖中的宫灯还在湖面上飘浮晃荡……

那神出鬼没、来去无影的江湖侠客究竟何许人也？雍正不知，杭州的官府也不知，民间下面也没有传出名堂。这就成了到今天也没有解开的一大谜案。

7. 雍正为什么在朝野上下遍布眼线

雍正初年，新皇帝胤禛大量使用密探四处打探消息，连大街小巷

的琐碎事故也要一一报告。表面上看是他刚刚登基江山未稳不得不多加防范，其实深层次的原因还是因为他的继位并不那么名正言顺，因此引得诸多竞争者蠢蠢欲动，比如胤禩等人，就曾"蓄谋反叛"。

雍正的眼线密布到何等程度呢？我们来看一下。

有一位即将入宫引见的官员打算买一顶新帽子，在街上向人打听帽店。第二天入朝，官员脱下帽子叩头谢恩。雍正笑着说："千万不要弄脏了你的新帽子。"

状元王云锦在元旦那天与亲戚友人玩纸牌，突然不见了一张。第二天上朝，雍正问夜间都干了些什么，王以实相告。雍正笑着说："不欺暗室，真不愧为状元。"说罢从袖中摸出一张纸牌给王看，正是夜间丢掉的那张。

《海滨人物抄存》说，巡抚周人骥，天津人，雍正五年（1727年）进士，以礼部主事视察四川学政。三年之中，操守廉洁，从未徇私舞弊。在入川之前，礼部尚书为周推荐了一名仆人，办事十分勤谨敏捷。周人骥任期将满，那仆人多次请求先行回去。周人骥对他说："我很快就要回京复命了，你应当跟我一起走。"那仆人笑着答道："我也打算回京复命。"周人骥惊讶地问他为什么，他回答道："我其实是宫中一名侍卫，奉命特来监视你。你做得很不错，我打算先行启奏圣上。"

周人骥返回北京后，果然得到皇上雍正的嘉奖。

8. 雍正为什么大张旗鼓地宣扬祥瑞

重视"祥瑞"，在中国历史上不是稀罕的事。古代人把"天降甘露"、"麒麟现"、"瑞芝生"、"卿云出"等等，当作嘉瑞祯祥，标志着政治清明，人民安居乐业的太平盛世的征兆。相信和制造那些祥瑞的，主要是古代统治者。在皇帝中有人热衷于搞"祥瑞"，也有人对此并不感兴趣。像康熙皇帝和乾隆皇帝就不喜好搞让后人耻笑的所谓"庆云、灵芝、甘露、天书"等祥瑞一事。但雍正皇帝却与他们截然相反，雍正不但自己迷信那些表征大吉大利的祥瑞兆示，而且还鼓励手下官员们谈吉兆、献祥瑞。

雍正三年（1725年）三月初二，发生日月同升和金木水火土五星同

在地球一侧四十五度角范围内的现象，当时叫作"日月合璧、五星连珠"。因为这样的自然现象几百年才出现一次，所以被古人看作嘉瑞。钦天监在推算出这一现象将要发生之后，立即报告给雍正皇帝。雍正以为这是难得遭逢的幸事，命令史馆加以记录，并将此事告知国人。

雍正元年（1723年），马兰峪总兵官进呈顺治帝孝陵长出的蓍草。雍正帝命廷臣传观，百官"惊喜赞颂以为奇瑞"。雍正七年（1729年），传说康熙帝景陵的石柱上生长灵芝一枝，长六七寸，"祥光焕发"。雍正十二年（1734年），又产瑞芝九本。这是所谓的灵芝之瑞。

雍正十年（1732年），山东官员报告，钜野县民家产牛，生瑞麟，他们煞有介事地说，该物"麕身牛尾，遍身皆甲，甲缝有紫毫，玉定文顶，光彩烂生"。第二年，四川官员也报称盐亭县农家牛生瑞麟，并画出图来献呈。"圣人出，王道行"，则麒麟现，这当然是"奇瑞"了。

雍正八年（1730年），正在营建雍正的陵寝，官员奏称在房山县的采石工地上，飞来了一只凤凰，"五色具备，文彩灿然"。同时有人报告在该县还见到高五六尺的神鸟，"毛羽如锦，五色具备，群鸟环绕，北向飞鸣"。凤凰出是"王者的嘉祥"，群鸟向北飞鸣，更是歌颂皇帝盛德的好兆头。

雍正朝各地方官员纷纷奏报出现瑞谷，京师发现有十三穗的谷子，御田的稻子长出了四穗，河南的谷子又有多至十五穗的，连刚刚实行改土归流的地区也宣称有的稻子每穗七百多粒，粟米长二尺多。雍正帝特命武英殿把嘉禾绘制成图，刊刻公布，并亲自为《嘉禾图》做跋。与嘉禾相应而生的是瑞茧。雍正七年（1729年），浙江总督奏报归安县民家育桑蚕，有九筐万蚕同织瑞茧一幅，长五尺八寸，宽二尺三寸。雍正帝怀疑这是人为造的，官员回称"实系自然成就"！

雍正朝时曾任总督、侍郎的李绂写文章称，康熙六十一年（1722年）十一月二十日雍正帝即位的前几日，天气阴霾惨淡，到登基受百官朝拜时，"天气忽晴明"，阳光灿烂，待到第三天，空中出现了卿云。雍正元年（1723年）九月，雍正帝赴遵化景陵送他生母孝恭仁皇后的灵柩时，卿云再次出现。第二年正月，他举行祈谷祭祀礼毕，人们又看到了卿云。雍正七年（1729年）冬，正在修缮曲阜孔庙，地方官奏报，在大

成殿上梁的前两天，当地呈现卿云。同时期，山西官员报称保德州地方"卿云捧日，外绕三环，光华四射"，临晋县卿云丽日，五彩缤纷，霞光万丈。次年，湖南官员也不落后，报说该地"卿云丽天，霞光万道"。最有意思的是云贵广西总督鄂尔泰的报告。雍正帝的生日是十月三十日，雍正六年（1728年）十一月，鄂尔泰的奏折说，圣寿节这天，官员行过祝寿礼之后，云南各地出现"五色卿云，光灿捧日"，第二天更"绚烂倍常"。他引述《孝经》里的"天子孝，则卿云见"的话，说明该地卿云的出现，是由于"皇上大孝格天"。雍正帝见到这个折子非常高兴，在朱批中写道："朕每遇此祥瑞，蒙上天慈恩，岂有不感喜之理"，于是，把鄂尔泰嘉许为上天赐给自己的"不世出的良臣"，将他的世爵由头等轻车都尉超授为三等男爵。云贵的官员也都跟着沾光，云南提督郝玉麟从云骑卫晋为骑都尉，其他巡抚、提督、总兵官各加二级，知县、千总以上俱加一级。雍正帝如此重视卿云的出现，内中奥秘就在它表示"皇上大孝"。因为鄂尔泰奏折发出的前两个月，发生了湖南人曾静派遣弟子张熙策动川陕总督岳钟琪造反的事件。案件的重要内容之一是曾静谴责雍正帝的失德，说他"谋父、逼母、弑兄、屠弟"。为了稳定皇位，雍正竭力制造舆论，所谓卿云的一再出现，无非是表明皇上是真孝子，天公尚且有此征象，臣民们还有什么可怀疑的呢？如果再听信弑父改诏的谣言，不就是违天理昧忠孝的乱臣贼子吗！但谎言终究瞒不过人，云南大理县的刘知县声称："我的眼睛迷了沙子，怎么看不见卿云啊？"当时怀疑"卿云现"一说的还是大有人在。可见，种种所谓祥瑞以及"卿云现"的出现，完全是雍正帝用以表明他皇位继承合法化的一种宣传手段。

9. 雍正皇帝是怎样批谕臣下奏折的

清朝的奏折，是文武大臣进呈皇帝的一种书面报告。奏折制度是由明代奏本制度而来的一种文书制度，康熙中期正式采用。中央部院大臣和各省地方大吏，对施政得失、人事问题、地方吏治、民情风俗，雨水粮价等等，虽然是本身职责以外的公私事件，都要把所见所闻，据实奏

闻。汉族大臣用汉字缮写奏折,由上而下,由右而左,直行书写,叫作汉字折;满大臣用满文缮写奏折,由上而下,由左而右,直行书写,叫作满字折;各部院衙门满汉大臣会商公事,同时缮写满汉文字,叫作满汉合璧;地方大吏定期缮折请安,叫作请安折,因请安折多用黄绫缮写,又叫作黄绫折,其余奏事折、谢恩折,则用素纸缮写,叫作素纸折。

奏折是一种机密的文书,大臣们各报各的,彼此不能相协。地方大吏写完奏折后,即密封锁在木匣内,外用黄绸布包裹,如奏报紧急事件,则由驿站快马驰递,其余奏折,由亲信家丁赍送入京,不经通政司,直接交由内廷奏事人员进呈御览。皇帝用朱笔批示谕旨,叫作朱批谕旨。康熙皇帝曾因右手肿痛,不能写字,而改用左手执笔批谕,一字也不假手于人。雍正皇帝批谕特别勤,把奏折当作学生作文一样来批改,有的谕旨批在奏折封面,有的批在字里行间,有的批在尾幅。有时候订正错别字,有时候指授笔略。每件奏折手批数十言,或数百言,有的洋洋洒洒长达千言,多在夜间灯下批览,字迹秀丽,龙飞凤舞,让人叹为观止。署直隶总督蔡珽奏折曾奉批谕说:"白日未得一点之暇,将二鼓,灯下书写,不成字,莫笑话。"一夜分为五更,二鼓就是二更天,皇帝在白昼要一大早上朝听政,召见大臣,商议国家大事,日理万机,只能在夜间灯下批折。奏折经皇帝批谕后,即发送原奏大臣。皇帝深居禁宫,利用奏折可洞悉外界的事情,这对于施政得失、地方利弊,实为好处。

折奏内容不分公私,即使是个人生辰八字,也可缮折奏闻。陕西总督岳钟琪曾将提督冯允中,总兵官袁继荫、张元佐,副将王刚,参将王廷瑞等人的生辰八字缮折奏闻。雍正皇帝批谕说:"王刚八字想来是好的,冯允中看过,甚不相宜,运似已过,只可平守;袁继荫亦甚不宜,恐防寿云云;张元佐上好正旺之运,诸凡协吉;参将王廷瑞、游击陈弼此二人命运甚旺好,若有行动,此二人可派入。今既数人不宜用,卿可再筹画数人,即将八字一并问来密奏,所拟将官中要用人员,不妨亦将八字送来看看。命运之理难征,然亦不可全不信。"生辰八字竟成为将官升迁的决定因素。湖南岳常道杨晏缮折奏明家产房屋数目,雍正皇帝批谕说:"是何言欤?如何教朕料理起你家务来了,如此撒娇儿使不得。"云南驿监道李卫具折奏闻云贵总督高其倬人品居官

情形，雍正皇帝批谕说："羞不羞，这样总督用不着你保留。"

雍正年间，雍正皇帝为了洞悉地方利弊，使下情可以上达，于是放宽臣工专折具奏的特权，各省文武官员进呈的奏折，每天平均是二三十件，有时候多达五六十件，雍正皇帝不过据一时之见，随到随批，从不留滞。但雍正皇帝的批谕，大抵教诲之旨居多，他就是想利用奏折作为训诲文武大臣的工具，雍正皇帝在《朱批谕旨》御制序文中已指出："每折或手批数十言，或数百言，且有多至千言者，皆出一己之见，未敢言其必当。然而教人为善，戒人为非，示以安民察吏之方，训以正德厚生之要，晓以福善祸淫之理，勉以存诚去伪之功。"故宫博物院现藏雍正朝二万余件的满汉文奏折，主要就是雍正皇帝训诲臣工之词。雍正皇帝曾批以"为人只要清晨出门时抬头望天，至晚归寝时以手扪心，自得为人之道矣。"其图治之心，诲人之诚，是不容置疑的。

雍正皇帝在位期间，孜孜求治，宵衣旰食，同时也一再训诲臣工做好官，振作精神，为国家效力。护理山东巡抚黄炳奏明盘查司库，雍正皇帝披览奏折后批谕说："向来闻你声名颇好，今览尔奏折甚详细周到，朕今用你山东巡抚，尔可仰体先帝深恩厚德，可竭力报效朝廷。但山东一切事务废弛之极，必须着实勉力，务期万全，不可生事，方不负朕此特用之恩也。"曾为十阿哥胤䄉属下的杨琳补授两广总督后，奏明收受节礼一事，雍正皇帝在杨琳奏折里批谕说："今日之皇帝，乃当年之雍亲王也，大家今日只要共勉一个真字、一个好字，君臣之福不可量矣。"湖广总督杨宗仁奏闻湖南、湖北两省地方情形，雍正皇帝批谕说："览尔所奏，朕实嘉悦，若是他者，朕犹听其言而观其行。至于你，朕信得及，此乃两省否极泰来之时也，密之，着实勉力做去，朕生平誓不负人之皇帝也。"河道总督齐苏勒奏明钱粮事宜，雍正皇帝批谕说："知道了，你只管秉公无私做去，朕保你无事就是了。若放胆负朕，自有天鉴，量你亦断不忍负朕也，只以虔敬感格天神为要，特谕。"安徽巡抚李成龙奏报二麦收成情形，雍正皇帝批谕说："知道了，向后一切吏治天年，总以实在为主，若仍以宽慰圣怀，恐烦上虑，粉饰隐讳，以为忠能，倘被朕察出，必治以重罪，德音是样子，这还是三年之内轻处分。君臣原是一体，中外何可两视，彼此披露，毫无欺

隐，自然上下相安，普天和气，正大光明，洪然之气，自然召感天和，一切如意，万姓蒙福也，勉之，慎之。"河南巡抚石文焯奏报甘霖大沛情形，雍正皇帝批谕说："好！好！好！大喜！大喜！上天如此慈恩，自然是用了你了，着实诚敬，勉之，朕因直省近日甚觉缺雨，着实心烦，览尔此奏，实减一半忧怀，但只要你一切据实，不可粉饰隐讳。"福建巡抚黄国材在奏折中说："臣年已六十四岁，精力日衰，边海地方事务纷烦，惟恐思虑不到，难免错误。"雍正皇帝批谕说："君臣中外原系一体，只要公正真实，上下一德同心，彼此披诚即是，人非圣贤，孰能无过，错误二字何妨乎？"江西巡抚斐铎度奏明驿马事宜，原折里有"不胜悚惕"字样，雍正皇帝批谕说："畏惧即不是矣，内外原是一体，君臣互相劝勉，凡有闻见，一心一德，彼此无隐，方与天下民生有益也，莫在朕谕上留心，可以对得天地神明者，但自放心，有何可畏。"

直省文武官员既为朝廷效力，雍正皇帝也以臣工为其股肱耳目，所以准许密奏，凡是国计民生兴利除弊诸事，臣工如果有闻见，必须缮折据实奏闻，不得欺隐迎合。浙江巡抚李馥奏闻闽省地方情形，雍正皇帝批谕说："览奏深慰朕疑怀，君臣原系一体，中外本是一家，彼此当重一个诚字，互相推诚，莫使丝毫委屈于中间，何愁天下不太平，苍生不蒙福。隐顺最不好的事，朕只喜凡事据实，一切不要以慰朕怀为辞，阿谀粉饰迎奉，切记！"雍正皇帝屡次训诲臣工彼此推诚相待，不要阿谀迎奉，凡事据实奏明，如此则"何愁天下不太平，苍生不蒙福"。雍正皇帝很感慨地说："汝等地方大臣，凡事皆以实入奏，朕便酌量料理，若匿不奏闻，朕何由而知？从何办理也？"自古以来，有治人，无治法，用人施政，岂能欺隐粉饰，雍正皇帝真是一位循名责实的合理主义者。因此，从历年批发的朱批谕旨，可以了解雍正皇帝的治术。安徽巡抚李成龙奏报秋成分数，雍正皇帝批谕说："知道了，凡事要实心奉行，阳奉阴违，草率塞责，言之中听，于事无益。有些年纪的人，最忌精神不加，废弛事务，自己身子哪里能全到，即少年插翅，亦不能周到，只要心口放勤些，斟别属员，以公正严切去，何事不能办，少有存私，不能摆脱情面，一二人掣肘，众心不服，诸事不

振矣，勉之，慎之。你这个总督是不多遇的，好生与他一体同心，协襄料理，朕耳目中少有。如仍前积习不改，是尔自取者也，可惜朕一番开自新之路之殊恩也，用力做好官，特谕。"做好官，千古流芳。湖广总兵魏经国奏谢钦赏貂皮、红玻璃盒，雍正皇帝批谕说："你是不负朕皇考之人，今日你再不肯负朕，大概天下之大，兆民之众，受恩者多，似你如此知恩者少，好生勉力，莫移初志，以为万古不朽之人。"

雍正皇帝常常勉励文武大臣振作精神，好好为国家效力。山东登州总兵官黄元骧奏闻海防事宜，雍正皇帝批谕说："知道了，你去年来少觉有点老景，打起精神来做官，若以年老废弛，使不得。"福建陆路提督吴升缮折请安，雍正皇帝批谕说："朕安，你好么？你向来居官声名好到极点，朕甚嘉之，好生爱惜你的老身子，多多给朕出些年力。"广东潮州总兵官尚漯奏请入京陛见，雍正皇帝批谕说："你陛见来，朕深许你，况你年纪正好与国家效力之时，当勉之又勉，慎之又慎，不可自恃放纵，竭力做一千万年的人物，方不负朕之任用也。"雍正皇帝不仅训诲臣工做好官，也教导臣工修身养性之道。当蔡珽在四川巡抚任内因病奏请解任回京，原折里说："臣素禀阴虚，鬓早见白，常患怔忡，然频频服药，尚可支持。昨四月间，忽又患目疾，视物皆两，始则一日偶一二次，今乃一日之中竟居其半，心中愈急，疾愈甚。"雍正皇帝批谕时指出鬓早见白"不妨"，目疾只是"小病耳"，"见性之人，急之一字如何说得出口，急什么？"云南布政使李卫缮折谢恩，雍正皇帝批谕说："和平二字，朕生平之羡慕，高傲二字，朕生平之所戒，汝之气秉亦当时存如此想。"雍正皇帝对旧日藩邸属员谆谆教诲，提携备至，远胜他臣，虽家人父子亦无以逾之。福建布政使沈廷正具折谢恩，雍正皇帝批谕说："朕用天下之人，尚听众人之参劾举荐，况朕藩邸之人向所知者，苟有一长可取，岂有不教导任用之理，其不堪之人，焉有不处治示众之理，若少恃恩私有干法纪，在尔等丧尽天良招恶报，再次天下后世将朕为何如主也？如傅鼐、博尔多，朕何尝未望其成一人物也，奈小人福浅，朕有何法？此二人是你等榜样，惟有自己信得及，方能保其令终，尔等谁人敢在朕前陷害你，既不能陷害你，孰来照看救拔你，全在自为，朕之耳目心思不能惑憾也。勉力实行，做一

好人好官，报答国家，望成一伟器，垂之史册，岂不美欤？"

雍正皇帝扩大采用奏折制度，放宽臣工专折具奏的特权，一方面是想收明目达聪公听并观之意，另一方面则欲于直省督抚与司道之间，维持一种制衡作用。督抚为封疆大吏，向来独操地方大权，司道使用密折奏事，与御史无异，具有揭参的特权，督抚遂稍知顾忌。但同时不准属员滥用奏折，司道固然不可借奏折挟制督抚，督抚亦不得挟制部臣。福建布政使黄叔琬缮折谢恩，雍正皇帝批谕说："虽许汝奏折，不可因此挟制上司，无体使不得。若督抚有不合仪处，秘密奏闻，向一人声张亦使不得，一省没有两个巡抚之理，权不画一，下重上轻，非善政也。"雍正皇帝灵活运用奏折制度，实乃有助于君权的强化和巩固。

10. 不苟言笑的雍正都有些什么嗜好

雍正给后人留下的印象之一就是不苟言笑，成天板着他那副七个不服八个不忿的皇上脸，深沉阴鸷。其实，他也有许多和常人并无二致的嗜好，比如说闻鼻烟儿。

清史档册中记有配制上用鼻烟一事：

雍正八年（1730 年）"五月十四日太监张玉柱交来鼻烟一包，传旨：此烟是怡亲王进的，朕常用，问刘三九若配得来即配做些，若配不来俟怡亲王事毕后向府内要配方做。钦此"。

烟草于明季传入中国，清初称丹白桂，雍正以前清代诸帝皆无此嗜好，崇德四年（1639 年）皇太极颁有禁烟告示（现藏于中国第一历史档案馆），对栽种或吸卖丹白桂者皆以贼盗论罪，康熙帝亦力主禁烟。

鼻烟的主要原料是烟草，清初它是上层社会中的时髦玩艺儿，一向标榜"敬天法祖"的雍正帝，竟也免不了要违反祖制，对这一时髦玩艺感兴趣，而且对于贮鼻烟的烟壶也极考究，并亲定式样。

雍正八年（1730 年）十一月二十四日，内务府总管海望持出黑地珐琅五彩流云画玉兔秋香鼻烟壶一件，奉旨："玉兔不好，其余照样烧

造。钦此。"

当日，内务府总管海望持出桃红地珐琅画牡丹花卉鼻烟壶一件，奉旨："上下云肩与山子不甚好，其余花样照样烧造。钦此"。

再有就是眼镜。眼镜是用来矫正人的视力的，本无所谓欣赏与爱好。但当雍正朝之际，它还是一种颇为新鲜稀罕的洋玩艺儿，有淫技奇巧之嫌。光绪朝末年，那个奉旨为老佛爷拍摄御容的摄影师勋龄，只是由于他的视力不好，以致缺了眼镜就当不好这个差了，这才由慈禧特准他戴眼镜入宫。殊不知早在二百多年前雍正皇帝就已戴上眼镜了。雍正非常欣赏这个洋玩艺儿，造办处曾多次奉命制作，或供上用，或供赏玩。在雍正帝经常起坐的大内与圆明园的宫殿中，甚至在他的銮轿中，也都安放上眼镜。雍正还多次以眼镜颁赐臣下。凡此种种，清宫档册中记载颇多，其中有这么几档子事：

雍正七年（1729 年）十月二十五日，太监张玉柱交来西洋玻璃眼镜一副（系西洋人戴进贤进）。传旨："着照朕戴的眼镜式样装修，再将盒内西洋字白纸签着西洋人认看，因写汉字。钦此。"

随将西洋字白纸签一件，着西洋人郎世宁认得系七十岁三字等语。记此。

于十二月初二日随将西洋玻璃眼镜一副换得玳瑁圈银捏子皮盒，首领太监李久明拿进交太监张玉柱讫。

雍正七年（1729 年）六月十四日，据圆明园来帖内称，太监刘进义来说，首领太监王辅臣传旨："四宜堂如意床上安眼镜一副。钦此"。

于本日将（雍正）二年备用上用茶晶眼镜一副交太监刘进义持去讫。

按：档册中写到眼镜时有五十岁、六十岁、七十岁字样多种。当时是用年龄来标志老花镜的度数。雍正七年（1729 年）雍正帝五十一岁，已到了老花的年龄。大约他并不近视，因而平时不戴眼镜，只随处安放老花镜，便于取用。

雍正五年（1727 年）闰三月十六日据圆明园来帖内称，首领太监萨木哈来说，怡亲王奉旨："泼灰处泼灰的人眼睛若不遮护恐怕有伤，尔等将玻璃鼓泡眼罩做些赏赐。钦此。

并于本月十八日做得鼓泡玻璃眼罩四副，平面玻璃眼罩八副，郎中海望呈进。奉旨："赏给工程处。钦此"。

眼镜用于泼灰人劳动保护，实乃雍正帝一大创造。一代人君能如此设想，也很难得。

再有就是玩狗。雍正皇帝玩狗已经近于成癖的地步。

清宫档册中有关玩狗的记载始于雍正五年（1727年），这里择录一二：

雍正五年（1727年）正月十二日太监王太平传旨："着给造化狗做纺丝软里虎套头一件，再给百福狗做纺丝软里麒麟套头一件。钦此"。

雍正五年（1727年）二月二十七日太监王太平交来麒麟套头一件，传旨："着将麒麟套头着添眼睛、舌头，其虎套头着安耳朵。钦此"。

雍正六年（1728年）二月初四日太监王玉持来竹胎红毡毬面、白毡毬里小圆狗笼一件，蓝布垫子一件，白毡垫一件，说太监王太平传旨："着照样做一件。钦此"。同年九月二十五日太监雅图交来虎头狗衣一件，麒麟狗衣一件，传旨："虎皮狗衣上皮托掌不好，着拆去。再狗衣上的纽绊钉得不结实，着往结实处收拾。再做豹皮狗衣一件。钦此"。

此类玩狗记载不下一二十起，其传谕制作的狗衣、狗笼、狗窝、狗垫、套头等，都是雍正帝亲为定式，做成后又多次返工修改。至于造化狗、百福狗的得名，不外亦系雍正钦定。

此外，雍正帝还喜制奇巧玩物，像自鸣鼓、藏身表等，均自己设计。由于机括繁复，档册中记载也较仔细，这里录其一二：

雍正五年（1727年）九月二十六日据圆明园来帖内称，九月初十日郎中海望奉旨："陈设鼓样并挺子、座子俱照戳灯一样做，将鼓墙厚些的鼓做二面，上安粘翎毛的鸡一只，内安风琴。再将扁形的鼓做二面，上或安璎珞式样，或配合何样，尔等酌量再比比，小些的鼓亦做二面，俟画样呈览准时再做。钦此。"

于十月初六日画得高架陈设鼓样一张，郎中海望呈览。奉旨："鼓上鸡肚内安的风琴虽好，但鸡肚内地方窄小，恐不能吹整套曲子，若有响声亦可。再，此鼓小，若安得风琴，顶上就不必安鸡，或安一夔龙式顶才好，其扁形安璎珞。陈设鼓样准做。钦此。"

于雍正七年（1729 年）正月十六日做得陈设瓶式自鸣鼓一件，郎中海望呈进讫。

雍正三年（1725 年）九月十一日员外郎海望奉上谕："圆明园后殿内仙楼板墙上安表一件，板墙上做一铜火盆，不必用架子，改配座子，使表轮子藏内，其表上针透下楼板，楼板下画一表盘，表轮子声音不要甚响。钦此。"

从清宫档册中有关穿戴、器玩制作的谕旨，均可见雍正帝潜心于雕虫小技，其指手划脚、评头品足之态，活画出一副玩家里手、富贵闲人的悠然状貌，说他玩而不厌，是一点也不过分的。

蟒袍：雍正八年（1730 年）三月二十八日内务府总管海望奉上谕："尔照朕指示将黑地仗、酱色地仗织圆金龙五彩云蟒袍样画样看下，不用画水，不要像大蟒袍样；亦不要像寸蟒妆缎花样。钦此。"

手巾：雍正八年（1730 年）正月二十九日郎中海望奉上谕："交桃红色单丝绢四围透绣西洋花白色绿边手巾一条，着照此样式，或紫色、松花色、桃红色织绣些，两头绣花，两旁边不必绣花。钦此。"

皂鞋：雍正八年（1730 年）五月十四日内务府总管海望奉旨："着将皂鞋样寄与织造处，照样用马尾织鞋面几双，其底交四执事成造。钦此。"

香袋：雍正八年（1730 年）五月二十四日，据圆明园来帖内称，本月初七日内务府总管海望奉上谕："着照现在挂的香袋式样，用象牙雕刻透花做一对。象牙墙像火（爈）包的掐簧，两面盖，透地糊纱，或盛鲜花、或盛香，皆用得。香袋边不必做挑出去的丝子挂络，底下要钟形，上边要宝盖形，中间或连环、方胜俱可。钦此。"

盆景：雍正八年（1730 年）八月十一日太监张玉柱传旨：年羹尧进的点翠盆景五盆内有一盆好的，其余俗气些。再做盆景，树身子不必用铜挺子，做翠树身子，再做点翠竹挺子、点翠竹叶子，像紫竹林款式。再做点翠的竹子做散散的盆景。再做斑竹挺上用点翠叶子盆景。钦此。"

雍正皇帝还十分钟情西洋器物，这么说起来也算是当时的潮男了呢！

清初西洋耶稣会教士来华供奉内廷，准备了很多物品进献。雍正

朝有巴多明、宋君荣、戴进贤、郎世宁等人，凡有所进，雍正帝都爱玩，又下令造办处匠人仿制，或将洋器改装。此类事多次见于档册，这里摘录一二：

雍正四年（1726年）五月初六日，圆明园来帖内称，太监杜寿交通天气表一件。传旨："交给海望同西洋人认看，准时着海望面奏。钦此。"

于初六日据西洋人巴多明、宋君荣认看得系红毛国的。上头玻璃管内水银，天气热往上走，天气寒往下走，中间玻璃管内红，天气热往上走，天气寒往下走等语。

于初七日海望将通天气表呈览。奉旨："着问西洋人做得来照样做一件，不必写西洋字，写汉字。钦此。"

于五月十一日将通天气表一件首领赵进忠呈进讫。

雍正四年（1726年）五月初六日据圆明园来帖内称，太监杜寿交来西洋日晷一件。传旨："交给海望同西洋人认看，是何用法？认看准时着海望面奏。钦此。"

于同日据西洋人巴多明、宋君荣认看得，有玻璃为圈子日晷，中间是水平，下头是地平等语。于初七日将西洋日晷一件海望呈览。奉旨："照此日晷做一件，其做法、花纹俱照此样，不必刻西洋字，刻汉字。钦此。"

于十二月初六日照样做得日晷一件，并原样子一件，怡亲王呈进讫。

雍正五年（1727年）闰七月二十一日圆明园来帖内称，本月二十日郎中海望持出镶象牙藤筒千里眼一件。奉旨："照此千里眼整桶式样，或放长些，或放粗些，外面或用香羊皮鞭套，或用西洋纸鞭套，仿西洋式样做几件。钦此。"

雍正七年（1727年）十月二十五日郎中海望持出小玻璃镜一面（系西洋人巴多明进）。奉旨："此镜甚好，着仿西洋式做抽长座子，将背后支撑拆去，其糊白西洋纸不必动，安活轴。钦此。"

于十一月十一日将小玻璃镜一面配得西洋抽长座，郎中海望呈。

根据以上记录，雍正帝对各种西洋人进献的温度计、日晷、千里

眼等，都爱不释手。虽说雍正不若其父康熙精谙自然科学，然而他对这些西洋传来的新技术成果，也颇持积极欢迎态度，至其后来的乾隆帝喜好西洋玩艺儿，也许受他老爷子雍正的影响。

11. 传位密诏为什么要藏在匾额后面

传说康熙在六十九岁那年冬天，出外打猎，途中忽然老病发作，只好暂回畅春园驻跸。不料这次毛病来势很凶，竟倒在床上起不来了。他的病日重一日，眼看自己已经不行了，就亲手写下遗诏："传位十四皇子，人品贵重，深肖朕躬，着继朕登基。"十四皇子是谁？他叫胤禛，目前正带兵防守西北边境，倒是个贤明有才干的人。只是他不在康熙身边，要召回已来不及了。

当时还是雍亲王的雍正一行很快赶到了畅春园。他依靠自己养的那些鸡鸣狗盗之客，左右一侦察，就偷到了密诏。于是雍正学康熙笔迹，把"十"字改成"于"字，变成"传位于四皇子"，就这么把密诏给掉了包。

康熙的病终于无法挽救，临终的时候，传谕王公大臣们前来，准备托付大事。可畅春园行宫的大门已被雍正的亲信爪牙守住，谁也不能进入。

康熙等了很久，始终不见王公大臣们回来。他靠着御榻喘息了一会儿，睁开眼睛，却见皇四子胤禛一个人站在面前。康熙问他王公大臣们在哪里。雍正不答，却在怀中取出密诏向他跪下。康熙见密诏被他窃取，气急之下，就拿起念珠砸过去。雍正轻轻一接，却把念珠挂在自己胸前，并向他连连叩头。这一来，康熙更气得喘不过来，一时逆痰涌塞，眼睛倒翻，崩了。于是雍正手捧遗诏，胸挂念珠，在那帮豪客们簇拥之下，出来和王公大臣们相见。大臣王公们见了康熙的遗诏和念珠，也弄不清是真是假；又见豪客们分立两旁，一个个挺胸凸肚，虎视眈眈，只得称他做了皇帝。

雍正登基之后，发觉有些人不服气，于是就向特别不信任他的几

个兄弟开刀。他先将握有兵权的十四皇子胤禵召回，并幽禁起来；又把有密信往来的八皇子胤禩和九皇子胤禟削除宗籍，勒令改名，进行污辱。即使这样，他还不放心，又进一步采取行动。

一天晚上，胤禟在被软禁的一个院落里闲步一会儿，回去点灯看书。小斋四周寂寂，月影半窗，已过二更时分。忽听得房檐上有窸窣的声音。他心中惊疑，想要叫人，突然有一个穿夜行衣的不速之客，破窗而入。胤禟倒退了几步，抽了一口冷气，惊慌地问："你是谁？来做什么？"那人淡淡一笑，又上前半步，说："没有什么。老爷子叫我办件小小的公事，特向你请个晚安。"胤禟一听"老爷子"三个字，立即明白这是雍正派他来的，心里更加害怕了，便哆哆嗦嗦地说："请你回去转告皇上，我在这里很好，已经无牵无挂了。"那人又淡淡一笑，从身边取出一个小包说："不见得吧！九爷是个明白人，现在就请服我这药，一定可永除忧患！"胤禟知是毒药，正想拒绝，却见那人脸色突变，两眼圆睁，拔出砍刀，逼他立即吞服。胤禟满面泪痕，刚刚沾口，就七孔流血而死。

雍正拔除了眼中钉、肉中刺，又接二连三地制造了骇人听闻的文字狱，使他的臣僚们一个个毛骨悚然。他们不得不在雍正面前百倍警惕，千倍谨慎，唯恐有朝一日触犯了他，顷刻会降下灭顶之灾。

那个时候，诸王失势，百官不敢说话，整个宫廷内外，一时间万马齐暗。

雍正到了晚年，有一次偶尔想起从前和今后的事。千件万件，都没有传位来得重要。这件事如果也像先父当年拖而不决，将来万一发生变故，父行子效，也来个兄弟残杀，其后果就不堪设想！想到这里，雍正不禁连连打了几个冷战。他心里暗暗叹道："十二年前的惨剧，决不可再在子孙后代中重演啊！"

这天，雍正想好一个主意，就召集朝中王公大臣们前来。他说："朕趁今天健在，将传位大事早做准备。朕想先把遗诏封入密匣，放到一个稳当的地方。将来当朕大崩之日，你们揭匣公证，遵诏行事，这办法如何？"大家都说他圣见高明。但是密匣到底放到哪里才算最为稳当呢？雍正又说："找个既醒目又隐蔽，众人能管却又难偷的地方吧！"哎呀，那就难了！王公大臣们顿时脑袋都大了。其中有个先朝元老却

胸有成竹地笑笑说："这也容易，依老臣之见，不如放到乾清宫'正大光明'匾额的后面。这匾额高居中宫，大家都能看到，长竿莫及，不是完全符合皇上的要求吗？"大家一想，对极了！那老臣又补充说："藏在那里还挺有意义，因为即位是千秋大事，不可胡来，正该如匾额所云'正大光明'才对呢！"

也不知那老臣是有意还是无意，雍正一听此话，心里"格登"一下，脸差一点红了起来。但人家说得对呀，不管做什么事，是应该"光明正大"嘛！雍正吃了个不软不硬的巴掌，再想想把密匣放在那地方也确实最稳当，于是假痴假呆地哈哈一笑，说："嗯！言之有理，言之有理。"就同意放在那里。

过几天，雍正拣了个吉祥的日子，把亲手写下的诏书，封入密匣，果然当着王公大臣们的面，放到乾清宫那块"正大光明"匾额的后面。又过了一年，雍正突然暴死。王公大臣们就按照雍正生前订立的规定，取下密匣，当众打开，只见遗诏上写着："传位第四皇子弘历。"于是大家拥弘历登基。他就是后来的乾隆皇帝。

从此以后，乾隆、嘉庆在传储制度上都采用了密匣制度。

12. 壮年而崩的雍正帝是被刺身亡吗

雍正十三年（公元 1735 年）八月己丑日，清皇宫内突然传出一个惊人的消息：雍正皇帝死了。

这一消息传出，王公大臣们都纳起闷来，因为昨天圣上还理朝政，谈吐自若，红光满面，一夜之间，怎么就死了呢？一时间，朝野上下议论纷纷。这个说，这是急病暴毙，来得快，死得快。那个说，皇上才五十八岁，正气方壮，哪能一下子会死呢？也有的说，皇上施政过于严酷了，不晓得树了多少仇敌，说不定这是被人刺杀了。甚至还传说，雍正入殓的时候，是一具无头的身躯，内务府派人到崇文门外银楼铸了个金头颅，装入棺内的。一时众说纷纭，莫衷一是。而正史也从来没有道出雍正的死因。

这里说一说流传民间的雍正暴死秘史。

雍正帝胤禛自登基以来，进一步用武力残酷镇压各地的农民起义，消灭边疆各少数民族的反清力量。他当太子的时候，深居雍亲王府（即现在的雍和宫）内，他身旁豢养着几十个能人保卫安全；又集聚了大批武艺高超的奇人，干着侦探逻察、戕害异己的事，这就是当年妇孺皆知的"血滴子"。血滴子是一个强有力的特务组织，它有"眼线"散在全国各地。京畿内的王公大臣，各省上自督抚大臣，下至州县小吏，任何人的一言一行，都逃不过血滴子的耳目，一有动静很快就可上报雍正，所谓"万里之外，有如睹面"；如果对朝廷稍有不满，说不定一夕之间就人头落地。一提起血滴子，全国上下谈虎色变，不寒而栗，无人敢议论朝政；就是在住所家宅说些私家话，也不敢说什么过格的戏言。这里有则事例，可见雍正通过血滴子明察暗访，如何对于"朝野细故，无所不知"了。

康熙、雍正、乾隆三朝大兴文字狱，史书上均有记载。如康熙时庄廷珑修明史狱，黄宗羲著《明夷待访录》狱，乾隆时新会举人王锡贯删改《康熙字典》狱等。雍正时期，有一件汪景琪案，案情是这样的：汪氏浙江人，豪迈有才气，任礼部主事，著《西征随笔》。因作诗讥讪康熙，被杀头示众，妻子发往黑龙江为奴，亲兄弟、亲侄子革职发遣宁古塔。还有一件是查嗣庭案：查氏是浙江人，任礼部侍郎，主考江西时出考题有"维民所止"一题，谓其"维止"是取"雍正"二字而去其首，被捕后病死狱中，但仍戮尸示众，儿子被杀死，家属流放。第三件是与雍正暴死传闻有关的吕留良案：吕氏号晚村，浙江人。明亡后，自称"故国逸民"，不肯降志。其著作里充满反对满清言论，又与鼓动起义反清的曾静过往甚密。曾静事发，吕氏及其全家全遭杀戮，就连卖吕氏著作的书商也株连被杀。可怜只有吕氏的一个幼小孙女，被门人某公藏匿起来，才免遭于难，后被某公认其为义女，抚养成人。某公平时交往的人士，多是些明代的遗民，还有不少奇杰之士。其中有一虬髯客，与唐代杜光庭撰《虬髯客传》中的虬髯客同名，想是豪爽侠客因袭的缘故吧。此人善击技，精剑术，肝胆义气，路见不平，常能拔刀相助。一天某公请虬髯客小酌，酒足之后，某公劝虬髯

客广收门徒，传授技艺，也好做番事业。虬髯客答以技艺不能妄传匪人，传给有志之士，才是平生的心愿。过些时候，虬髯客又来，某公集合他的亲友子弟和诸多门人，让虬髯客从中选择徒弟。虬髯客目视各个人等，没有一个中意的。最后看见廊下站一妙龄女子，容颜秀丽，但透有刚毅之气，惊问："这是哪家姑娘？"某公答道："在下的义女。"虬髯客双手合十道："请公将姑娘赐我做徒弟怎么样？"某公欣然应允。从此，虬髯客悉心教诲，始传技击，继传剑术。这姑娘虽然年幼，很有神力，数年之后，功夫学成。虬髯客赠名叫侠娘，时年一十八岁。

侠娘的祖父及父母等曾惨遭雍正杀害，她自幼即立志要报这血海深仇。如今武艺练成，有了刺杀雍正的本领，只等伺机行动了。不多久，趁师父虬髯客返回山东故里之机，侠娘辞别了义父，漫游各地，投师访贤，再增进武艺。一天到了河南少林寺，拜见主持僧，探讨拳术，交谈间主持僧得知侠娘的身世，感念她复仇的壮志，授与种种秘技，并一再教导侠娘道："看你身怀高技，复仇不难。不过你的仇人不同一般，并有侍卫、异士日夜守护。你孤单一人，独力难支。不如觅得一二助手，相助于你，再图谋不迟。但有一点，日后如遇到英俊少年，千万不要萌生邪念。如果惑于儿女之情，前功就尽弃了。"侠娘受命拜谢，告别少林，北上山西地面。行途中因盘缠缺少，于是于集市上拉场卖艺，讨钱应用。有些不知好歹的江湖人等，欺她少年女子孤独荏弱，下场与她角斗，三五回合，都败在侠娘手下。几个月内竟没有遇到一个势均力敌的对手。一天有一僧人携带金银来到武场，愿与她交手。并声言"胜则赠以千金，败则当娶为妇"。侠娘听完此话，既羞得红晕满面，又气得蛾眉倒竖，交手就使出少林绝技，将僧人打翻在地。僧人爬起来连连作揖道："原来是师妹，冒犯冒犯，一家人不认得一家人，恕我无理了，请师妹原谅。大丈夫一言出口，驷马难追。这些金银留师妹一路做盘费吧。"说罢，将所携的金银全部赠与侠娘。从此，侠娘的名声大噪，方圆数百里都知道这位武艺高强、众人难敌的奇女子。早有侦察眼线密报雍正，并说侠娘是吕留良的后代，如不早日铲除，必有后患。雍正向左右问计，有人献计说：侠娘武艺高超，

不是一般人所能制服的。据说她喜欢与文人来往，不如派一少年文人，用儿女之情，先笼络过来，然后再计议不迟。雍正从计，即诏张廷玉等一班文官，如此这般下了旨意，并宣称"谁能娶这个侠娘为妻的，赏赐高官厚禄。"张廷玉退朝与幕僚们商议，有某甲接了旨意。原来某甲认得一士人，是吕留良某门人的同族，侠娘年幼时曾与这个士人同窗读书。以士人的翩翩风度和总角之交，定能博得侠娘的芳心。这时侠娘浪迹景州、沧州一带，士人赶到，二人见面，免不了畅叙幼年情谊。果然侠娘心有所动，但有终生不嫁、立志雪仇的誓言。不过想到此番进京行事，一个孤身女子，难免被人怀疑。不如与士人假称夫妻，以障人眼目。于是向士人吐露虽有爱慕之情，但不能委以终身，只能做名义夫妻，实以兄妹相待。士人也表示既能真诚相待，何必强做夫妻。过了不多久，二人到山东拜见了虬髯客。虬髯客先是怨侠娘不图大事，只重私情。经侠娘表白真情后，这才放心。又介绍了女徒鱼娘，以助侠娘。鱼娘妖媚动人，性格豪爽。二人相见，情同姊妹。鱼娘见士人文雅中透有狡诈，而且举止也很诡密，于是私下劝告侠娘万分留意，以防不测。这使侠娘有所警觉，行止间疏远士人。士人见侠娘一反常态，生怕暴露身份，竟然不辞而别，不知去向。士人的行止蹊跷，使侠娘更生疑窦。一天，钦命捕捉侠娘的差役蜂拥而来，幸而侠娘、鱼娘因事外出，没被捕获。鱼娘道："此处不是久留之地。不入虎穴，哪得虎子，宜早进京，相机行事。"二人结伴到了京城。

没料到在旅店内又遇到士人。只见士人形容憔悴，衣服褴褛。士人哭诉落泊京都，无依无靠，早晚要冻饿而死，后悔此前不忍依会侠娘，所以只身离去，不告而别。侠娘出于怜悯，再收留了士人，仍然假做夫妻。只是侠娘来往书信，统交士人办理。在这期间，侠娘曾几次深夜入宫侦探情况，但让人不解的是，每次入宫，总是戒备非常森严，像是早有防范。一天傍晚，士人正写好一封书信待封，恰好有友人来招相约而去，急忙间将书信放在案头。鱼娘一时好奇，打开一看，原来是一封汇报侠娘行迹的密信，送交某大员亲启的。鱼娘大警，看来事态已经分明，有个坐探日月相伴，随时随地可能发生意外，急忙告诉侠娘。两人决定当晚由侠娘入宫行事，鱼娘留在店内稳住士人。

天刚三更，士人大醉而归。睹见只鱼娘一人独坐，侠娘不在店内，于是顿生邪念，趁着酒意，用语言调戏鱼娘。鱼娘按住心头大火，勉为相劝，拖延时间，只等侠娘行事归来处治。但士人步步相逼，强行无礼。鱼娘无奈，挥剑将士人刺死。然后匆匆收拾行囊，飞步直趋宫中，等到越墙追入宫内，只见宫中火把四起，人声鼎沸，乱作一团。不时传来"拿刺客"的喊声；又听得相互传递"皇上归天"的旨意，召见大学士火速入宫议事。鱼娘知道侠娘已经得手，宿仇已报，大功告成。不敢怠慢，急忙转身出宫。巡逻者只见房上人影晃动，鸣枪射击，鱼娘早已溜去。鱼娘在城外等了一会儿，不见侠娘的踪影，鱼娘怕节外生枝，不得不一个人乘夜奔向山东。这时师傅虬髯客已死，鱼娘来到师傅的坟上大哭一场。然后又返回老家。

时间一晃就是十年。这天，鱼娘游玩泰山，当她登上山顶的时候，忽然看见顶上有一位长发女郎，她定神一看，正是当年在皇宫行刺雍正帝而与自己离散的侠娘。故友相见，格外欢喜。她们俩结伴畅游天下，奔四川，走苗疆，入西藏。后来人们就不知两位侠女子的踪迹了。

六、风流天子乾隆帝的倜傥人生

堪称乃祖好皇孙，
坐定龙廷六十春。
天子风流想已惯，
傅恒宠罢宠和珅。

1. 乾隆为什么要禁他父皇颁行的书

世宗雍正鉴于上一代争储导致宫廷政变的教训，在他即位不到一年的时候，便另设秘密传位的办法，于雍正元年（1723 年）八月，召见满汉大臣谕道："今朕特将此事（指建储）亲写密封，藏于匣内，置之乾清宫正中世祖章皇帝御书'正大光明'匾额之后，乃宫中最高之处，以备不虞。"另外，因他在圆明园内居住时间较多，又有一份内容相同的传位诏置于圆明园内。但他只告诉了大臣张廷玉和鄂尔泰。

这办法有两大好处，一来避免了诸子的争夺，二来储君的名字不公布，又不至于分削他的权力，这也表现了雍正对大事思虑的周密。

世宗雍正共有八个后妃，十个儿子，长到成年的有五个：弘时、弘历、弘书、弘昼、弘瞻。可是，藏在这个神秘匣子里的储君究竟是谁呢？只有世宗自己知道。

他死后，人们才从密匣遗诏中得知储君是宝亲王弘历，即高宗乾隆，时年 25 岁，他是世宗第四子，母钮祜禄氏。

所以，从世宗至高宗诸朝，就没有争夺储位的纠纷。但有一件事却仍与康熙朝的宫闱内幕有关，而至乾隆朝才始了结，这便是《大义觉迷录》的颁布和禁止。

通常的禁书，著作或编辑的人，总是被皇帝认为站在敌对地位的大逆不道罪犯，这部《大义觉迷录》却是世宗时官修与颁行的，策划和发行的都是世宗雍正，却被他儿子高宗禁止。

雍正六年（1728 年），湖南生员曾静，派遣弟子张熙，劝说川陕总督岳钟琪举兵反清，后被岳钟琪奏告，世宗即命刑部严审，《觉迷录》中所收的即是曾静口供和世宗各道谕旨，世宗为了使"各府州县，远乡僻壤"的士子与小民都由"迷"而"觉"，所以编成此书，"人人观览知悉"，学校均须收藏，如果读书人有一人未见此书，就是从重治罪，还特赦曾静、张熙，不予追究。

《觉迷录》的内容重心，一是有关世宗本人政治生活的隐私，即属于家族的问题，一是有关夷夏之防的种族问题。这里专谈前者，即涉及世宗弑父逼母、残害兄弟的传闻，其中最吃重的不在于用煌煌圣谕如何力辩自己的清白仁慈，而在于罪犯曾静的供词。

例如刑部问曾静：皇上将二爷（即废太子胤礽）的妃嫔收了等语，"今你这话从何处来？"曾静供道：是从衡州路上一个犯官那里听到的，"弥天重犯（曾静自称）听得此话不察，妄以为此话自犯官说出，毕竟是事实"，直至长沙，"方知皇上清心寡欲，励精图治"，（皇上的"清心寡欲"，怎的到了长沙才知道？）"而谣言竟传以为收宫妃，岂不深可痛憾"！世宗谕旨中又说："至于和妃母妃之言，特别怪异莫测。朕于皇考之宫人，俱未曾一见面者，况母妃辈乎？"

尽管这是道听途说的谣言，世宗之意，原为辟谣澄清，但这样的谣言，往往越辟越昏，越澄越浑，如同双手伸进酱缸。

又如曾静供道："有人传说，先帝欲将大统传与胤禛，圣躬不豫时，降旨召胤禛来京，其旨为隆科多所隐，先帝宾天之日，胤禛不到，隆科多传旨遂立当今。……有太监于义、何玉柱向八宝女人谈论：圣祖皇帝原传十四阿哥胤禵天下，皇上将'十'字改为'于'字。"可见改"十"为"于"，圣祖一死，宫中即在传说，十、于二字又形近，也难怪让人信以为真。

又如世宗于其父病重时，进一碗人参汤，圣祖就驾崩。太后要见胤禵，皇上大怒，太后向铁柱上撞死。又据佐领华赉供称："曾听见太监关格说，皇上气愤母亲，陷害兄弟等语。"八宝、何玉柱、关格都是世宗政敌的亲信，他们散布这些谣言，自为其主子泄愤，而这些谣言又很易淆惑，例如圣祖患病时间很短促，世宗偶尔侍奉汤药也很可能。十四阿哥胤禵与世宗是一母所生，太后怀念从西北回来的小儿子，也是慈母的常情，所以谣言中又夹杂了真实。

但这时世宗雍正的一些政敌，有的死去，有的囚禁，再也无人敢公开传播，世宗却偏要自我推广，授人以柄，所谓改"十"字为"于"字的谣传，虽不足信，可是不正因为刊布了《觉迷录》而传播到社会上的吗？民间感兴趣的正是这些谣言中的奇异情节。好奇本来

是很普遍的社会心理，《觉迷录》的颁布恰好为好奇者提供了无风不起浪的把柄。

世宗雍正一生，极为机警敏悟，这件事却是聪明一世，懵懂一时，高宗就比其父棋高一着，不失为英明之才。

此外，高宗乾隆还对世宗骨肉相残的宿案做了不少善后工作，如对被禁锢的王公宗室的开释，幸存的胤禵，也在开释后赐以公爵衔。高宗异母兄弘时，世宗因其放纵不谨，削去宗籍，高宗也仍收入族谱，延信、阿灵阿的子孙也恢复原来的身份。乾隆此举是很英明的：即使上代真的有罪，怎能使子孙一并遭殃呢？

还有为世宗生前咬牙切齿的胤禩、胤禟两案，因为实在很棘手，所以一直搁置着。到了乾隆四十三年（1769 年），在上谕中用温和的语气斥责几句后，也将两人恢复原名，收入玉牒。

乾隆在即位之初，对胤禩、胤禟的子孙屏弃玉牒之外的处分，已感过重，曾下谕说："当初办理此事，乃诸王大臣再三固请，实非我皇考之意"（《高宗实录》），但诸王大臣如果不是因为迎合世宗的本意，哪一个敢这样做呢？如同不是新君登高一呼，谁敢把已沦为牲畜的胤禩、胤禟平反昭雪，收入玉牒呢？在大清王朝，只有后皇才能翻前皇案。但乾隆在向天下公告的旨谕中只好这样说，世宗既然是皇考，那后代就得为他留个余地。

无论怎么讲，乾隆帝在处理雍正朝宫中骨肉相残的伤痕上，是温和的、公平的、英明的。

2. 乾隆为什么被后人称作风流天子

乾隆帝 25 岁登基承继清国大统，在位共六十年，又当了四年太上皇。他在朝执政可谓风光无限，史有"乾隆盛世"美誉。

乾隆帝不但在治国执政上纵横捭阖，潇洒至极，在风月场上更是春风得意，有"风流天子"的称号。有关乾隆的风月之事后来流传甚多。

　　说到乾隆的风流韵秘事，外间传闻最多的就是那位遍体散发异香的香妃。

　　据史料，在乾隆的四十多位后妃中，确实有一名维吾尔族女子，就是死后葬在清东陵的容妃。这位容妃是随哥哥图尔都从叶尔羌迁至伊犁，后来，因其叔父与堂兄协助平叛有功，调到京师供职，才跟着他们来到北京的。她入宫的详细情况无记载，清宫档案中首次见到她的记载时，已是乾隆二十五年（1760年）六月，此时她已是"和贵人"，后晋封容嫔、容妃。乾隆待她十分优渥，带她南巡苏、杭，二人情感十分融洽。显然，除了容妃天生丽质与聪敏识度之外，乾隆善待容妃也有安抚西北民族的意思。野史说容妃被乾隆的母亲赐死，不合实际，据说皇太后死后十一年，容妃才病逝，"赐死"无从说起。容妃是后宫妃嫔中的有福者，在宫中安度了二十八年，从未遇到生活中的大波折，可谓善始善终。

　　第二位值得一提的是乾隆的嫡妻富察氏——孝贤纯皇后。孝贤皇后是察哈尔总管李荣保的女儿，早在雍正五年（1727年）就册为当时还是宝亲王的弘历的嫡福晋，乾隆登基的第二年册封皇后。李荣保的子女中不仅出了一位皇后，儿子中也多居官显赫者，其中最有名的是第十子傅恒，也就是富察氏的弟弟。乾隆帝风流一生，却唯独对这位富察氏皇后感情至笃，但皇后的命运不佳，生了两位皇子都夭折了，她本人忧伤过度，在乾隆十三年（1748年）随驾南巡时也病死在德州路上。

　　皇后之死，对乾隆帝的打击很大，并为此写有一诗：廿载同心成逝水，两眶血泪洒东风。因为孝贤纯皇后死在出济南后往德州的路上，所以乾隆后来一到济南就勾起伤情，发誓从此不去济南城了。

　　直到他第四次南巡时，距皇后之死已十七年，但他仍绕济南城而行，写诗志哀：

　　　　济南四度不入城，恐防一入百悲生。

　　　　春三月昔分偏剧，十七年过恨未平。

这一事件影响极大，甚至对乾隆的施政也产生了一些副作用。他打骂皇子，责罚近臣，连全国百姓中有人在百日丧期中剃头，也要被处斩，可谓到了神经错乱的程度。乾隆的这些举动隐藏着复杂的心理因素，其中一半是怀念，一半是愧疚。

有关皇后之死，一些野史上还有一本风流记载，称乾隆下令将畅春园、长春馆与圆明园并连一处，工程告竣后，少不得召公卿命妇们到园中庆贺一番。乾隆忽见妇人群中有一绝色女人，足令六宫粉黛皆失颜色，但碍着众人之面不便打听。后见这位女人与皇后叙话，才知是大学士傅恒之妻，也就是皇后的弟媳妇。庆典散席后，乾隆帝被这女人把魂勾去，饮食不思，寝不安席，终日闷闷。不久，恰逢皇后生日，乾隆趁机建议皇后请来弟媳妇。酒席正酣时，皇后发现皇帝与自己的弟媳妇不见了，于是派人去找，很快得知二人已暗结欢情。这一下，皇后心里升起一片抹不掉的阴翳，任凭乾隆如何赔罪也无济于事。皇后愁病在心，再加上二子夭折，便过早地离开人世了。

正因为乾隆帝这次风流，才有后来的福康安系他私生子一说。

民间盛传乾隆的第二位皇后削发为尼之事，记载是这样的：

高宗第二后为那拉氏，后废为尼，居杭州某寺，废时无明诏。后卒，满人御史某，疏请仍以后礼葬，不许，诏曰：无发之人，岂可母仪天下哉？嘉庆五年，始改从后礼，唯仪节稍贬损。

这则记载大体是真实一面。富察氏皇后死后，乾隆曾无意再立皇后，将贵妃乌喇那拉氏进封为皇贵妃，总摄六宫事务。两年之后乾隆感到皇后之位虚空总是缺憾，便册封乌喇那拉氏为皇后，此后的十五年间后宫平静，皇帝虽然少不得拈花惹草，皇后只当不闻不见。乾隆三十年（1765年），皇后随皇帝做第四次南巡，一路上极尽穷奢极欲，热闹异常。龙舟行到杭州，此处不仅富甲天下，素有"苏杭富，天下足"之称，而且船房（妓院）鳞次，名妓如云。乾隆帝是天生的风流天子，自然禁不住诱惑，弄出些风月之事。皇后很是不悦，略加劝阻，竟惹得龙颜大怒。皇后生性刚烈，忍无可忍，便将一头乌发尽行剪下，

发誓出家为尼。这一来，使此次南巡大煞风景，乾隆盛怒之下，让人将皇后先押送回京治罪，但后来有人说那拉氏皇后在杭州某寺为尼。

自此以后，帝后之间不相往来，第二年皇后去世，乾隆竟独自去木兰围场打猎游玩，而且下令按皇贵妃丧礼下葬。十二年之后，乾隆东巡，大臣金从善上疏，建议皇帝考虑再立皇后，不料，这个拍马屁的举动勾起乾隆旧恨，怒斥道："那拉氏本朕青宫时皇考所赐侧室福晋，孝贤皇后崩后，循序进皇贵妃。过三年，立为后。其后自获过愆，朕优容如故。国俗忌剪发，而竟悍然不顾，朕犹包含不行废斥。后以病薨，只令减其仪文，并未削其位号。朕处此仁至义尽，况自是不复继立皇后。从善又请立后，朕春秋六十有八，岂有复册中宫之理？"说完，下令诸王大臣议罪，竟然将金从善砍了脑袋。实在是冤大头！

清朝官书上记载，乾隆共有三位皇后，那第三位皇后就是嘉庆皇帝的生母魏佳氏。她死于乾隆四十年（1775年）正月，当时身份是皇贵妃。嘉庆即位后，追封皇后，乾隆生前只有二后。

乾隆帝一生极尽人间享乐，似无憾事。然而，在孝贤皇后死一事上，他却内疚了多年。也有传闻说孝贤是在南巡中与皇帝发生口角，被推下船溺死，这种可能性不大。但无论如何，自己的丈夫与姻兄傅恒之妻的乱伦，也是造成皇后的重要死因之一，乾隆一生做过许多有悖常理的事，但从来没有一件像孝贤皇后之死这样使他自责过。这件事，在乾隆皇帝的内心可以说是深扎一刀，成为他这个风流天子一生摆脱不了的遗憾和痛楚。

3. 乾隆为什么对那拉皇后如此绝情

乾隆帝当朝几十年，文治武功都很显赫，于是阿谀颂扬之声不绝于耳。他自己更觉得劳苦功高，应该纵情享乐了。但碍于宫廷规矩，他又不敢放开手脚。一些太监便给他出主意：私行取乐。

当时京城里有个名妓叫三姑娘，与她来往的都是达官贵人，在宫廷中也尽人皆知，关系非同一般，致使许多谋取功名富贵的人都奔走、

投靠于她，把她的门槛都给踩塌了。有个九门提督，因为同妓院发生了矛盾，便下令驱逐妓女，并且限令她们在一天之内通通滚出京城，不服从的要捉拿问斩。诸妓院纷纷避迁，唯有三姑娘根本不加理睬。提督得到报告后，亲自前往捉拿，半夜三更，他带人破门而入。闻三姑娘与人正相狎嬉笑，提督挥军直捣内室，快到门前，才听见三姑娘徐徐起床，临窗质问："什么事这样闹哄哄的？惊扰了贵人，谁敢承担责任？"接着，命侍女出去制止，但提督仍在大喊大叫。三姑娘喝道："嚷什么？这里有张条子，拿去仔细瞧瞧，希望你不要吃后悔药！"

提督在灯下打开条子一看，只见上面用朱笔写道："尔姑去，明日自有旨。钦此。"提督吓得心中只一个劲儿地叫苦，慌忙率领众人退走。

乾隆帝干这些荒唐风流事，渐渐传到皇后那拉氏耳边。那拉氏是个机智而有计谋的女人，连乾隆帝也有点怕她。开始她常在枕席间谏劝乾隆帝，乾隆帝怕丑事外传，只得容忍下去，可是次数多了，他便由厌烦而产生了恶感，完全听不进皇后的话。正巧，上门抓三姑娘的提督是皇后的叔父，乾隆帝便怀疑提督捉他的奸是皇后指使的，对皇后的恶感更深了，南巡时都不让皇后同行，皇后借口侍候太后才勉强跟去。到了杭州，太监按乾隆帝的心意，召集成群的美艳佳人，在御船上歌舞。她们四五十人朱颜粉髻，有如一片彩云飘落舟中。众美女轮流奏技，高管柔弦，轻裙长袖，让人难辨人间天上。歌舞之后，乾隆帝挑了五六个拔尖的留在船中伴驾，其余的都让回去了。

皇后得知消息，气得夜不成眠，便起身挑灯，写了一封谏书，天还没有亮就直奔御船找皇帝。这时候乾隆帝正拥妓酣睡。醒着的一妓，见来人衣着华丽，神态高傲，肯定不是一般人，正要回避，乾隆帝却也醒来。他睁眼一看，皇后手持一纸站立床前。他先是惊骇，继而怒斥皇后说："你来干什么？"

皇后跪下奏道："有紧要事请皇上明察。"

乾隆帝厉声说道："这是什么时候？有事不让太监传递，你贸然闯入，定是图谋不轨！"

皇后正色申辩说："承蒙皇恩，使妾得同皇上结为夫妻。圣驾起

居，妾本当亲自侍候，现在又值长途跋涉，妾更应当在皇上身边侍候照料。今天，妾得知皇上行为失当，特来规劝。虽然妾自知莽撞，但臣妾职责在身，也顾不得许多了！请皇上想想，她们是市井烟花贱质，难道可以亲近吗？如果有伤圣体，谁来承担这个责任？"

乾隆帝听罢更为恼怒，大喝道："你还敢巧辩，罪加一等。来人哪，给我拉出去！"皇后仍跪地不起，继续说："妾与皇上结合多年，即使皇上发怒，也应念在夫妻结发情深，想想臣妾的话，臣妾也死而无怨！"

乾隆帝见众妓穿戴已好，便挥手令去。然后两眼圆睁，瞪着皇后。皇后又说："臣妾实乃出于一片好心，不料皇上顿发雷霆，疑虑于妾。妾当这样的罪名，已难做六宫之长，愿辞去正宫之位，让与更贤德的人来担任。但是，妾愿皇上最后一次看看臣妾用心血所凝成的奏章，否则臣妾是不敢退下的。"

乾隆帝无奈，只得拿过奏章。但见奏章旁证博引，辞情激昂恳切，历数淫乐之害。皇帝没有看完，便勃然大怒，急起狠狠打了皇后一记耳光，骂道："我是什么人，难道我是隋炀帝吗？你当皇后多年，还如此恶语中人，是可忍孰不可忍！"骂罢将奏章摔在地上，下令宫监把皇后拖出去。皇后高呼皇天后土，列祖列宗，说自己冤枉。乾隆帝赶紧让人把她关起来，说："她完全疯了，没有资格再当皇后。"

皇后仍坚持跪在地上，不许人挨近她。乾隆帝便披衣而起，下旨去朝拜太后。皇后于是抱着他的腿，求他把奏章看完。乾隆帝怒不可遏，狠狠地踢皇后，皇后松手倒地，放声大哭。

乾隆帝登上太后的船，历数皇后纠缠闹事的许多事实，却只字不提他嫖妓的事情。

太后知道皇后生性憨直，便召来对她说："你这样大的岁数了，何苦这样闹？看来你的脾气也改不了，如果以后还常在皇帝面前吵闹，两人的恶感会更深。我为你着想，你不如就留在这里。这里的行宫在丛林中，你在这里静心修养，做一个佛门子弟的领袖，不也很好吗？"

皇后一听，明白太后偏袒着皇上，但又不便多说，只表示愿意在这里修行，无脸再到宫里去。太后便让太监们将皇后送到附近一座庵

中住下。皇后住了很久，也不见宫中有召她回去的迹象，便感叹地说："看来太后叫我留在这里，就是让我当尼姑，我还妄想俗缘可复，真是太傻了！不如皈依净土，了此残生吧！"于是她决然削发为尼。

后来，乾隆帝又几次去杭州南巡，但从未提起皇后尚在此处。最后，皇后被某妃所谗，被押往京师治罪，因得三姑娘说情才免了。乾隆帝又让她到杭州某寺住，不久就死在那里。御史请求用皇后礼葬她。乾隆帝却批谕："无发之人，岂可母仪天下？"

4. 福康安究竟是不是乾隆的私生子

福康安（1754年—1796年），姓富察氏，清镶黄旗人。乾隆时任侍卫，授户部尚书、军机大臣，后担任封疆大吏。他的武功十分高强，多次镇压了民众起义，为清王朝立下累累战功。后来被封为贝子，官至武英殿大学士。因为他极受乾隆的宠信，民间传闻他是乾隆的私生子，但没确切的证据。

在乾隆朝，孝贤皇后的娘家富察氏一族确实是当时最为显赫的官宦人家之一。不少人认为这是因乾隆对孝贤皇后去世极为哀伤，进而爱屋及乌移情外戚之故。至于乾隆与傅恒夫人之间有无情爱关系，傅恒的儿子福康安是否为乾隆的私生子，却成为历史的一大秘密。

乾隆和傅恒夫妇的关系确实有许多让人不解之处。福康安的父亲傅恒，是乾隆之孝贤皇后的兄弟。根据民间传闻，傅恒的妻子是当时出了名的美人，入宫朝见时被乾隆看中了，两人有了私情，生下的孩子便是福康安。傅恒由于姐姐、妻子、儿子三重关系，深得乾隆的宠幸，位极人臣，官至大学士，参与机密，一共做了二十三年的太平宰相。乾隆三十四年（1769年），傅恒率军攻缅，染瘴疾而还，不久病死。乾隆亲自到傅恒府上悼念，想到他为孝贤皇后之弟，又对自己忠心耿耿，率师远征，不辞辛苦，染病身亡，悲痛万分，称其为"社稷功臣"，在悼亡诗中意味深长地表示："平生忠勇家声继，汝子吾儿定教培。"

傅恒共有四子。长子福灵安，封金罗额驸，曾随伊犁将军兆惠出征回疆有功，升为正白旗满洲副都统。次子福隆安，封和硕额驸，做过兵部尚书和工部尚书，封公爵。第三子便是福康安。傅恒第四子福长安任户部尚书，后来封到侯爵。福康安两个哥哥都做了驸马，而他最得乾隆恩遇，反而没有娶上公主，令人感到奇怪。这时他身任兵部尚书，总管内务府大臣，加太子太保衔，傅恒家满门富贵极品，举朝莫及。傅恒多次请求让福康安也娶公主成为额驸，乾隆只是微笑不许。这不由得让人心生疑团。福康安既然自幼就被乾隆喜爱，为什么乾隆偏偏不将公主下嫁给他，使之成为地位显赫的额驸？是不是因福康安本系龙种，与皇室有着血缘关系的缘故呢？

其实，乾隆自己就承认和福康安的感情有如父子家人，因而恩宠格外隆重。福康安生于乾隆十八年（1754年），自幼乾隆即将他带到内廷，亲自教养，待他如同亲生儿子一般。福康安长大成人以后，乾隆更对其委以重任，生前封贝子，死后赠郡王，成为一代宠臣之最。福康安十九岁时，即以头等侍卫统兵随定西大将军温福征剿大金川，此后担任过吉林将军、盛京将军、成都将军、四川总督、陕甘总督、云贵总督、闽浙总督、两广总督、武英殿大学士等要职。参加过平定大小金川、镇压台湾林爽文起义、击退廓尔喀入侵等重大战役。据说，福康安作战勇敢，足智多谋，但生活豪奢，其统率的大兵所过之处，地方官都要供给巨额财物，"笙歌一片，通宵彻旦"，甚至在战场上也是如此：前线血肉横飞，而福康安的帅营，仍歌舞吹弹，余音袅袅不绝。乾隆对此丝毫不加责备。

在清朝，除清初如吴三桂等为平定各地反抗势力立下赫赫战功的军队将领以及蒙古等少数民族领袖外，异姓封王者只有福康安一人。福康安去世的时候，乾隆悲泪长流，赐谥文襄，追赠嘉勇郡王，配享太庙。所以不少人都惊叹乾隆对福康安的特殊恩宠，进而怀疑二者之间是否有异乎寻常的特殊关系，如有人推测说：福康安是乾隆的私生子，乾隆早就想封之为王，使他像诸皇子一样享受荣华富贵。只是碍于祖制，不能如愿。于是让福康安率军作战、建立军功，以为封王的基础。所以福康安每次出征，乾隆都精心为其挑选将领，选派劲旅，

使其必胜。而其他将领，也迎合乾隆旨意，有意不取胜争功，以归美于福康安。乾隆先封其为贝子，然福康安终究不及封王而终，遂以郡王赠之。还有人做诗讽刺说；"家人燕儿重椒房（后宫），龙种无端降下方；单阐（后族）几曾封贝子，千秋疑案福文襄。"

然而，说福康安是乾隆私生子毕竟没有第一手证据，所以还不能就此下结论。不过有一点是明确的，即使他和傅恒夫人之间真的存在种种隐情，也并不等于说他对孝贤皇后就无相爱之心。也许正是出于福康安是孝贤皇后的亲侄子，个性又和乾隆很相合，所以皇帝才格外恩宠吧。

5. 乾隆如此宠信和珅究竟是为什么

乾隆与和珅之间的故事，起源于一次邂逅。

一天午后，乾隆到圆明园散步，起初的天气阴沉，吹过阵阵凉风，谁知不一会儿，云开见日，白花花的阳光照在身上，司盖的太监忘了携御盖，被乾隆当场大加申斥，忽然随从中有人说："典守者不得辞其责。"乾隆便回头问："谁在说话？"那人忙跪倒磕头。乾隆见他唇红齿白，是一个美貌的少年，不觉心里一动，心想：这人仿佛在什么地方见过，好像和他从前是十分亲热的，怎么一时想不起来了？这么一想气便消了一半，随即问："你是？"那人说："奴才名和珅，现充当銮仪卫差役，恭奉御舆。""多大年纪？"和珅答："二十四岁。"这时乾隆忽然想起来了，原来这和珅的面貌，和已死的马佳妃一模一样，丝毫不差。马佳妃死后到现在，恰恰二十四年。乾隆想起以前与马佳妃一番柔情蜜意的情形，不觉心中一酸，自己在椅子上坐下，叫和珅靠近，又让他把衣领解开来，见他脖子上果然有一点鲜红的痣。乾隆帝忍不住把和珅抱在怀里，掉下眼泪来，说道："爱妃你怎么投了一个男身呢？"和珅呆呆地说不出一句话。乾隆忽然觉出自己的失态，连忙定了心神说："这御舆的差使，未免太委屈你，充你别的差使，怎么样？"这可真是天上掉下来的好事，和珅连忙磕了九个响头，大声答："奴才

谢主龙恩!"乾隆便让他跟在身边,和珅有问必答,句句称旨,引得乾隆龙心大悦,回到宫中,竟命他做了内务大臣。

　　和珅骤然得宠幸,便打起精神伺候皇帝的颜色,乾隆想着什么,不待圣旨下颁,他已暗中领会,十成猜中八九成,因此更加受宠,后来乾隆竟日夜少不了他,有时在御书房里同榻而眠。

　　乾隆素爱巡游,一天与和珅说起江南的风景,乾隆叹息说:"朕想去游幸一次,只恨南北迢遥,要劳苦官民,花费许多银钱,所以不去了。"和珅道:"圣祖皇帝六次南巡,臣民并没有多少怨声,反都称颂圣祖功德。古来圣君,莫如尧舜。《尚书·舜典》上也说五载一巡狩,可见巡幸是古今盛典,先圣后圣,道本同揆,难道当今万岁,反巡不得么?况且国库充盈,海内殷富,即使费了些金银,又有何妨。"乾隆生平最喜仿效圣祖,又最喜学尧舜,听了和珅的一番话语,正中下怀,便高兴地说:"你真是朕的知己!"于是降旨预备南巡。和珅督造龙舟,造得穷工奇巧,备极奢华,把康、雍两朝省下的库储,尽情挥霍,好像流水一般,自己则从中得了数十万好处,乾隆还夸奖他办事干练,升他做了侍郎。御驾所经,督抚以下,尽行跪迎,一切供奉,统由和珅监视。和珅说好,乾隆定说好,和珅说不好,乾隆定说不好。督抚大员,都乞和珅代为周旋,因此私下馈赠的金银珠宝以千万计。不到几年,和珅家里居然宅第连占,家财千万,奴婢成群,美女满室。

　　四面八方进贡来的宝物,乾隆吩咐和珅自己挑选,把十成里的三四成都赏给了他。其实那进贡的东西先要经过和珅的手,他早已拣好的东西拿到自己家里去藏起来,却把拣剩的送给乾隆。有一天皇子七阿哥一不小心,打碎了陈设在宫中的一只碧玉盘。那玉盘直径有一尺宽,颜色翠绿,是乾隆最心爱的珍物,七阿哥吓得守着破碎的玉盘哭个不停。恰巧和珅从院子里走来,七阿哥知道这件事只有和珅能帮忙,忙给和珅磕头。和珅起初不肯管闲事,后来七阿哥情愿给他十万银子,和珅才答应。到了第二天,和珅便在自家中拿了一只碧玉盘,悄悄安放在长春宫里。和珅的碧玉盘比乾隆的要大一倍。原来碧玉盘是进贡来的,和珅把大的留在家里自己用了。

　　无论皇亲国戚、功臣文士,没有一个比得上和珅得到的宠信深厚。

124

乾隆把和孝公主嫁他儿子丰绅殷德。和孝公主未嫁时候最被乾隆爱惜，她幼时女扮男装，常随乾隆微服巡访，和孝公主见了和珅，叫他丈人，和珅格外亲热。公主要什么，和珅便献什么。一日，同行在市中，见衣铺中挂着红氅衣一件，和孝公主说了一声好，和珅便向铺中买来，双手捧与公主。乾隆微笑对着公主说："你又要丈人破费。"这件故事，人人传为趣谈。从此和珅肆行无忌，朝廷内外官僚，多是他的党羽，把揽政柄三十年，家内的私蓄，乾隆帝还不如他。他的美姜娈童，艳婢俊仆，不计其数。还有一班走狗，仗着和珅威势，在京城里面，横冲直撞，非常厉害。御史曹锡宝见他的家奴，借势招摇，家资丰厚，劾奏一本；乾隆让朝臣查勘，朝臣并不细查，只说曹锡宝风闻无据，反加他妄言的罪名。一个家奴都参不倒，何况和珅呢？乾隆五十五年，内阁学士尹壮图弹劾各省大员私挪库存银两，导致库存银两不足。乾隆大怒，派尹壮图到地方核查，和珅建议派户部郎庆成同往，郎庆成名义上是协同访查，实际上处处掣肘，负责每到一地便拖住尹壮图，让那些官员赶紧借钱填补亏空，结果尹壮图毫无所获，反而因为诬告大臣罢了官。

乾隆四十一年（1776年），和珅授户部侍郎，不久升迁为军机大臣，居此要职二十四年，还兼任步兵统领、户兵吏等部尚书、理藩院尚书等，宠信冠于朝臣。乾隆五十一年（1786年），和珅晋大学士。又历任四库全书馆、国史馆总裁。累封至一等公。乾隆甚至送给和珅小小的崇文门税务监督这一肥缺，可见宠信的程度。乾隆后期，和珅权势最大，又受贿无厌。政令传宣多由他手书口传；令各省奏折都用副折送其先阅，各地进京贡品也多入其家。他广收贿赂，致府库空虚，吏治败坏。

乾隆六十年（1795年），乾隆禅位于嘉庆帝，自己称太上皇。乾隆在位时间与其祖父康熙一样长，他之所以禅位，因为不愿超过祖父在位的年数，同时也可以有余暇享受后宫里的艳福。诸王大臣，倒也没什么疑虑。只有和珅心中忐忑，他想嗣王即位，自己未免失去尊宠，急忙启奏说："内禅的大礼，前史上虽常闻，然而也没有多少荣誉。惟尧传舜，舜传禹，总算是旷古盛典。但帝尧传位，已做了七十三年的

皇帝；帝舜三十在位，又二十余年，始行受禅。当时尧舜的年纪，都已到一百岁左右，皇上精神矍铄，将来比尧舜还要长寿，再在位一二十年，传与太子，也不算迟，况四海之内，仰皇上若父母，皇上多在位一天，百姓也多感戴一天，奴才等近沐恩慈，特愿皇上永远庇护；犬马尚知恋主，难道奴才不如犬马么？"这番话说得面面周圆。从前和珅怎么说，乾隆便怎么做，偏这次没有采纳。和珅暗中又运动和硕礼亲王永恩等，联名请乾隆暂缓归政。乾隆仍把对天发誓的大意申说一番，并拟定次年为嘉庆元年。

嘉庆元年元旦，举行归政典礼。和珅知事无可挽回，忙到嘉庆处贺喜，说了无数恭维的话。而嘉庆只是淡淡地对答数语。和珅随即辞退，平生第一次拍错了马屁。幸亏乾隆虽已归政，仍是大权在手，乾隆活一日，和珅也活一日，因此和珅早夜祝祷，但愿乾隆永远活着。

嘉庆即位后，大权仍在乾隆手里，和珅专权更甚，嘉庆有什么事反而要托和珅转告父亲，嘉庆的老师朱珪由两广总督升任大学士，嘉庆写诗祝贺，没想到和珅向太上皇告一状，说嘉庆帝在向下属"示恩"，结果朱珪降为安徽巡抚，嘉庆也因此得罪了太上皇。嘉庆帝隐忍不发，表面上显得更重视和珅。人算不如天算，嘉庆四年（1799 年），太上皇乾隆一病而死。不出所料，乾隆刚死，嘉庆便让侍卫锁拿大学士和珅下狱。

自太上皇死后，和珅一直战战危惧，不过想不到这么快。这天他正与姬妾们谈论后事，忽然十数个内廷侍卫直冲府中，大声喝道："有圣旨来，请相爷接听！"和珅硬着头皮出来接旨。宣诏官朗诵上谕道："和珅欺罔擅专，情罪重大，着即革职，锁交刑部严讯！"和珅魂灵早飞入九霄云外，侍卫铁面无情，将他牵曳而走，并封锁了前后门查抄和珅家。

原来嘉庆帝一向恨和珅，因太上皇健在不敢动作，朝臣也不敢参奏。到太上皇已崩，御史广兴、给事中广泰、王念孙等，看破嘉庆帝意旨，一个说和珅偷改朱谕，一个说和珅擅取宫女，一个说和珅私藏禁物，一个说和珅漏泄机密，此外如遇事把持，贪赃不法，勾结党羽，残害贤良等款，不计其数。计和珅有大逆之罪十，有可死之罪十六，

真是一字一刀。嘉庆立即将和珅治罪。刑部严讯二十款大罪中，和珅虽赖了一半，但还有一半找出证据，无可抵赖，只得招认。当下就派钦差查抄，和珅屋子很大，家产又多，一直查了五天五夜，才一一查点清楚，回宫复旨。钦差到和珅宅内，便将前堂后厅，内室寝房，统统查阅。只见和珅的房屋，统统用檀木造成，华丽仿佛圆明园，陈列的古玩奇珍，却比大内还多一二倍，顿时由侍卫带同番役，一一抄出。

《庸盦笔记》记载和珅家产清单统共一百零九号，其中二十六号，当时估起价来，已值银二亿六千多万两。另外八十三号，还未曾估价。丁国均《荷香馆琐言》载就有数可稽者共一百亿两，这个天文数字已是庚子赔款和利息总数的十倍。自古以来，不但王恺、石崇这样著名的大富豪，不及和珅的十分之一，就是中外的皇帝，也没有这种大家业。当时有传言"侯门深似海，和府财如山"。嘉庆帝见了查抄的数目，也不觉暗暗惊奇，下旨赐和珅自尽。和珅弟和琳，追革公爵，只有额驸丰珅殷德，因顾着十公主脸面，曲加体恤，免他罪名，叫他在家安住，不许出外滋事。和珅次子丰珅殷绵等，一概革去封爵，回本旗当闲散差。和珅贪婪一生，只归一场泡影。

据《清史稿》记载，和珅出身于一个没落的旗人之家，父母也早亡，没有依靠，所以很多事情自己精打细算，百思而后行。在际遇巧合的情况下得到了乾隆的赏识。他的官职不少，但却不是科举考试出身的，所以被有些官员看不起。论学问和珅吃亏，所以他更加要把他的不足弥补在他的性格上，譬如他对别人都是笑面迎人，对上下都不带架子，再加上他是个理财的能手，所以得到重用。至于他被人诟病之处，主要就是表现在他的贪污和弄权。如果和珅没有一丝才干，只凭逢迎拍马，就能平步青云，大获乾隆宠信，那是不可思议的。其实当时只有和珅能解决当时乾隆所面对的危机。大英帝国第一次派使者和大清朝接触，就闹出大使马戛尔尼不愿行跪拜礼的风波，结果还是和珅处理得法，不亢不卑，使清廷既维护了尊严又免于战争。

虽有"和珅跌倒，嘉庆吃饱"的说法，可是嘉庆一朝财务仍是捉襟见肘。只会讲大道理、以死相谏的，那叫忠臣；有能力探究问题并解决问题才称得上能臣。当时英国的中国通马戛尔尼曾向大英帝国描

述说：和珅是中国当时最具有现代商业意识的大臣。文学名著《红楼梦》的流行也与和珅有关。他非常喜欢这部书，并把它推荐给乾隆，使之得以印发，同时也是他找人删改了《红楼梦》中不合时宜的文字，并请人续写了后四十回。

对古代一个皇帝来说，大臣是否忠心不在于是否贪污，皇帝最怕的是王莽那种卖身求名的所谓"忠臣"。这也就是历史上的忠臣大多没有好下场的原因，大概人一旦钻进钱眼里，便没有了政治上的野心。秦朝的王翦倾秦国之兵六十万攻楚，"始皇自送至灞上。王翦行前，恳请美田宅园池。始皇曰：'将军行矣，何忧贫乎？'王翦曰：'为大王将，有功终不得封侯，故及大王之问臣，臣亦及时以请园池为子孙业。'始皇大笑。王翦既至关，又恳请善田者五辈。他的军师颇为不解：'将军之乞贷，亦已甚矣。'王翦曰：'不然。夫秦王且而不信人。今空秦国甲士而专委于我，我不多请田宅为子孙业以自坚，顾令秦王坐而疑我邪？'其实和珅与王翦一样是个聪明人，他身居高位，惟有贪污才可打消乾隆的疑心，以此自保。不过物极必反，他贪污的也太多了，到了嘉庆手里，凭家里那么多钱就足以获罪。《清史稿》有这样一段话：直隶布政使吴熊光旧直军机，上因其入觐，问曰："人言和珅有异志，有诸？"熊光曰："凡怀不轨者，必收人心，和珅则满、汉几无归附者，即使胸怀不轨，谁肯从之？"上曰："然则治之得无太急？"熊光曰："不速治其罪，无识之徒观望觊觎，别滋事端。发之速，是义之尽；收之速，是仁之至。"连嘉庆都明白大臣所弹劾和珅为"曹操"、"王莽"纯系编织罪名。可见嘉庆杀和珅除了为一个"钱"字之外，就是出于嫉恨和珅比他得到了先皇更多的宠信罢了。

据史载，和珅是当时著名的美男子，也因为长得漂亮，所以有人怀疑乾隆与和珅有同性恋关系。不过这种说法多见于野史。历史上皇帝多有男宠，乾隆与和珅之间也不是不可能，但没有确切的史料证实，不好妄下结论。

另外最被人津津乐道的是和珅与纪晓岚的故事。乾隆三十六年（1771年），开四库全书馆，把古今已刊未刊的书籍，统行编校，汇刻一部，命才子纪晓岚做总编修。纪晓岚阅历广博，性情诙谐，文字雍

容淡雅。野史还说他喜欢用大烟袋锅子，是个风流才子，八十岁还"好色不衰"。

纪晓岚谈谐有余，但治世不足，仅是个文人，而且与和珅官位相差太远，不可能有与和珅对着干的机会。纪晓岚的一生只是与文学为伴，在大政方针与国计民生方面没有发言权。乾隆亲口说过"纪昀本系无用腐儒"。所谓纪晓岚智斗和珅多来自野史，《清朝野史大观》卷六《清人逸事》中记纪晓岚为和珅书亭额"竹苞"两字，乾隆笑谕和珅说这是讥"汝家个个草包"，和珅十分恼怒。但《清稗类钞·讥讽类》中《个个草包》条却说此事是某名士题某总兵堂匾的事。可见这是出于好事者的附会。令人惊异的是舒坤《批本〈随园诗话〉》"补遗"记载了纪晓岚为和珅效劳的情形："晓岚父曾官太守。少年纨绔，无恶不作，尝考四等，为乃父所逐出。中年狡猾，为和珅文字走狗。所著《阅微草堂》诸种，大抵忏悔平生，惧有报应。"《清人逸事》也有纪晓岚为和珅文字走狗的类似记载。舒坤说纪晓岚"心地不纯"，"假道学"，"真小人"等等。谢乡泉《易·否·象》评价纪晓岚："内阴而外阳，内柔而外刚，内小人而外君子。"

另外满人昭梿亲王的《啸亭杂录》和《啸亭续录》也是了解和珅非常有价值的史料。

一个死人是没有话语权的，只能由后人随意评说，而真实的历史是每一个人的历史，而不是某个人或某类人的历史。

权臣和珅是靠拍皇帝的马屁起家的。他事事处处投皇帝的所好，讨皇帝的欢心，得到的补偿，便是高官、重权和万贯家产。大花园淑春园就是他要了一个小聪明用一只尿罐换来的。

有一回，乾隆帝从皇宫去圆明园游玩，御轿行至海淀镇的时候，轿夫们听到乾隆帝用脚跺了两下轿子，便赶紧停下，将轿子缓缓放到地上。前呼后拥的随行官员以为皇帝要下达什么旨意，便一齐跪下等候着，但许久未见动静。皇帝的贴身太监掀起轿帘一看，乾隆帝脸色冷冰冰的，好像在生气，吓得赶忙放下帘子，做了一个吐舌头的动作。

这时，只见和珅手中拿了一个瓦罐，气喘吁吁地从远处跑来，到

轿子跟前二话没说，就掀开轿帘把瓦罐递了进去，皇帝真的一把接住。过了几分钟，和珅又伸手进轿子里取出了瓦罐，不过里面不再是空的，而是装了半罐子"圣尿"。看到这情景，那些跪着等候圣旨的官员简直哭笑不得，只好怪自己犯了傻。

到了圆明园，给皇帝举办的接风宴会马上开始。进行当中，乾隆帝忽然讲起话来。他说："常言道，君臣是最知心的，可是今天在路上的情况很令朕感到悲哀！朕让轿子停下以后，你们都像白痴一样跪着等我说话。万一我忽然有病不能说话，你们不是就会让尿把朕憋死吗？"

正吃喝得高兴的群臣，个个都一下变得像蔫茄子一样，低头不语。乾隆帝扫了众人一眼，接着说："只有和爱卿，可谓朕的心腹之臣，他明白朕的意思，而且会临机应变想办法，为了表彰他的一片忠心，朕要特别奖赏他。"说着用手往南一指，问道："那是什么地方？"

"那是淑春园。"和珅抢着回答。

"对，那是一座漂亮的花园，朕就把淑春园赏给你了。"

和珅连忙跪下谢恩。他知道，每拍一次皇帝的马屁，总会得到一点赏赐；但这回赏得这样重，完全出乎他的意料。

淑春园一到手，和珅便仿颐和园的石舫，也在园中凿湖，造了一条石船，还仿御花园瀛台，在湖中堆起了一个小岛。但是，正当他做着黄粱梦的时候，乾隆帝忽然感到皇帝当得有点腻味，便传位给了他的儿子嘉庆帝，淑春园的设施，便成了和珅谋叛篡位的有力罪证。

6. 乾隆与刘墉当真演过君臣斗智么

清朝满族人都喜欢挂红兜肚，戴金玉镯。那么怎么会有这种穿戴打扮呢？相传，这是乾隆皇帝带的头。乾隆皇上也不是觉得这种打扮多么漂亮、多么尊贵，他也是不得已才开了这个头的。

相传，乾隆时制定的大清律中有一条规定：掘坟盗墓者定死罪。这一条刑律公布不久，乾隆想为自己修建阴宅，样式要仿照明朝永乐

皇帝的长陵，地上建筑要用金丝楠木。当时国内的金丝楠木几乎被伐光了，伐木工人找遍了川广云贵，也没发现一棵能用的大树。乾隆就以重修为名，把长陵的楠木殿拆毁，把能用的楠木全都运到东陵去了。

这件事一传十、十传百，老百姓就流传开了，说是当今皇上掘坟劫墓。刘罗锅子刘墉是皇帝身边的一个大臣，其人机智聪明，心直口快，乾隆很器重他，但也担心里边忧他。

有一天早朝，文武百官来到大殿，乾隆对大臣们说："今日上朝，有事出班奏本，无事卷帘退朝。"话音刚落，就见刘墉挪身出来跪在地上，说："微臣有一事不清，请万岁明示。按大清律规定，对挖坟掘墓的人，不知该判何罪？"乾隆一听，心里就明白了，这个刘罗锅子要追问拆楠木殿的事，给他出难题。他自知理亏，但也毫无办法，就支支吾吾地说："这，这，该当发配呀。"刘罗锅子马上说："皇上是金口玉言，言出法随，就算是发配吧！如今，百姓对朝廷拆明陵修东陵，说了不少难听的话。古人说，王子犯法与庶民同罪。"乾隆理屈辞穷，低头不语。

皇帝低头不语，等于是认罪服法。但是，谁敢发配乾隆呢？刘墉想了一个办法：让他到江南转悠一圈，也就等于发配。

乾隆要去江南服罪了，刘罗锅子想：平民百姓发配边疆时，要手带铁铐，颈锁木枷；现今这皇上犯罪，路上给他用什么刑具呢？想来想去就特地做了一副玉镯，一件带银链的红兜肚，来代替刑具。"发配"那天，刘墉对乾隆帝说："我主万岁！此去江南，路途遥远，南方天热地潮，恐怕您龙体难以适应。微臣为此特意制作一件银链红兜肚，可以防潮驱寒，再戴上这副玉镯子，可以抗热消暑。礼物微薄了，成不了敬意。"乾隆立即就明白过来，刘墉送的这玉镯实际上就是手铐，银链就是木枷，原来这是刘墉变相地给他戴刑具呀！既然此次是"发配"，乾隆也就只好带上"手铐"、"披枷戴锁"出发了。

那些满族旗人看乾隆皇帝"发配"的行头还挺好看的，他们也就跟皇上学着戴了一副金镯、玉镯，身上披一件缀着银链的红兜肚。日子一长，这竟变成满族人的一种习惯的装束。

刘墉的学问才干，机智幽默，为乾隆帝所看重，但他不卑不亢，

不阿谀奉承的作风，却又被乾隆帝所嫉恨，乾隆时时想设下圈套整他。

有一年中秋节，乾隆帝在和珅、刘墉等一帮大臣陪同下，到清漪园西堤转悠。当时莲子已熟，清香袭人。乾隆帝命太监采来一枝，剥开品尝，并随口吟道："莲子心中苦。"要大臣们对下句。一向在皇帝跟前讨好卖乖的和珅，又想卖弄风雅，并认为，今儿个皇帝正高兴，自己出来凑凑兴，说不定又会得到什么赏赐，便抢先对道："母猪肚里臭。"乾隆帝听后眉头一蹙，训斥道："今日是中秋佳节，你说出这样的脏话来败兴，该当何罪？"马屁没有拍成功，还挨了一记当头棒，和珅赶紧跪下求饶。

乾隆帝转眼看看刘墉，示意他来对。刘墉看见路旁树上挂着梨子，便对道："梨儿腹内酸。"乾隆帝点头说："好！"

又走了一程，乾隆帝随手摘下一枚未熟的青柿子交给刘墉，说："刘爱卿刚才对子对得很工稳，朕特赏赐给你一个柿子吃。"刘墉拜谢以后，把柿子分成许多小瓣，分送众人吃了。吃得众人咋舌挠腮。

乾隆帝见状，生气地问道："这柿子是朕特赐给你的，为何擅自分给大家？"

"回禀万岁，皇上恩赐，岂敢自专，众人分吃，共沾皇恩。"

这几句话说得处处在理，无懈可击，弄得皇帝哭笑不得。

走着走着，又来到一棵梨树下面。乾隆帝令太监摘了一颗大梨赏给刘墉，想看看他这回又怎么办。刘墉拿过来就独自大口大口吃起来。乾隆帝以为终于抓住了把柄，便喝道："大胆的刘墉，为什么独自享受朕的赐予？"

"回万岁的话，今日是中秋团圆节，人人都希望团聚，决不愿分离。在这君臣欢聚一起共度佳节的时候，臣来分梨（离），恐怕要破坏大家的节日情致，会不吉利的。"

"好个狡猾的刘罗锅！"乾隆帝笑骂道。

又有一次乾隆帝过生日，满朝文武都争先恐后奉献奇珍异宝，唯有刘墉没有任何表示。乾隆帝一看礼单，不见刘墉的名字，心中十分恼怒："平时你总是占了朕的上风，这回公然轻慢于朕，绝不轻饶。"

等到庆寿那一天，群臣们敬献寿礼毕；只见刘墉双手捧着一个红

缎盒子，一跛一跛走来，乾隆帝感到奇怪：他明明有礼品，为何不写礼单呢？他等着看刘墉送的是什么东西。刘墉拜完寿，献上礼品，乾隆帝立即亲手打开一看，原来是个泥巴捏的不倒翁。乾隆帝不屑地把礼品盒"啪"的一声给关上了。

刘墉看在眼里，启奏道："对于万岁来说最贵重的莫过于江山。臣这个礼物，就是祝陛下稳坐江山永不倒。"

乾隆帝一听，顿时转怒为喜，说道："还是刘爱卿想得周到。你的礼物是花钱最少，意义最大。"

7. 乾隆收干女儿故事的另一个版本

琼瑶的《还珠格格》，大家一定很熟悉吧？那里面讲了一个乾隆收干女儿的故事。在这里，我们要讲述另一个版本的"还珠格格"。

乾隆帝因拆换明陵楠木，自己判了一个象征性的"充军"，并由刘墉、和珅陪同他去"服刑"。有一天，走到京郊一个地方，天黑下来，肚子也饿了。他们便到近处的村庄去投宿。村口一家有三间草房，他们敲开门，里面住着一个老头子和他的十四五岁的女儿。老头子知道他们的来意，就留下了他们。小姑娘按照父亲的吩咐，很快就端上蒸白薯、热面汤和腌菜来招待他们。三个人吃得有滋有味。再细看那姑娘，见她虽然衣着破旧，人却长得秀气，乾隆帝对她留下了很深刻的印象。

第二天早饭后，父女又热情给三个人送行，乾隆帝很感动，又见姑娘实在可爱，便对老头子说："老人家，多承你父女的盛情招待。我有心收姑娘做干女儿，不知同意不同意？"

老头子见此人气宇不凡，觉得和他攀亲也不错，就欣然同意了。姑娘上前磕头叫了一声父亲，乾隆帝便给了她一锭银子和一张黄手帕。还告诉她："以后有什么困难，可带上手帕去城里找我，只要一打听皇……"他怕说漏嘴，马上改口说，"打听皇家大院，就能找到。"

过了几年，当地遇到连年灾荒，老百姓饥寒交迫，难以生存，老

头子又身染重病。父女一商量，决定去找女儿的干爹，求条活路吧。来到城里，找遍了"黄家大院"也不见干爹。他们举目无亲，无粮无钱，只好沿街乞讨。转来转去，走到了护城河边。女儿想，过这种日子，还不如投水死了算了，但又想到父亲无人照顾，自己年纪轻轻，生命就这样结束，也不甘心，真是不好死不好活，不禁放声痛哭起来。正在这时，刘墉恰好出宫办事，听到哭声，便让人前去打探是什么事。不久，卫士们带来蓬头垢面一老一少。刘墉觉得他们有些面熟。姑娘也认出来面前这个人正是几年前同干爹一起去她们家的叔叔，便叫了一声，接着又伤心地哭起来。刘墉就将姑娘父女领到宫中。父女俩这才知道：女儿的干爹竟是当朝的皇帝！

第二天，刘墉领着父女俩去见乾隆帝，谁知他早把收干女儿的事情忘得干干净净。他听刘墉一说，心想，这事万一传扬出去，定会被人们所耻笑，便想不承认，打发走算了。可刘墉紧盯不放，乾隆帝无奈，只得勉强下旨将父女俩安置在偏房住下，也不照料他们，还不许他们随意走动。不久老头子死了。父亲的死，更使女儿陷入了孤独、寂寞的深渊，接着她也病倒了。她茶饭不思，只希望回到自己的老家去。有一天，她要求见见刘叔叔。刘墉闻讯赶来，姑娘已卧床不起，骨瘦如柴，先前那秀丽的姿容连影子也不存在了，声音弱得听也听不见，刘墉只得俯下身去，才听见她费力地说道："叔叔，把我和爹爹埋到我的老家去。"说完，两眶泪水淹没了她那无光的眼珠。刘墉心如刀绞，握着姑娘的手，肯定地点了点头，一丝轻微的喜色掠过她的脸。

第二天，姑娘便死了。乾隆帝本想把父女俩埋在义冢中算了。但刘墉坚持说，既然是皇帝的干女儿，就应该以公主礼安葬她，否则人们会说皇帝不讲人情信义。乾隆帝无话可说，只好传旨按公主礼节将姑娘安葬在她的老家。据说，后来人为了纪念这件事，就把埋葬姑娘的地方叫作"公主坟"。

8. 乾隆与纪昀之间怎样一捧一逗的

纪昀纪晓岚，他是乾隆的近臣，性情坦率，好滑稽，曾任《四库

全书》总纂官。他博闻强记，很受当时士人的推崇。这里给大家讲几则小故事。

店招与对联的故事。

有一次，纪晓岚陪乾隆皇帝到了杭州城，路过一家杂货店。乾隆见门前高挂着一块黑漆嵌金字的招牌，假装不知地问他："这是什么?"他想难为一下纪晓岚，因为纪晓岚如果直接回答说是招牌，那等于认为堂堂天子连招牌都不识，便有讥笑皇上之嫌。

纪晓岚抬头一看，原来那上面写的是"黄杨木梳"。他猜透乾隆的心思，故意说："噢，这是对联。"

"对联哪有成单之理?"乾隆乘机反诘。

"皇上也许还不熟悉这里的风土人情。杭州是文物之乡，街头巷尾，到处暗藏着各种巧对，有上句必有下句，全靠留神观察，心领神会。"

"那它的下联在哪里?"

这样你言我语，已走过几家店门。纪晓岚笑着指了指前面一块招牌说："皇上请看，这就是下联。"原来他指的是"白莲藕粉"四个字。和"黄杨木梳"合在一起，对仗工整，真是浑然天成。

乾隆明明知道这是纪晓岚在信口开河，但说得却像真有此事，无隙可乘。不过不驳倒纪晓岚，乾隆总是心有不甘。这时，两人正好走近一家裱画铺，乾隆一看心中高兴，他对纪晓岚说："现在你说，这'精裱唐宋元明历代名人书画'，难道也可算上联么?"

纪晓岚连连点头称道："不错不错! 它的下联就在刚才走过的那家药店内，这里还能看到。"

乾隆回头一看，顿然语塞：啊呀呀，竟有这样巧，那里不是明明写着"采办川广云贵各省道地药材"么?

奉旨投水的故事。

汨罗江碧波万顷，沙鸥飞翔，让人心旷神怡。在一个月明之夜，巡游江南的乾隆和纪晓岚乘船夜游。乾隆多次领教过纪晓岚的学问，在他面前几乎没有不能回答的难题。今晚，乾隆又想出一个稀奇古怪的问题，要和纪晓岚寻开心。他满不在乎地问他："君要臣死，臣当

135

如何?"

纪晓岚答:"臣不能不死。"

"忠臣不怕死,可信吗?"

"当然可信。"

"先生谅必是个忠臣吧?"

"臣赤胆忠心,报效皇上,虽肝脑涂地,万死不辞。"

"何用万死,朕只要卿一死足矣。"乾隆笑着说,"我命你立即投水而死。"

纪晓岚一声"领旨",迅速站起来向船头奔去。只见他确有一副想向水中扑去的样子,但又突然站住了,对着江水摇头晃脑,咿咿呀呀,好像在和谁说话。这样装神弄鬼了一会儿,便掉头走回来,跪倒在乾隆面前。乾隆被弄得莫名其妙,问道:"怎么不死,你反悔了?"

纪晓岚回答道:"臣遵旨正想投水,忽见三间大夫从水府出来,斥责说,'想当年楚怀王昏愦凶残,亲近小人,疏远君子,忠言逆耳,苦谏不听,以致纲纪败坏,国家危若累卵。我因遭谗谤,流放江南。后闻秦将白起攻占郢都,楚国沦亡。我痛不欲生,才不得已自沉于汨罗。现今您生逢其时,又得明主,若无端投水,岂非陷当今于无道乎?三思三思。'屈原老先生句句都是至理名言,臣虽愚顽,也觉茅塞顿开,所以不敢以死而欺君!"

一番话说得乾隆又高兴、又佩服,连忙笑着伸手把纪晓岚扶了起来。

"老头子"的故事。

纪晓岚在编纂《四库全书》时,一天,正值盛夏,热浪滚滚。他怕热,就打着赤膊办公,不料乾隆突然驾临。封建社会里,衣冠不整见驾就有欺君之罪,更何况纪晓岚这副模样!他慌得连忙钻进桌子底下躲藏起来。其实乾隆早就看到了,向左右摇手示意,叫他们别做声,自己就在纪晓岚藏身的桌前坐下来。时间长了,纪晓岚感到憋气,听听外面没有声音了,又因桌围遮着看不见外面,闹不清皇上走没走,于是偷偷伸出一根中指,低声问:"老头子走了没有?"乾隆听见称他为"老头子",又见伸出根中指,心里又好气又好笑,故意喝道:"放

肆！谁在这里？还不快滚出来！"纪晓岚没法子，只好爬出来跪在地上。乾隆问："你为什么叫我老头子？讲得有理就饶过你。否则，嗯……"他捋捋山羊胡须，等着纪晓岚回答。

纪晓岚不假思索地说："皇上是万岁，应该称'老'；贵为君王，举国之首，万民仰戴，当然是'头'；天子者，'天之骄子'也。呼老头子乃至尊之称。"

"那这根中指又算什么？"

"代表'君'，'天地君亲师'的'君'。"纪晓岚伸出一只手，动着中指说："从左边数起，天地君亲师，中指是君；从右边数起，天地君亲师，中指还是君。所以中指代表君啊。"

乾隆帝心里清楚这是纪晓岚在有意诡辩，但他觉得纪晓岚解释得有根有据，头头是道，句句在理，于是摆摆手冲纪晓岚说道："你急中生智，很好，今儿个朕就放你一马，恕你无罪！快起来吧！"

9. 被乾隆处斩的大学士犯了什么错

乾隆帝即位以后，认为大学士讷亲勤勉谨慎，对他非常信任。讷亲也很有才干，料事与乾隆每每不谋而合。他又清白正派，大臣都不敢因私事与他往来。他家有两只大犬，就拴在大门旁边，人们都不敢走近，以致门庭冷落，车马绝迹。可是，讷亲自恃亲贵老臣，遇事十分固执，常常与皇帝顶撞，不顾君臣大体，乾隆对他渐生嫌隙。

乾隆十三年（1748 年）春季，大金川地区发生叛乱，川陕总督张广泗率兵进攻，因地势险阻，久攻不克。乾隆命讷亲为督师，统率全军。讷亲看不起张广泗，刚刚到达前线，就限令三日内攻克刮耳崖，有人提出意见，被当场处斩。将士又惊又怕，在攻击中伤亡惨重。而讷亲从战事开始时就躲在大帐中指挥，不敢走出一步。统帅受到将士们的耻笑，军威也一落千丈。以致三千人进攻一座碉堡，数十名敌军呐喊反击，全军就溃败如鸟兽散。

讷亲却无计可施，只会不断向朝廷请求增兵增饷。甚至打算请喇

嘛道士施法术助战。乾隆于是大怒，立即下旨将讷亲撤职，并充军塞外。随后，乾隆又发现他隐瞒战败的消息，即命令侍卫持讷亲祖父遏必隆的宝刀，在流放中途将讷亲斩杀。消息传到军营顿时激起一片振奋，将士们个个勇猛向前，金川之役最终大功告成。

10. 乾隆朱笔为什么不点状元点榜眼

大清朝科举考试，每科取三百六十名，前三名分别叫作状元、榜眼、探花。按清朝规矩，状元由皇帝亲自审定。办法是：主考官在第一名卷子上写上"状元"二字向皇帝推荐，但那个"状"字右上方的一点空着，皇帝认为合格后，用朱笔补上那一点，这就定了，所以称"点状元"。

有一年会考期间，各地举子云集京城，人人都想高中状元。那些开店的生意人，为迎合这种心理，便纷纷把店名改为"状元店"，以招揽生意。喜欢微服私访的乾隆帝，想借此机会了解读书人的情况，慢步来到举子们寄住的地方。他看到所有旅店都改了牌号，感到有趣，又可笑。但在一条小胡同里，一家小店却挂着"榜眼店"的招牌，便好奇地走了进去。他问店家："你店里有人住吗？"

"有一位。"主人回答。

"别人的店都叫'状元店'，可是你的店却叫'榜眼店'，当然人家不愿意来住，谁不想中状元呢？"

"敝店本来也改名为'状元店'来着；谁想昨天来了一个怪人，偏要将店改为'榜眼店'。我要不依，把他气走了，我的店就得关门，只得依了他。"

乾隆帝觉得有意思，走进举子住的房间，只见一个模样端庄的青年正在油灯下埋头读书，看到来人，忙起身施礼。

乾隆还礼道："举子贵姓？"

"敝姓程，单字名功。"

"程举子，听说这店名是你给改的，是这样的吗？"

"正是学生所为。"

"难道你不想中状元吗?"

程功摇摇头说:"那倒不是。不过我想,状元只有一名,三百六十人当中,有三百五十九人都在拼命争夺这个荣誉。我不和他们争,一个人争取一个榜眼,比较稳当,所以我住榜眼店就心满意足了。"

乾隆帝觉得这些话虽然不大气,却有自知之明,又很坦率,便笑着问道:"取榜眼你有把握吗?"

"说句老实话,考个进士我都有点儿担心,考榜眼,不过开个玩笑罢了。"

"举子倒还虚心,我能看看你的文章吗?"

"请多赐教。"

乾隆看过文章,又说道:"文章写得不错,是你自己写的吗?"

"老先生好像信不过我,学生愿当面一试。"

乾隆本是个喜欢舞文弄墨的人,一听正中下怀,说道:"好!"说着,手向对面窗户内一指,"就以此为题。"原来窗内有一位少女正对着两面镜子在梳头。

"二镜悬墙,一女梳头三对面。"乾隆帝出了上联。

程功一听,对子出得很妙,却不大好对。他向来人施礼说:"先生这上联出得太奇巧了!"

乾隆帝躬身还礼,壁上便照出两人行礼的影子,程功灵机一动,有了:"孤灯挂壁,两人行礼四躬身。"

乾隆帝听了,高兴得两手一击,发出"啪"地一响,"对得好,程先生,这榜眼你算稳拿了。"

考试之后,主考官将前十名的考卷送给皇帝审阅,乾隆帝发现程功放在第十名,想起自己当面许过愿;不能说话不算数,便将其放到第二名,用朱笔在上面重重一点。

主考官一看急了,以为皇帝犯了糊涂,便提醒道:"万岁,这不是状元的卷子。"

乾隆帝明知道搞错了,但他不明讲,便胡乱敷衍说:"从前寡人都点状元,本科要点榜眼,就这样。"

发榜了，程功果然中了榜眼，他感到十分诧异，心里纳闷：旅店遇见的那老先生说得太准啦。

11. 老百姓嘴里的乾隆是个什么样子

乾隆在位的时间很长，民间留下了很多与他有关的野史稗说。我们选择其中的几个，看看这位风流天子在老百姓嘴里是个什么样子。

捞王淀的故事。

白洋淀里有座康熙皇帝修造的行宫。行宫北边，有个捞王淀。为什么称作捞王淀呢？据说它同乾隆皇帝有关。

有一年乾隆皇帝下江南，第一站便在这座行宫落脚。当时正是仲夏季节，他坐上龙舟，在白洋淀欣赏大自然风光，希望看到"鱼跃淀空"的奇观，以便即景做诗。可扫兴得很，他竟连个鱼影儿也没见，诗当然也做不成了。

乾隆回到行宫，正闷闷不乐，一个太监端着一盆鲜活的红色鲤鱼走来。盆里红鲤鱼活蹦乱跳，不断掀起银白色的水花。乾隆一看，不禁大喜，忙问道："哪来的鱼?"太监说："知县叫人从淀里抓来的，特意送给万岁品尝。"

"淀里有这等好看的红鲤鱼，朕为什么见不着?"

那太监是个马屁精，就讨好地说："万岁圣驾乘龙舟出游，鱼虾哪敢出来!"

乾隆点点头，说道："那我要是坐只民船，扮成商人，这鱼就不会回避了吧?"

太监一听，捏了一把汗，只得说："对，对!"乾隆说做就做，他立刻要太监给他换一身商人的衣裳，找一只民船，亲自到大淀去看红鱼跃。这倒叫太监为难了：去吧，如果是看不到鱼，怎么办呢？只得找个理由说："万岁还没吃午饭，改日再去吧!"

"不，马上就去!"乾隆瞪了他一眼。太监没法，忙走出行宫，跑到岸边找民船。正好有只民船驶过。太监拦住老船夫道："我家大人要

坐你的船，到淀里去看红鱼。"

老船夫一听，大人要坐他的船，怕难伺候，忙道："哎呀！我这船太小了，怕是……"

"不，大人就喜欢坐小船，只要能看到红鱼，一定多给你银两！"

老船夫一听，是看红鱼的，又愿多给银两，就说："这红鱼就一个淀有呀，只是那里淀大浪急……"听说有红鱼，太监真高兴了，没等船夫说完，摆摆手说："好，就到那个淀去！"

不一会儿，太监引着乾隆来了。老船夫一看，这人迈着方步，像个大官，可他不敢多问。大约行了一个时辰，就看见红鱼像翻了淀似的，有的一跳落到船帮上，接着来一个"鲤鱼打挺"，又钻到水里去了；有的摇头摆尾，打着水花；有的还像千鱼摆阵，围住小船。乾隆平时在宫里哪见过这等奇观，早已被弄得眼花缭乱。他也顾不得做诗，伸手就抓鱼。谁知一不留神，"扑通"一声栽到淀里。乾隆不会游水，太监吓死了，急忙下跪求老船夫："快去救，落水的是当今万岁呢！"老船夫愣了一下，便一个猛子扎下水去，硬是把乾隆托上船来。乾隆灌了个大饱肚，眼不睁，鼻孔里也没多少气，眼见就不行了。太监又对老船夫跪下道："快给万岁治治！"船夫一声没响，把竹篙横在船舱，又把乾隆的肚子撂在竹篙上。好一会儿，乾隆把肚里的水"咕咕"地吐了出来。他睁开眼睛一看，喃喃地说："我这是在哪儿？我这是在哪儿……"太监不知淀名，就向老船夫挤眼，老船夫开玩笑说："在阎王淀！"

"什么？"乾隆听说"阎王淀"三个字，吓得又合上了眼睛。太监忙说："不，万岁，这是在捞王淀！"老船夫一听太监说得好听，也附和着说："对，对。万岁爷，是捞王淀！"

一听"捞王淀"，乾隆又醒过神来了。他想：今天真是不吉利，怎么会跑到这捞王淀里来呢？于是命太监赏给老船夫一些银两，就匆匆赶回了行宫。

因为碰到了这场不吉利的事，乾隆决定不再南下，立刻返回北京。到了北京，恐怕是吓坏了，好长一段时间，乾隆帝总是睡卧不实，茶饭不香。

"杀村"的故事。

有一年春暖花开的时候，乾隆打扮成一个骑士，头顶金盔，身披银甲，腰挂宝剑，骑着"千里雪"白马，在一班太监和武士的簇拥下，离开北京城向南边出游。

这一天，乾隆路过一个小村，只见柳丝低垂，杏花盛开，村内传出了悠悠的歌声。乾隆勒马就问太监："这村庄叫什么？"

太监回答说："杏柳庄。"

听到"杏柳村"三个字，乾隆微微一笑，脱口就吟出了一首小诗：

> 飞马十里百里，垂柳千丝万丝；
> 忽听农歌起处，满村红杏开时。

那贴身太监最会捉摸乾隆的心思，连忙也拼凑了一首五言诗接上：

> 圣上幸红柳，骏马踏春泥；
> 诗情画意美，金口开新题。

这时，一个侍从武官走了过来，禀道："万岁，这里不宜久留，前边就是'一林十村拉拉地'！"

乾隆听了，诗兴立刻打断。因为他曾经听说，这"一林十村拉拉地"是个杂树林带，官道正好从中间穿过。以前绿林好汉常在这里劫夺官车。不过，自从朝廷在此设立镇远总镖局后，这里就几乎没有出过事了。此刻，乾隆听了侍从武官的提醒，只得收住兴头，继续策马南奔，投宿在沙村行宫。

这一夜，乾隆睡在沙村行宫床上，总是心惊肉跳。矇眬中，他似乎还在路上。不知怎么一来，真的到了"一林十村拉拉地"。只见树林茂密，气象阴森，他身临险地，心里慌张。真是怕什么有什么。突然，两边树林中闪出了一伙蒙面大汉，一个个只露两眼，"咿咿呀呀"地怪叫着，舞枪挥鞭，转眼就围了过来。侍卫们左冲右突，蒙面大汉且战且退，引着侍卫们向树林里跑。他见蒙面大汉离自己越来越远，心里

宽慰不少。突然，又有一帮蒙面大汉从天而降，他眼看无人来救，就两眼一闭等死啦！却听得耳边有人厉声道："说！乾隆老儿哪里去了？"他睁开两眼，见一个蒙面大汉正用牛耳尖刀指着他。他就哆嗦着蒙骗说："向北边跑了。"那大汉打一声唿哨，带领人急忙往北边追去。他吓得大叫起来："朕在哪里？朕在哪里……"

贴身太监见乾隆梦中受惊，忙说："万岁，这是沙村行宫呀！"

"什么？杀村！"乾隆更是魂不附体，顿时眼珠一翻。太监心里奇怪：皇上明明知道这沙村行宫在任丘县城南八里沙村附近，怎么一提"沙村"，却吓成这样？

乾隆恶梦未醒。此刻他梦见那个蒙面大汉又回来了，一把掐住他的脖子，骂道："好个乾隆老儿，刚才你骗了我，这回我非要你掉脑袋不可！"乾隆眼见那牛耳尖刀快捅过来了，心里异常害怕，只见一个白面书生走了过来，一把拦住蒙面大汉，说道："仁兄且慢，乾隆过去尚有些作为，后因听信谗言，又不自爱，所以使国家每况愈下。我看只要他今后亲贤臣，远小人，以国家为重，还可留他一命，以观后效。"他一听白面书生为他求情，忙说："壮士留情，朕一定亲贤臣，远小人……"蒙面大汉把刀一收："好！暂且饶你这一回！"

乾隆心里一喜。这一喜，梦也醒了，嘴里还说着："朕一定亲贤臣、远小人！"

一会儿说"杀村"，一会儿又说"亲贤臣"，贴身太监弄不懂乾隆说的梦话是什么意思，也不敢多问，生怕说岔了再把万岁吓着。乾隆见太监怔怔地站在那里，便坐起来正色道："快，把文房四宝取来！"太监不敢怠慢，忙备好笔墨纸砚。于是乾隆走到御案前，说道："朕写个匾额，曰'亲贤'，用以纪念此行。"太监终于品出点味儿来了，忙把乾隆写下的"亲贤"两个大字捧走，雕刻在楠木板上，作为沙村行宫的门额。从此，沙村也被改为亲贤村了。

京城苏州街的故事。

乾隆帝某次巡游江南名城苏州，一天，他同贴身太监扮成香客模样，去城外一座古庵进香。他们把香烛点燃，刚打算向佛像施礼下拜，忽见一位年轻尼姑提着油壶往佛龛上的油灯内加油。乾隆一看，这尼

姑真如想象中的仙姬从天而降，那如皓月的脸，那闪灼的星眼，那如葱白一样的手，把个乾隆帝惊呆了，伸出的长揖也停在半空忘记了对佛行礼。站在一旁的太监见皇帝这副德行，轻轻碰了他一下。乾隆帝这才如梦初醒，把一个揖作完了。那尼姑添完油，便像轻风一般，消逝在烟雾缭绕的佛像身后。

乾隆帝怀着怅然若失的心绪，从庵里走出来，回到行宫就要下达圣旨，让那个尼姑前来伴驾。但随驾的大臣们认为，把一个断了尘念的出家女子随意叫来，恐怕有损皇帝的名声，要慎重从事。乾隆帝碍于脸面和舆论也不好硬来。不过，他再也提不起游兴，提前结束了这次巡视，闷闷不乐地返回北京。

一到皇宫，他就下令在北京西郊风景绮丽的清水河边赶修了一座半为寺庙，半为行宫的"泉宗庙"。派遣心腹大臣专程去苏州把那位尼姑接来北京，安置在"泉宗庙"里。乾隆帝常来这里"进香"，若是去西山游玩，返回时就住在庙里。这样尼姑就悄悄蓄发还俗，成了他心爱的伴驾妃嫔。

但是，尊荣贵宠的日子过久了，尼姑有点腻烦起来。她苦苦思念自己的家乡，浓烈的乡情，终于使她病倒了。乾隆帝前来探病，知道她思乡所致，就说："爱姬不必忧愁，不久朕陪你去一趟苏州就是了。"

尼姑听了这话，果然病情大减。等了半年左右，乾隆帝告诉尼姑，他要亲自陪她去苏州玩玩。尼姑喜出望外，又有点怀疑："这是真的？"

"朕岂能对你说假话！"

尼姑赶紧梳洗打扮，随着乾隆帝出发了。队伍浩浩荡荡，前呼后拥，真是热闹非凡！走了个把时辰，就听见前面有人禀报："启奏美人，已到苏州！"

尼姑非常惊奇，北京到苏州起码有数月之久的路程啊，怎么转眼就到了呢？她掀起轿帘观看，果真见街市里曲水环流，小船缓缓划行。街道两旁陈列着江南的货物，售卖着苏州小吃，行人们还说着纯正的苏州话。尼姑像做梦一般完全置身于苏州的情景里了。她高兴极了，思乡之情顿时全消。

这是怎么一回事？原来，乾隆帝为了医治尼姑的思乡心病，讨得

她的欢心，下令在离"泉宗庙"东南不远处一块荒地里大兴土木，赶修了一座按苏州风格建造的小苏州城，还从苏州迁过来了不少商贾和居民。

自此，尼姑经常到这里来怀旧排愁。京城这条"苏州街"虽然经过多次整修扩建，但其名字一直保留下来。

12. 乾隆微服私访都访到了什么趣事

乾隆非常喜欢微服私访。在几十年的统治生涯中，留下了许多有关他微服私访的轶闻趣事。

乾隆与诋毁和尚的故事。

在杭州南屏山的净慈寺里，有一位道行很深的高僧。他品格高洁，知识渊博，又极有辩才，往往在嬉笑怒骂中抨击朝政，因此人称"诋毁和尚"。老百姓很喜欢他，把他看作自己的代言人，亲切称他为"活神仙"，他的声望一直传播到了京城。

很注意察访民情的乾隆帝决定亲自去会会这位声名远扬的和尚。他按以往的办法，微服私访。有一天，他扮成秀才模样，去到净慈寺，指名要见"诋毁和尚"。

诋毁和尚见来人穿戴整齐，一脸矜骄之气，就估计到，此人可能有点来头。

"师父，你就是诋毁和尚吗？"乾隆帝直入话题。

"施主有眼力，老衲正是诋毁和尚，诋毁和尚就是我。"

"师父是自幼修行，还是半道出家？"

"老衲算半路出家，施主为什么问老衲这些？"

乾隆帝见和尚说话硬梆梆的，有一股傲气，心中更加不快，便指他的百衲衣，带几分轻侮地戏问了一句："听说师父道行高深，你这件衣服，衣料本来是完整的，好端端的，却要剪成碎块再缝缀起来，这也算是聪明吗？"

和尚笑道："我的衣服虽然破碎，但我的心是完整的，纯洁的；不

像那些做官当老爷的人，他们的衣服虽然是上好的绫罗绸缎制成，包裹的却是一副污七八糟的肮脏的心肠。"

乾隆帝如同挨了一记无形的耳光，心里大为光火，决心要制造机会，诱使和尚出错，狠狠整治他。

他们走过一个正在劈竹子编篮子的人，乾隆拾起一块竹片，指着青的一面诡谲地问道："师父，这叫什么?"

"竹皮。"

乾隆帝翻过竹片，指着黄的一面问道："这叫什么?"

"竹肉。"

按乾隆的心计，以为和尚会照通常的说法回答，说成是"篾青"、"篾黄"。这样，他就可以根据谐音，指控和尚说的是"蔑清"、"蔑皇"，犯了辱骂朝廷和皇帝的滔天大罪；谁知这和尚防范极密，使他的一番谋算成了泡影，他讪讪地说："师父的叫法真是新鲜!"

"如今世道变啦，什么也得跟着变，否则就会上那些别有用心的人的当。"

乾隆帝又如同被人抽了一鞭，只是仍不好发作。他们经过斋房，正见一只小狗在豆芽筐上撒尿，乾隆帝又问和尚："这豆芽干净吗?"

"豆芽靠清水发芽、生长，是最干净的。"

"上面有狗尿还干净么?"

"施主差矣。常言说得好，眼不见为净，耳不听为真。有的人，眼睁睁看着百姓饥寒交迫，却视而不见；日日夜夜挨天下民众大骂，却听而不闻，仍在那里歌舞升平，赞颂皇恩哩!"

乾隆帝气得肝肺都要炸了，但为了不暴露自己身份，他只得强压着火气。正在这时，听到寺里有人高叫卖熟鸡蛋。乾隆帝暗喜：机会又来了。便问和尚："师父，你们吃素还是吃荤?"

"佛门圣地，清规严肃，当然吃素，从无吃荤一说。"

"说得有理。"乾隆帝说着转身喊道，"卖鸡蛋的过来!"他买了两个鸡蛋给和尚："师父请吃，这是宝寺的食品。"他心里想的是：鸡蛋能够孵出鸡，可以算荤腥。如果和尚不肯吃，那他说佛门圣地从无吃荤一说，却为什么有卖鸡蛋的? 如果他吃了，就是吃了荤。吃与不吃，

都可以加他罪名。

和尚从容地接过鸡蛋，一口一个囫囵吞下，乾隆帝正要开口说话，和尚却抢先念道："素素荤荤一壳包，无肉无血也无毛。贫僧度尔脱苦海，人间屠伯空握刀。"

说毕张口大笑。笑声中两只羽翼光洁的鸡从他口中飞出。乾隆帝惊傻了，知道这是一位得道高僧，只好甘拜下风。

卢沟晓月的故事。

现在的卢沟桥东段，在桥的北面立着四根蟠龙宝柱。中间立一块大石碑，上面刻着四个大字"卢沟晓月"，这是当年乾隆帝的御笔。这块碑至今还在桥头闪闪发光。从那以后，"卢沟晓月"也就成了"燕京八景"之一。

那么乾隆帝为什么给卢沟桥题这四个字呢？

据传，卢沟桥是座神奇的桥。自从有了这座桥，这地方的月亮比别处升得都早。按照常识，农历初一、三十，月球运行到太阳和地球之间，跟太阳同时出没，地球上看不到月光，这种月相叫做朔。可是传说中在卢沟桥不是这样。平时每月初一、三十晚上，往桥上一站，就能看见东南方向的一弯明月。除夕三十夜里，更是奇妙，那弯明月照得桥身通亮，连桥上的石狮子都能看得一清二楚。但据说只有两种人能看见，一种是十五岁以下的童男童女，一种是"大命"之人。这民间传说慢慢就传到乾隆皇帝耳朵里。

乾隆帝是个爱好游山玩水的风雅君主。他几次下江南都从卢沟桥上路过，可就是没看见过这种神奇景象。他听说这桥有这么神，觉得自己是一个"大命"之人，一定能看到这个奇观，就打算专门去那里观瞻。

这天，正是除夕，他叫人预备八抬大轿，要上卢沟桥。宫里正忙着过年，按老规矩，这天无论谁也不能离开皇宫的。可是皇上下了令，大伙也得照着办，就用八抬大轿把他抬到了卢沟桥。

他是前半夜起身，到了卢沟桥已是五更了。宛平县令一听说当今皇上驾到，吓出了一身冷汗，赶紧点上灯笼火把，列队迎接。乾隆下了轿，二话没说，直奔卢沟桥上，两眼往东南方向使劲地张望，可是

只见天上斗柄横斜，却不见有什么明月。他心里纳闷起来，问身边左右：这里的月亮哪里去了？左右不知底细，只好瞎说一气。有的说，大年三十晚上是大晦日，自古以来就没有月亮；有的说，灯笼火把太多看不清。乾隆一听，立即下令把所有的灯笼火把都吹灭了。这下卢沟桥变得一片黑漆漆，只有桥下的水声在淙淙作响。乾隆又使劲地张望了一会儿，还是没什么景观。他叫过宛平县令，大声斥道："你怎么管的？这卢沟桥不是每年三十晚上就出月亮吗？"

县令连忙说："是，是。"

"是，为什么看不见？"

"小的也只是听说，并没有亲眼见过，因为只有'大命'之人才能享到此福。"

乾隆心想：我是一朝之主，还不是"大命"之人？怎么看不见呢？这一定是在瞎说。可是又一想：我兴师动众，来看月亮，要说看不见，我还算什么"大命"之人，岂不被百官耻笑！想到这里，就说："你们都退下，让我来仔细看看。"

身边左右都退在一边。他自己立在桥中间死死盯着东南方，看着看着，依稀就觉得眼前有一弯明月了，越看越觉得真有月亮。于是急忙叫来左右："你们看，就在那里。月亮，神奇的月亮！"

左右个个上前，眼睛都看酸了，什么也没看见。怎么办呢？有的说："奴才命薄，没有这个眼福。"大家一听，也都跟上说："是，是，我等什么也没有看见。"乾隆听了十分高兴，吩咐说："给我预备笔砚，我要就此作诗。"

宛平县令急忙抬出雕漆书案，呈上文房四宝。乾隆坐在那里握笔沉思，灯笼火把立即又明亮起来。他一会儿背诵："河桥残月晓苍苍，照见卢沟野水黄。树入平郊分淡霭，天空断岸隐微光……"一会儿吟咏："河声流月漏声残，咫尺西山雾里看。远树依稀云影淡，疏星寥落曙光寒……"想从中找个好句子，可是找来找去都不满意。有一个翰林看出了乾隆的心思，走上前说："臣有几句，不知当讲否？"

乾隆说："讲。"

翰林吟道："霜落桑干水未枯，晓空云尽月轮孤。一林灯影稀还

见，十里川光淡欲无……"

乾隆一听，好！就按这个写，他提起笔来就写了四个大字："卢沟晓月"。

大伙儿一看，齐声喝彩，急忙吩咐立马刻碑。就这样，刻了一块大石碑，树立在桥头。自此卢沟桥就有了"卢沟晓月"这个出了名的风景。

吹驴皮王大的故事。

乾隆帝有一次要去北京远郊通州私访，他在骑河门雇了一头驴。赶驴的人五十多岁，喜欢信口开河地胡吹，一上路，他就拉开话匣子对乾隆帝猛吹起来。

"请问先生贵姓？"赶驴的问乾隆帝。

"我姓高，名叫天赐。你呢？"

"我叫王大。"

"家住哪里？"

"骑河门外。"

"你觉得这赶驴的差事怎么样？"

"唉，伺候人的苦差事！"

"那你不能找点别的事干干吗？"

"找别的事情倒并不难。我有个亲戚，又有权势，又有钱，要是去找他，谋个美差，借他三五千银子，都是很容易的。不过，我这人脾气怪，不愿巴结人、求人。"

"你的亲戚是谁？"

"当今天下第一人，乾隆皇上，小时候我们是相好的把兄弟。"

乾隆帝觉得既可气又可笑。到通州，乾隆帝访问一些情况，又买了一些酱豆腐，就骑上那位吹牛家的驴往回走。乾隆帝见那驴很有力气，走得很平稳，仔细一看，原来这驴的四蹄浑圆如元宝，便想买下来。快到骑河门的时候，赶驴的说快到家了，请顾客下来自己走几步。

乾隆帝另有打算，便哄他说："我的家离紫禁城不远，你送我回家，我给你双倍的脚价。"

脚价高，王大当然愿意。到了东华门前，城门楼上突然有人大喊

道："皇上圣驾回宫！"接着，一大队御林军，在门前分列两排，一大群官员跪在地上迎接。王大这下可吓蒙了："敢情他就是当今皇上，我今儿个可闯下大祸了！"他正在那里发呆，乾隆帝已骑驴进皇城去了。

过了好一阵，王大才清醒过来，发现自己还捧着酱豆腐傻站着，本想马上回家，又想到自己还没有收租驴钱，而且连驴也给牵走了。这不是断了衣食来源，砸了饭碗了吗？但是骑驴的是皇帝老爷，自己还胡吹冒犯了他，去要驴和租驴钱岂不是自投罗网？正当他打算自认倒霉，赶紧逃命的时候，一个太监出来把他叫进了紫禁城。

见了皇帝，王大扑通一声跪下请罪，哀求说："皇上，小人在路上胡吹来着，为了惩罚我，租驴钱就不要了。这驴吗，嗯，要是皇上喜欢，那个，小人也不要了，只求皇上开恩。"

乾隆帝笑道："说朕是你的把兄弟，不过村野戏言，朕不怪罪你。至于这驴吗，朕会给钱的，你要多少钱？"

"小人情愿不要钱。"

"不要钱，你要什么？"

"我本来是赶驴的，如今驴归了皇上了，我就拉拉车，干点什么就得啦！"

乾隆帝马上吩咐给了他五十辆车，王大便开起车行来。据说，北京的人力车行，就是从这个胡吹王开始的。

13. 乾隆和他的陪臣们那些逸闻妙事

除了非常著名的和珅、刘墉、纪晓岚之外，乾隆身边还有许许多多的陪臣，他和这些陪臣之间也发生过不少有趣的事情。

先说说他和张玉书的故事。

乾隆皇帝下江南，命张玉书当陪臣。张玉书乃是镇江人，熟悉江南风情，加上他头脑机灵，讲话诙谐，被乾隆所器重。不过他自信心强，向乾隆答辩难免有争强好胜的时候。乾隆既离不开他，又不想在学识上让他占上风，便存心找难题治治他。

有一次，他们来到镇江。在岸上玩了几天，乾隆觉得长江波涛壮阔，比岸上好玩，要到江里游玩。张玉书便吩咐马上备船摆筵。

这天正是八月中秋，月色如昼，波光粼粼。大家酒兴正浓，乾隆忽然放下酒杯说："张蛮子，吃哑酒太无聊了，我出个对子给你对对。这对子的上联是：'龙王夜宴，月烛星灯，山肴海液地当盘。'你现在就对吧。"

张玉书慢条斯理地喝着酒，没做声。

乾隆很得意，他为这上联，曾苦苦思索了一整夜，心想我自比龙王，摆下这等规模的筵席，这对可是"绝"对，看你张蛮子怎么个对法。

这时，只见张玉书把杯中的酒一口喝尽，然后开言道："我对'玉帝兴兵，雷鼓云旗，风刀雨剑天作阵。'"

张玉书的下联气派更大，乾隆心里不禁暗暗佩服。

第二天早晨，他们又来到江边，忽然看见江中心有条小船装着满满的货物，用油布盖得结结实实。乾隆又出难题，要张玉书说出船上装的是什么。这事情有点不好办。可张玉书灵机一动，就回答说："启禀我主万岁，船上装的是'东西'。"

什么？乾隆一时弄不懂。张玉书便解释说："臣所以不说是'南北'，因为这船是东边来，西边去。只好叫'东西'。"

乾隆心里想想，的确没有更妥当的叫法，只得说："嗯，那就叫'东西'吧。"

当日下午，乾隆听说镇江有个京岘山，在东门外头，便让张玉书陪他来这里观赏镇江的山光水色。

刚爬上半山腰，乾隆突然问张玉书："张蛮子，我们这样算什么呀？"

张玉书随口道："这叫步步登高。"原来，张玉书察言观色，已知道乾隆在计算他，故而刻刻留心。因为乾隆忌讳说爬山的"爬"字，他就避开不说。

下山时，乾隆又一把拖住张玉书问："张蛮子，我们这样算什么呢？"其实张玉书早已在肚子里算好了，听到乾隆发问，忙回答说：

"这叫后头还比前头高。"

不用说，乾隆最忌讳说下山的"下"字，谁要是不小心把下字和他皇帝老子连在一起，那就是"罪该万死"。可张玉书没有钻乾隆的圈套。

乾隆见难不倒张玉书，只好在内心认输。他又问："张蛮子，你们镇江产什么?"张玉书说："产鳜鱼、螃蟹。"乾隆说："不，我说产泥鳅。"这倒把张玉书弄得有点莫名其妙。乾隆笑笑说："你张蛮子要不是从小吃泥鳅长大，怎么比那泥鳅还滑活呢!"

以前，镇江人吃的全是红米。红米味道很好，煮粥时上面还有一层油。但镇江的征收粮赋的官吏嫌这种红米不好看，要老百姓把红米上的一层皮去掉，变成白米，这样才算缴粮。这可苦了老百姓，多了一道手脚，折扣又大了。老百姓恨透了这混蛋的征粮官。

这事很快传到张玉书那里。

正巧，乾隆皇帝叫张玉书陪他下江南。到了镇江，乾隆便吩咐随从三天之后微服私访，去看看镇江的风俗民情。张玉书捋着山羊胡须，抱着小茶壶，在房子里踱来踱去，忽然想出一个办法，立即关照下人，叫街上的老百姓三天之后如此如此。

第四天，乾隆皇帝和张玉书真的来了，一到街上，看到家门口都是一个盘匾，一个筛子，小孩子坐在那里，正从红米里拣白米。小孩哪里有耐性，拣拣就想玩。一去玩就被大人打骂，小孩子被大人打得哇哇直哭。

乾隆一看家家户户都是这个样子，心里犯了疑惑，就问张玉书："唉，张蛮子，你们镇江，怎么家家都花这么大的功夫从红米里拣白米?"

张玉书说："启奏万岁，镇江人是拣米交钱粮的呢。我们镇江一直产的都是红米，可是征粮官就是要白米。哪里来呢? 百姓只好在红米中把白米一颗颗拣出来啊!"

乾隆听了，盘算了一会儿，心想管他红米白米，我又不吃他这种米，不如卖个面子给张玉书，也在镇江留个好名声，就说："拣白米花的功夫太大了，缴米只要谷去皮就行了嘛。"

乾隆这么一说，正中张玉书的心思，当即恳求乾隆下了一道圣旨，上面写的是："钱粮糙米。"

张玉书的这一巧计，使得镇江人过上了轻松的日子。

江南洋河镇是有名的特产发源地，"车轮饼"就是那里的一大名产。

说到"车轮饼"，还跟乾隆皇帝与当朝宰相张玉书有关。

原来，那个镇上有爿三巧店，全家三口。店主巧师傅手艺高明，待人和气。顾客和乡邻特意送他家一副对联。就这一副对联，差点儿给这个店惹出事来了。

一次，乾隆皇帝下江南，一路上游山玩水。这天，听说洋河镇上风景秀丽，还有美酒佳肴，就和宰相张玉书二人，乔装成阔佬模样，乘坐马车赶来。乾隆一扫眼，发现三巧酒店门外有副对联："善做江北面点，巧作淮南佳肴。"

他鼻子里一哼："嗯，我那御膳房的名厨，也不敢夸此海口，真是狂妄太甚！"转身就对张玉书说："蛮子，把这副对联砸掉吧！"张玉书急忙谏道："人家小酒店……算了。"

乾隆不理，走入小店，招呼巧师傅过来。巧师傅满脸堆笑说："客官，小店若有不到之处，还请海涵。"乾隆道："明天中午，我要在此用餐。"巧师傅又笑道："好啊。请问客官吃啥？小店也好筹办。"

乾隆冷笑几声："照我车轮做块饼，金黄酥甜咯吱响，好看好吃又好听。做得好，有赏；做不好，就砸掉对联！"

多年来，巧师傅做的名点佳肴何止千种？可从未见过什么好吃好看又好听的"车轮饼"！他和老伴巧大妈商量半天，毫无办法。

这时，天色已晚，女儿巧姑从外婆家回来。一到家，只见爹娘闷坐在床沿，这可把她急坏了，这边搡搡爹，那边拍拍娘，催他们快做饭。好一会儿，巧师傅才有气无力地说："孩子，饭碗快让人家砸了，还做啥饭呀！"巧大妈接着把白天的事讲了一遍。

巧姑笑笑："说千道万，还要吃饭。"边说边拿两块冰糖硬塞在爹娘嘴里。巧师傅哪有心情慢慢把糖含化，三咬两嚼把糖咬得好响。巧姑一听有了主意，高兴说："是了。你俩别愁，就照车轮做饼，里面放

冰糖嘛。"

"对，等饼做熟了再放，不然会化掉的。"巧师傅一下子开窍了，下床就要动手。巧大妈说："不忙，饼馅要加切碎的生猪大油，才能鼓溜溜好看。"巧师傅笑道："也对。再用麻油和面，擀薄皮包饼，炸出来才香酥。"巧姑又想出个妙点子说："老用油糖太腻，饼馅掺些核桃仁、瓜子仁、红绿丝，那就更好了……"

第二天中午，装扮阔佬模样的乾隆和张玉书果然准时到店，巧姑把车轮饼轻轻端上桌。乾隆板着脸，夹起一块左看右看，金黄溜圆；他咬了一口，甜酥香脆；嚼了嚼，果真咯吱响。他本想找借口砸店的。哪知道，却落个老虎咬刺猬——无处下口了。

张玉书轻声道："店家手艺高明，该赏！"乾隆心里佩服，嘴里却还不认输。

巧姑怕两个阔佬又要出歪主意，压下心头火，抬头一指："这车轮饼香酥甜脆，好吃好听又好看，客官吃过快滚蛋。"

张玉书大吃一惊。乾隆却不懂"滚蛋"啥意思，转脸就问张玉书。这可把他难坏了：明说吧，店家该满门抄斩，株连九族；不明说吧，瞒君有罪。想了一下，回禀道："这'滚蛋'二字是土语，小臣也说不准，还是让店家来说说吧？"

乾隆点点头，立刻把巧姑喊来问话。

张玉书打个眼色，这意思就是："小姑娘，你刚才说'滚蛋'二字，大概是句好话吧？"

巧姑机灵立刻会意，便顺水推舟编出顺口溜道："客官吃了车轮饼，长得白胖像圆蛋，坐车随着车轮滚，滚到淮安吃茶馓，滚到沛县吃狗肉，滚到高邮吃鸭蛋。"

"哈哈，好，好，给赏。"乾隆被巧姑云天雾地一阵乱扯，真以为"滚蛋"是恭维他的好话，心里好受多了，高兴地说道："张蛮子，别再耽搁了，我们还要上苏杭呢！"

乾隆刁难店家的"车轮饼"却因此名扬遐迩。

再说说乾隆和李调元之间的故事。

翰林院李调元不仅文采出色，学识广博，而且烹调手艺高超。

他在任翰林院编修期间，深得乾隆皇帝赏识。乾隆有时心血来潮，就请李调元到宫中论文做诗。李调元性情豪放，交游甚广，特别爱结交戏曲名师，行踪不定。乾隆需要他时，派人四处找寻总不易见到其人，做诗每每不能尽兴，论文缺乏新趣。

这年春节之前，乾隆一时兴起，派人请李调元立即到宫中陪他做诗消遣。差人跑遍整个京城，才发现李调元此时正在戏台上演出他的《春秋配》。待差人把还来不及卸妆的李调元带到宫中时，乾隆早已雅兴全无。他看到李调元画着脸谱，穿着戏装来见自己，便训斥道："你如此放荡，正事不做，整天与戏子厮混，不成体统！若革去你的官职，你恐难生活在世上。"李调元听了乾隆的话，很不以为然地说："'天生我才必有用'，若皇上将我削职为民，我生活依然如故，定不会缺金少银。"乾隆不解，问李调元将以什么为生。李调元道："我先可搭个戏班，自编、自唱、自演。不说四乡演出，单在京城登台，便可大受欢迎，一生温饱不愁。"乾隆知道李调元精通诗文，熟知戏曲，没等他说完，便道："如朕不让你从艺，你就只好饿死！"说完便哈哈大笑起来。谁知待乾隆笑过，李调元却慢条斯理地说道："若皇上不准我从艺，我就开餐馆酒楼，做尽天下美味佳肴。那时，不由你皇上不慕名而来，一饱口福。"

乾隆听李调元说他自己会烹调，心里好生奇怪，便改换语气，微笑说："朕不知爱卿还有这一手！果真如此，爱卿何不趁新春佳节在我这儿一试技艺，也好让朕及朝中百官品评品评。"李调元说："皇上一生吃尽山珍海味，如果随意做几道菜，怕不合胃口，到时斥责起来，我可吃不消了。还是皇上自己点菜吧。"乾隆见李调元夸下海口，便想用个刁钻的菜名难住对方。他拈须皱眉地想了好一会儿，说道："朕亲政以来，品飞禽上万，吃走兽成千，其他各色食物，也尽皆享用，爱卿就给我做一道'凤凰蛋'吧。"李调元见皇上出了这么个稀奇古怪的菜要他做，略一思忖，便欣然应允了。

他来到御厨，先将一个容器灌足气，风干，然后将鹅蛋、鸭蛋、鸡蛋、鹌鹑蛋各十个打在其中，再加上各色香料，封了口，将装满蛋液的容器放入水井里旋转一番，使大小不等的蛋黄聚在蛋清

之中，香料也随之分布在蛋间。之后，将"凤凰蛋"用特殊的方法制熟。

春节晚上，乾隆皇帝在宫中大摆宴席，同百官一道欢度佳节。席间，就命人将李调元制作的奇肴"凤凰蛋"献上。

"凤凰蛋"一入宴席，立即引起一片惊叹唏嘘声。只见这闻所未闻的佳肴晶莹剔透，精巧无比，各色香料呈不同花样镶嵌在蛋间，显得五彩缤纷，光耀夺目。这时，李调元执刀将蛋切开，就见橙红、橙黄、淡黄的三色蛋心，形状独特，像是蜷伏着的雏凤，一股奇异的香气顿时散出，使席间百官垂涎三尺。乾隆见这"凤凰蛋"如此精美，只顾赞叹，竟忘记了下刀品尝。这时李调元提醒他道："微臣不才，当众献丑。请皇上动刀，味道如何。"乾隆这才如梦初醒，立即切下一块"凤凰蛋"送入口中。接着便不断下刀，先是细细咀嚼，后又狼吞虎咽，一时间吃得眉开眼笑，连连称好。

李调元这种"凤凰蛋"烹调绝技震惊四座，却没有被皇宫和民间承传下来。因为他根本不想以烹调为职，也就无心将它教给后人，他是凭兴趣和性情去做这件事的，所以失传此技，对他不为憾事，但我们后人却不能像乾隆皇帝那样品尝到美妙可口的"凤凰蛋"了。

14. 乾隆怎么样向嘉庆禅让皇帝宝座

乾隆六十年（1795 年）九月，乾隆帝登上勤政殿，召集众皇子、皇孙及王公大臣晋见，宣布以下恩诏：

"立皇十五子嘉亲王颙琰为皇太子，以明年丙辰（1796 年）为嘉庆元年。一切有关册立皇太子的典礼仪式皆不必举行。至于皇帝归政于嗣皇帝（即嘉庆帝）的仪式及公文，均由军机大臣会同各衙门讨论之后奏闻。"

皇上又谕示：

"朕归政之后，应该使用喜字第一号玉玺，镌刻'太上皇帝御宝'。同时将御制的《十全老人之宝说》镌刻为玉册，作为太上皇帝宝册。"

随后军机大臣奏请于明年举行传位大典，并将以下应遵行办理的事宜呈请皇上御览：

丙辰年皇上归政。嗣皇帝登基。颁发诏书加盖"太上皇帝之宝"，其次加盖"皇帝之宝"。

太上皇帝谕旨称为"敕旨"。

太上皇帝仍自称"朕"。

丙辰年太上皇帝及嗣皇帝"起居注"，由有关衙门分别编撰。

一切题本奏本行文，遇到"天"、"祖"等字样提高四格书写，"太上皇帝"字样提高三格，"嗣皇帝"字样提高二格。

太上皇帝诞辰，称"万万寿"。嗣皇帝诞辰，称"万寿"。恭逢太上皇帝万万寿节、嗣皇帝万寿节，及元旦冬至节的贺表，皆由内阁撰拟格式。

丙辰年内阁向嗣皇帝敬呈列祖列宗"实录"。

各种重要祭祀，由有关衙门提请，嗣皇帝亲临行礼。

经筵、耕籍、阅兵、传胪等大典，到时由各有关衙门奏请，由嗣皇帝主持举行。

太上皇帝、嗣皇帝诞辰及御驾巡幸地方时，内外大臣的请安贺折均缮写两份敬呈。

外廷举行宴会，有关衙门照例奏请。嗣皇帝侍奉太上皇帝亲临宴会，嗣皇帝侍候太上皇帝。所有仪式，有关衙门临时提奏。

嗣皇帝主持太和门听政，处理大臣奏折，到期遵办。

会试、乡试、朝考、散馆等考试的题目，由有关衙门奏请嗣皇帝命题。

嗣皇帝登基后，应请太上皇帝颁布敕旨，册立皇后。

丙辰元旦，太庙奉先殿祭拜列祖列宗。在皇上未传位以前，皇太子随皇上行礼。

文武大臣及道、府以上官员进宫朝见，均拟奏折恭请太上皇帝、嗣皇帝指示。

丙辰新年敬上丹书，兼有贺皇上临御天下六十年大庆，应仍在太上皇帝前恭递。

七、守成之君嘉庆帝的风雨春秋

循规蹈矩守成君，
传是清龙汉凤根。
毕竟天威能抖擞，
白绫三尺缢遗臣。

1. 嘉庆皇帝与小萝卜头的恩恩怨怨

苏北农村有个风俗，在酒宴桌的首席位置上，要放一盘红红的小萝卜头，切成丝状、片状或是花状的，有的用酱油炝，有的用糖醋拌，是下酒的好菜。为什么要把这盘小萝卜头放在首席位置上呢？这里有个小故事。

传说，有一次嘉庆帝南巡，来到山东与江苏交界处。那天，他穿着便衣闲游，偶然到了一个地方，树木成林，牛马成群，还有一片青艳艳的瓦房。嘉庆帝信步来到近前，抬头一看，大院正门上挂着一块横匾，上写着"天下第一家"五个斗大金字。嘉庆帝心里一沉，自语道："好大的口气，就连我这个万岁爷，也没有如此自称。实属狂妄！"

嘉庆帝想问个究竟，便走进院子。他进入第一道门，迎面见一位老人，白如雪的胡子，拖到肚脐。嘉庆帝问："老爷爷多大年纪？""一百五十岁。""你可是当家的么？""不，当家的还在后边。"

嘉庆帝进入第二道门，又见一位老人，胡子挂到胸前。嘉庆帝问："老爹爹多大年纪？""一百二十岁。""你可是当家的么？""不，当家的还在后边。"

嘉庆帝进入第三道门，仍见一位老人，胡子垂到颈下。乾隆问："老伯多大年纪？""九十有零。""你可是当家的么？""不，当家的还在后边。"

嘉庆帝进入第四道门，迎出来的还是一位老人，胡子有一把，黑白相间。嘉庆帝问："老哥多大年纪？""七十有五。""你可是当家的么？""不，当家的还在后边。"

嘉庆帝进入第五道门，这时，跳跳蹦蹦迎出一位年龄十岁上下的少年，红褂绿裤，脸像桃花，头扎双抓髻。嘉庆帝问他："小后生，当家的在哪里？"小孩上前施一礼："本人就是，长者有何公干？""没有他事，仅有一点求教。""求教不敢，有话请说。""何谓'天下第一

家'？""我家五代同堂，代代高寿，可谓天下第一。"嘉庆帝点头。

嘉庆帝回到京城，心里老是想着这件事。一天，他心血来潮，还想再考考那个小孩的才能，提起御笔写了道圣旨，还赐了一物，派人直送"天下第一家"。圣旨一到，全家老少一百多口人都跪下接旨。你猜赐的是什么？原来赐的是一个手指大的小萝卜头。圣旨上写清楚，要叫当家人把一个小萝卜头分给全家一百多口人吃，要人人吃到，个个吃饱。这真是手指头大小的东西变成天大的难题，全家张口吐舌，脊梁骨上尽冒冷气。这时，只见那个当家人冷笑一声道："哼！这分明是嘲笑我这小萝卜头当不了大家啊！"原来，在江苏一带，把小孩子也称作小萝卜头，嘉庆皇帝的作法，还真有戏弄这个"小萝卜头"的意思呢！正当大家一筹莫展的时候，那个"小萝卜头"不慌不忙地吩咐道："把萝卜捣烂，放到大荷花缸里，用温开水搅拌，全家每人拿碗一起喝萝卜汤，个个要喝足。"结果，一大荷花缸萝卜汤，喝得一点不留。

黄衣使者回京交旨，述说经过，嘉庆帝赞叹道："果为奇才，不愧是个好当家！"从此，小小萝卜头上了酒宴桌，而且放在首席位置上。这样做，一是对首席贵客尊重，二是比喻首席位置上的人是个好当家。

2. 天理教众大闹紫禁城的前前后后

嘉庆十八年（1813 年）九月在北京紫禁城发生了一场农民起事惊变。

林清，原籍浙江，长住京郊宋家庄，幼时曾当过提督王柄的家僮，曾长期跟随王柄在苗疆（今广西、贵州、湖南交界处的苗族聚居地区），练成了一身高超的武艺，所以被白莲教推举为法祖。林清身材高大，面孔黧黑，虬髯满面，智谋过人。执掌教务不久，就积蓄了大量金钱和粮食，家资豪富，于是产生了不轨的念头。当时，宫中太监大多出自直隶河间府各县，其中有刘金、刘得才等人，在家时便已入教，后来进宫，便向茶房太监杨进忠等人传教，羽翼逐渐丰满，并同林清

取得了联系。

嘉庆十六年（1811年）秋，彗星在西北天际出现，钦天监上奏请将嘉庆十八年（1813年）的闰八月改到次年二月。白莲教将此事当成了预兆，加上其教经书上有"二八中秋，黄花落地"的文字，于是声称清朝不宜闰八月，所以钦天监才会有改变历法的提议。其实在康熙五十七年（1718年）也发生过一次彗星。

起初，林清打算率数百人进宫起事，但入教的太监们认为大内地方狭窄，人太多反而施展不开，又信任林清真的有法术可以制胜，而林清则仗恃太监们熟悉宫中路径，可做向导，于是决定入宫人数不超过二百人。

林清等人缺乏智谋，策划又不周密，导致计划被人发觉。一次，林清在大街上步行，被风吹开衣襟，挂在腰间的坎卦腰牌被别人看到。又一次，他在酒店饮酒，醉后说出大逆不道的话。然而地方官考虑到此事牵连到宫中太监，竟不敢追究。

参与了林清计划的教徒祝现的族兄祝海庆，住在京郊桑岱村，是豫王府的一个差役，家资富有。祝海庆得知他们造反的日期已定，便向豫王裕丰举报。起初，豫王打算将此事上奏，后来考虑到上年嘉庆在南海子检阅那天，他本人曾在林清家住过一夜，害怕遭到株连，便没有上奏。卢沟司巡检陈某，因当地居民纷纷逃窜，察访到林清的计划，并在几天前向宛平县报告。宛平知县已经决定集中县里士兵逮捕清剿，但后又取消此行动。步兵统领吉纶是个贪官，其部下早已向他报告此事，吉纶因此事牵连到宫中，不肯追究。出事的几天前，他还出城到西山香界寺，饮酒吟诗，做竟日之游，托辞要到白涧迎接圣驾。吉纶出城的那天，部下左营参将曾拦在车前阻止道："都城近日情况反常，请尚书留在城中不要外出。"吉纶厉声呵斥道："天下如此太平，你竟敢说这样的疯话！"说罢，扬长而去。

十四日，林清等人分为两队，东队从董村出发，以祝现、屈五为首，计划由东华门进宫。西队从黄村出发，以李五、宋进财为首，计划在城中菜市口会齐，从西华门进宫。正阳门外的开庆隆戏院老板刘某，也是白莲教徒，被林清预先封为"巡城御史"。这天，他将李五等

人请入戏院看戏，喝了一整天的酒，而地方上有关人员竟无一人过问。

十五日，太监刘得才带领祝现等人进入东华门，在门口与运煤的工人抢道，祝现等人脱下衣服，露出身上的武器，被守门的官兵觉察，迅速将宫门关闭。起事人一哄而散，只有陈爽等十多人翻墙而入。当时，礼部侍郎宝兴在上书房值班，刚刚下班就遇到进宫的教徒，返身就逃。代理护军统领的汉军旗人杨述曾率领护军上前抵御，在协和门前杀死了几名贼人，官兵也有多人受伤。宝侍郎下令关闭景运门，随即向上报告。二阿哥昱宁命太监提来鸟枪，同时严令禁城四门，火速催官兵入宫抓人。太监刘得才带领两名起事人进入苍震门，打算去杀太监督领侍常永贵，以泄私愤。结果被太监刘某擒拿。

宫外的王公大臣听说宫中有变，纷纷从神武门入宫。当时礼亲王昭梿正在王府弈棋，急忙骑马赶往宫中。侍郎纳兰玉麟出城迎接圣驾，刚刚回来，也穿着短衣仓皇赶到，大家聚集在城隍庙门前。此时，赶来的官兵还不到一百人，其余都是各府的家奴和仆人，大家十分惊慌，一时束手无策。镇国公奕灏当时正掌管火器营，他说："火器营官兵今天都集合在箭亭，准备出征滑县，可以招来使用。"众人都说："好主意。"于是奕灏骑马去召集部下。

当时，副都统苏尔慎、钮祜禄公格布舍奉命南征，正好进京整理行装。听到警报后也急忙赶来参与平乱。侍卫那伦是已故太傅明珠的后裔，这天，那伦正在太和门值班，听到警报后即冲进宫中。有人劝他不要太着急。那伦回答："我家世代为国家大臣，遇到这样的大事怎么能不着急！"说罢，急忙赶到熙和门，门已关闭，他正在彷徨，起事人已蜂拥而至，将其杀死。太监高广福带领起事人从马道拥上城墙，从腰上取下白旗，迎风招展。旗上或写着"大明天顺"，或写着"顺天保民"。起事人全部用白布裹头，在城垛之间大声呼喊。奕灏和苏尔慎率众登城驱逐。高广福手持大旗召集同伙，被奕灏一箭射中，摔下城楼当场死去。御书处苏拉（满语，宫中的杂役）某人，引导李五藏匿在御刻的石榻之间。礼亲王督率后来的官兵从武英殿夹道中进宫，理藩院员外郎岳祥是海兰察的女婿，进宫正好遇到礼亲王，便跟从礼亲王杀贼。有起事者抗拒官军，镶蓝旗护军校常山开枪将其击落于御河，

并跳下河将其捉住。

第二天天亮，有人报告南熏殿中有起事人。礼亲王率兵站在土墩上，指挥数十名士兵进入房间搜索，正红旗护军校福禄冲进房中，擒获几人。其中有一名自称史进忠的，经礼亲王命令庆祥劝诱，他才供认姓刘，并供出了做内应的太监刘得才。过了很久，他又供出了林清以及李五、祝现率众进入西华门的情况。这时，庄亲王率领数十名长枪手来到，礼亲王将情况告诉他，庄亲王说："刚才奕灏也在锡庆门前审问陈爽，供词大致一样。"于是礼亲王同他商量解决士兵的口粮。亲王为难地说："内务府仓库现在无法发放粮食，怎么办？"后来决定派礼亲王的护卫到街上买来大饼作为全天的口粮。

不久，户部侍郎果齐斯欢来到，衣襟上尽是鲜血。他自称刚才巡逻到五凤楼时，遇到一个起事人藏在门后，他冲上前去捉拿，那人举刀直刺，被他杀死。

黄昏时，有传言说起事者进攻西长安门。庆祥与礼亲王率队前往，士兵中有人惊慌失措，礼亲王准备将其以军法惩处，军心方才安定下来。后来，才知道是古北口提督马瑜率兵从密云赶到。城北尘土蔽天，以致发生讹传。

晚间，庄亲王入宫，督领侍常永贵擒获刘得才等数人。

不久，嘉庆已在路上得到警报。传谕派额驸超勇亲王拉旺多尔济、额驸科尔沁郡王索特那木多布斋、额驸固山贝子玛尼巴达尔、大学士托津、吏部尚书英和等人先后入京。命八旗众都统在各自区域中捉拿逆贼，各都统闻命之后，都率众外出巡察缉拿，只有庄亲王、成亲王和奕灏、安成等数人仍坚持在宫中未走。

此时，庆亲王已将林清的姓名住址用密札告知侍郎玉麟。尚书英和到达后，已命令步兵统领派遣侦捕房番役张鹏、高得明前往宋家庄捉拿林清。在此之前，在东华门前溃散的白莲教徒已经向林清报告了情况。但林清仍然寄希望于曹福昌的党羽在十七日起事，并能成功，因此尚未逃走。

十七日黎明，张鹏、高得明驾车到达林清家外，大门尚未打开。张高二人敲了很久，林清才穿着内衣走出来。张鹏假意说："城里的大

事已经初步告成，我等奉相公之命前来恭请法祖入朝。"林清大喜过望，立马上车。突然，他的姐姐冲出门来，大声阻止："事情是凶是吉，现在还不知道，你千万不可独自进城！"张高二人把林氏推倒在地，驱车向城中飞驰而去。林氏爬起来，跌跌撞撞地叫来几十个人追赶，但马车已经驶进南苑门，苑门随即关闭，追赶的人无功而返。

十七日上午，突然传说嘉庆已从郊外回宫，消息很快传遍整座紫禁城。贝勒绵志手持钥匙站在东华门城楼上，望见景运门已经打开。过了很久，仍然不见一点动静。其实，这是曹福昌的党羽编造的谣言。当时礼亲王正在闭目养神，听到这个消息后，连靴子都来不及穿就从房中冲出。庆祥对礼亲王说："事关重大，我等守城重任在身，千万不可擅离，恐怕发生意外。"礼亲王同意他的意见。这时，诸王公大臣率兵在各偏僻处搜索，又捉到十多名起事者。但领头的祝现和刘呈祥却始终没有捉到。有人说刘呈祥已经死在东华门外，一具穿青色衣服的尸体很像是他，但一时无法认定。而祝现则行踪诡秘，无处查找。

同天，嘉庆谕旨到达。谕旨中说，二阿哥旻宁功在国家社稷，封为智亲王。贝勒绵志也因功封郡王职衔，俸银一千两。并定于十九日回京城，命王公大臣们不必远迎，以安定人心。庆亲王率兵出巡京师九门，人心稍稍安定。

十九日上午辰时，嘉庆乘马进入都门。他一边抚慰士卒，一边放松缰绳，让坐骑缓步进入宫中。随即，嘉庆升殿下罪己诏。众王公大臣会集乾清门跪听，不禁呜咽失声。接着，嘉庆下令打开所有城门以安定人心。特赐众将士食物，命御前侍卫人等前往看视，等到将士们吃完才回来复命。嘉庆又命人进太庙、社稷坛等宫殿继续搜捕。

二十日，皇上在乾清宫召见王公大臣，当面下谕："近日诸大臣因循懈怠，玩忽职守。有为朕尽心尽力者，则被众人排挤，以致出现如此严重事变。"礼亲王首先上奏道："皇上此言真正切中时弊。臣等世受国恩，竟导致如此事变，羞愧欲死。"嘉庆再三肯定了礼亲王的意见。接着又下谕道："日前，朕听到报告，即下令回京，皇父陵寝近在咫尺，也不能拜谒。曾有谣言说有三千贼人将直接来侵御营，朕即指示御前王公大臣不必惊恐，如果贼人真的来到，你等拼死杀敌，朕立

马阵前观看就是。"嘉庆又下谕说："我大清从前何等强盛，如今竟发生此等事情，都是朕无德所致。"众王公大臣尽皆痛哭流涕，叩首请罪。成亲王说："皇上如此圣明，百姓纵然不能爱戴如父母，也不至于反目为寇仇。其中必有原因，请容臣密奏。"嘉庆说："皇兄可速速递上奏折，其他大臣如有忠贞之见，也可拟上奏折，待朕裁决。"众大臣叩首谢。嘉庆又说："此次事变中也有真心为朕出力的，朕心中有数，不要因此懈怠。"众人叩首退出。

二十三日，嘉庆到丰泽园亲自审讯林党。嘉庆命庄亲王和超勇亲王坐在御座旁边，下令带太监刘得才、刘金。嘉庆问道："你们都是朕的内侍，朕有什么地方薄待了你们，竟如此大逆不道？"二人连连叩头求饶："主子饶命，主子饶命！"嘉庆笑着说："你们既然已归顺林清，哪里还知道什么主子？"二人哑口无言。嘉庆先命将二人重打，然后带下。随后，林清被带到，皇上问他为何蓄谋造反。林清回答："这是我教经书写明的。我只是派同伙冲入宫门，杀害官兵，以应劫数。"嘉庆又讯问其党羽，林清供认说："有个包衣人祝现，是我教中的重要首领。"嘉庆回头问刑部大臣："此人现在何处？"刑部尚书崇禄回奏："已经正法。"而该部侍郎宋熔则回奏说："此人尚未抓获。"嘉庆点了点头。

嘉庆回头对庄亲王说："外面传说宫中太监全部叛变，今日已经审明，除了这几个逆贼之外，其他人并没有叛变。"嘉庆此言，显然是在安定人心。

于是嘉庆下令将林清等人处斩。后来有人传说林清有神奇法术，临刑时还悖逆不服。

嘉庆论功嘉奖提升。追究责任时，步兵统领吉纶、副都统玉麟被嘉庆革职。当天没有进紫禁城的大臣，大学士刘权之、刑部尚书祖之望、礼部尚书王懿修等人都被勒令告老还乡。副都统杨述曾因在协和门捕贼有功，免死充军边疆。护军统领明志，因当天入宫值班的是其管辖之下的官兵，也被革职发配东陵任赞礼郎。

到了十月间，步兵统领英和查获曹福昌勾通逆党的证据，将其父曹伦逮捕。嘉庆在丰泽园亲自讯问，随即下令将曹氏父子正法。禄康、

裕瑞，以失察之罪被革职，发配盛京居住。次年，豫王裕丰隐瞒举报事发，被革去王爵。但祝现和刘第五一直在外。此次紫禁城林党起事，就此告一段落。

林清事件，本不是宫廷政变的范围，但其中有太监十二人参加，有的充当接应的内线，等于"后院失火"。太监本是皇家的忠实奴仆，经常接近皇帝皇子，而其出身则很卑微，受到士大夫的蔑视，又容易与外间的下层接触，后来义和拳势力进入宫内，也是通过太监。清代到仁宗时，对阉人的控制和约束还是很严格的，而林清之变，居然有太监多人参加，这就等于向宫廷放了许多定时炸弹。

3. 扑朔迷离的御厨成德行刺嘉庆案

成德，曾在内务府的厨房当过杂役。仁宗嘉庆驾幸圆明园，成德突然窜出行刺，当场被擒。皇上命令诸王大臣、六部九卿联席审讯他。成德一言不发，只是说："事情如果成功，那么你们现在所坐之处，就是我坐的地方了。"嘉庆不想刨根问底把事情弄大，便命令将他和两个儿子一起正法。

抓住成德的人，是御前侍卫某额驸。此额驸勇武有力，在侍卫中数第一，但不如成德。他曾经与成德较量武艺，用长二尺左右的木桩十余支，排列成一行，将它们的一半埋在地下，然后夯实，木桩相离各半尺左右。额驸与成德各自躺在地上，用腿横扫木桩。成德一抬腿，能扫倒十二根桩，额驸不过七根罢了。这一天不知道是什么原因，成德敌不过额驸，结果被擒。

成德死了，他为什么行刺，究竟受何人指使，没有下文。到嘉庆十八年（1813年）秋天，林清事变发生后，山东金乡令吴阶，捕获林清党羽崔士俊，追查出成德原来是林清的党羽。而山东巡抚因为事情已成过去，将其他人名删掉，没有上奏，于是此事就一笔代过。

4. 嘉庆为什么禁止臣民向他献如意

如意这东西，早在唐宋前已经有了。晋代人王处仲一边用铁如意敲打玉唾壶，一边吟诵曹操的名句"老骥伏枥，志在千里；烈士暮年，壮心不已"。不知不觉间已将玉唾壶敲碎。这是如意见之于史书的经典例子。满洲旧风俗，凡过年过节，王公大臣和总督巡抚等必须向皇上进献如意，以取吉祥之征兆。清朝入关以后，此俗沿袭下来。但在嘉庆朝，嘉庆帝却下令禁献如意，上谕中这样说："诸臣以为如意，在朕看来反不如意！"

当时的人们不清楚嘉庆的用意，认为此时嘉庆刚刚亲政，那么多大事等待处理，而如意不过是普通的玩物，献或不献，无关国家大计，何必在意。实际上，嘉庆禁如意至少有两个原因。

一个原因是嘉庆厌恶和珅。乾隆决定立嘉庆为皇太子，其他人还不知道时，和珅已经知道了。因此他赶紧向已内定的皇太子，也就是后来的嘉庆帝献了一柄如意，想讨好这位未来的天子。后来嘉庆果然被册立为皇太子。嘉庆认为和珅是在泄露朝廷机密，如果把此事载入宫廷记录，他将遭到后人的嘲笑。所以他十分怨恨和珅，愤然下达这项禁令，不明真相的人却误认为嘉庆是在崇尚俭朴，自励清廉。

第二个原因是，有一年，嘉庆去南苑打猎完之后，在返回北京紫禁城的路途中，由于朝廷官员都要去行宫接驾，导致城里军事空虚。结果让天理教林清党一支人马乘虚而入，在宫内一些太监的配合下，近百人冲进西华门，几十人冲进东华门，直向内宫攻击，与仓皇前来抵抗的一千多火器营官兵进行了一场激战，官兵经半日一夜的交锋，终于平息祸事。但是在城外行宫的嘉庆听到消息后心惊胆战，大发雷霆，拍案大骂："留在城里的人都是酒囊饭袋，竟由贼人闯进皇宫去了。大清朝的脸面、声誉，都让这帮混账东西给丢尽了！"

事后几天，就是嘉庆的生日，按过去规矩，总要大事庆祝一番。

这次外人闯宫，给嘉庆心头罩上了浓厚的阴影，对庆寿活动也兴味索然。他对那些积极筹备庆寿活动的大臣抱怨说："往年万寿节俱进如意，原为上下联情之意。今遇大不如意之事，岂可复行呈进？不见此物犹可，见物思名，愈增烦闷。此次寿辰，实无情绪。"

5. 嘉庆究竟为什么无心于后宫粉黛

嘉庆帝是个很有抱负很想干一番大事的皇帝，但大清国的基业已被其父乾隆挥霍得差不多了，到他坐上大位时，已是库府告罄，捉襟见肘了。嘉庆为了再振大清风光，只好日夜操劳。或许是这个原因，嘉庆帝在后宫女人的身上也就分不出多少时间和精力。

可以说，如果当初乾隆帝的富察氏皇后的两个儿子能活下来一位，那么这个帝位不会轮到嘉庆来坐。嘉庆帝的皇位还是乾隆帝"禅让"出来的。这是大清王朝仅有的一例。

乾隆帝在位满六十年后，声称其祖父康熙执政六十一年，为尽孝道，他不愿超过康熙，故仿效上古三王的"禅让"美德，让位给儿子。不过，这位太上皇活得太久了，嘉庆一直等到三十六岁才龙袍加身，而且父皇在上，凡事都不能自主，连婚姻大事也完全操纵在太上皇手里，他只得乖乖地又当了四年傀儡皇帝。

和父亲一样，嘉庆帝也册封了两位皇后，第一位是喜塔腊氏，内务府总管和尔经额的女儿，史称孝淑睿皇后。按照清朝惯制，皇帝在位时，诸多皇子中的成年者，都在内务府旗人的女儿（称秀女）中挑选福晋，称为"指婚"或"拴婚"。喜塔腊氏即是由乾隆为儿子册封的嫡福晋，生一子二女，子旻宁即后来的道光帝。嘉庆即位后，喜塔腊氏册封皇后，第二年便病死，嘉庆为她选择太平峪（清西陵）为葬所，随即下令在此处为自己建"昌陵"，可见嘉庆对这位皇后的情感至笃。

第二位皇后钮祜禄氏也是嘉庆未登基时入嫁的，礼部尚书恭阿拉之女，嘉庆即位后封贵妃。喜塔腊氏死后，乾隆又指定钮祜禄氏继位

中宫，先封皇贵妃，但乾隆没看到新皇后册封大典，便已宾天。由于治丧，皇后的册封仪典拖到嘉庆六年（1801年）才举行。说来有趣，乾隆的第一位皇后去世后，他曾立誓不立后，然出于不得已继立了乌喇那拉氏，闹出一场皇后削发的丑闻，让乾隆大为沮丧。但儿子的嫡夫人死后，太上皇却迫不及待地选立新皇后，而且慎重选择，以防旧剧重演。好在嘉庆是个孝子，任何事情都听凭老子摆布，父子间倒也未闹出矛盾。

继立的钮祜禄氏谨守妇道，故而才得到乾隆的赞赏，因为清初的孝庄太后就在皇宫交泰殿立了一块铁牌，严令太监与后妃不准干政。她虽然不是后来即位的道光帝的生母，但母子关系甚是融洽，道光以亲娘相待，可见钮祜禄氏很会处理人际关系。她一直活了七十四岁，嘉庆死后，也是她一手操办了道光帝的接班大典。她死于道光二十九年（1849年）十二月，道光为此十分悲恸，加上健康不佳，仅隔了一个多月就死在皇太后的丧礼上，这也是清朝历史上的一件让人不解的奇事。

6. 嘉庆究竟是不是贪欢时死于雷击

嘉庆帝（1760～1820年）名颙琰，乾隆帝第十五子，乾隆六十年（1795年）册立为皇太子。但仍归政，尊为太上皇。嘉庆四年（1799年）乾隆驾崩，颙琰得以亲政，首先将贪官和珅赐死，继而平息了天理教起事。其勤政戒奢，务实遵礼，一切以体察民情民意为本，以天朝富有四海自居。二十五年后，死于避暑山庄，传位旻宁。尊谥睿皇帝，葬昌陵。

嘉庆二十五年（1820年）盛夏，嘉庆帝率领大批随员、名优艺伎、马队车篷，浩浩荡荡向木兰进发，不久抵达热河，在避暑山庄安顿下来，开始了木兰秋狩。嘉庆皇帝怎么也想不到，这是他最后一次进驻避暑山庄。七月二十五日，六十岁的他在毫无任何征兆的情况下，猝然离开了人世。嘉庆皇帝死后，热河行宫立即封锁消息，避暑山庄

大门紧闭，限制人员进出。二十七日留京王公大臣才得悉噩耗，延至八月初二日，道光皇帝向内阁发布上谕，才告知朝廷上下。当时朝鲜国官员在盛京中江地方见到清官员皆着素服，头帽拔去花翎，惊问缘故，才得知皇帝已去。

好好的皇帝为什么会突然死亡呢？宫闱之事向来保密，清廷当然不会对民间公开解释死因，于是民间就产生了各种推测和传闻。

一种说法是嘉庆遭雷劈而死。嘉庆帝到达避暑山庄后，稍事歇息，就全副武装，率领满汉大臣和八旗劲旅，大队人马直奔木兰围场。他们追踪围猎多日，不见虎熊，只猎获一些野兔，连平常遍地觅食的麋鹿也很少见。嘉庆帝非常扫兴，决定提前结束秋狩。回来路上恰遇变天，雷电交加，大地都为之震撼，忽然平地一声雷，那么多人中，唯独皇帝被击中落马。凯旋回营变成护丧返京，满朝惊恐。类似的说法还有：嘉庆皇帝在山庄染疾，卧床调养，一天，热河上空天象骤变，雷鸣电闪，霎时寝宫遭雷击，只有他触电身亡，等等。

关于雷劈一说，还有更荒诞不经的一个传说：相传，他长期宠幸一小太监，经常寻欢作乐，引起近侍大臣们的非议，安驻避暑山庄以后，更加变本加厉。有一天，他们正在寻欢，忽然道道闪电劈开云层而下，一个火球飞进小楼，在嘉庆身上炸开，嘉庆顿时毙命。

嘉庆被雷击烧焦，面目全非，已经无法收殓入棺。如果将事实曝光，无异于宫廷最大丑闻。大臣们商定个办法，将一相貌体形与嘉庆相似的太监秘密绞死，再进行盛装打扮，真嘉庆骸骨放在棺材底部，上面平躺着假皇帝尸体，用此掩人耳目，运回北京，祭葬了结。这个说法虽然流传很广，但没有丝毫史实依据。

根据当时的实际情况推测，嘉庆皇帝的死因可能是长期的操劳导致的心脏衰竭。从登基以来，皇帝这个差事把他搞得焦头烂额，不管他为之付出多少精力心血，还是有源源不断的麻烦事找上门来，让他心烦意乱，没有过过一天轻松的日子。

在亲政之初，嘉庆惩办了清朝历史上最大的一个贪污案。与和珅的斗争，虽然锻炼了嘉庆帝执政的能力，但他也付出了相当大的代价。从此，吏治腐败尾大不掉，成为嘉庆朝最大的隐患。

嘉庆八年（1803 年）二月二十日，嘉庆帝带着随从、侍卫等从圆明园上马，进神武门乘御轿。突然，一条大汉从神武门西厢房南墙冲出，直奔嘉庆帝所乘的御轿。事发仓促，侍卫及近驾的人们都没注意到，一时间，那人已跑到面前，嘉庆的随从及侍卫这才看清，那大汉手里拿着一把短刀，面露杀气。在嘉庆帝轿旁的定亲王首先感到事情不好，迎面上前阻拦。那人来势凶猛，举刀便砍，定亲王衣袖被刺破，未能挡住那人。这时，固伦额驸亲王拉旺多尔济、御前侍卫丹巴多尔济等五人一齐冲上阻住来者去路，双方展开搏斗。搏斗中，丹巴多尔济被武功颇高的刺客扎伤。由于侍卫们都是大内高手，训练有素，以五对一，对方已渐支撑不住，几个回合之后即被生擒。凶手自供行凶的理由是生活贫困，无处谋生，所以欲寻短见，但是又想了断之前必须做点惊天动地的大事，所以才来行刺皇帝。虽然行刺者被制服，这是一场虚惊，但有清历史以来从未发生这种怪事，偏让嘉庆遇上。只有晚明三大案之一"梃击案"与此情况比较相似，这是一起反映了明代政治腐败，宫廷争宠夺权的勾心斗角的惊天大案。嘉庆皇帝不相信刺客的行凶理由，于是命令大臣继续侦察，但是没有结果。嘉庆帝怎能接受这样的事实呢？他自尊心受到严重打击，感到十分羞恼。

民间对于嘉庆遇刺，则说是和珅党羽所为。和珅党羽遍布朝野上下，宫廷内外，嘉庆帝处死和珅，同时也给自己树立了大批敌人。

不管凶手是谁，此案反映出嘉庆面临的时局已不太稳定。在行刺事件中，嘉庆虽然没有受半点皮肉之伤，但心理所受打击相当大，这给他本来就一直为朝政焦灼的内心增加了很大负担。

嘉庆十八年（1813 年），天理教徒公然冲进他的统治心脏紫禁城，在城楼上插反旗，直逼皇后住室，意欲捣毁金銮殿。皇宫是皇权象征，皇宫遭侵犯意味统治基石的动摇。这件事是对他统治能力的极端藐视和否定。虽然事变被平息了，但他再次感到了自己能力的有限。

嘉庆皇帝整治腐败可谓不遗余力，可现实总难以改观。贪官污吏盘根错节，损公肥私，专权败政，达至相当严重程度，甚至出现了贪官杀清官的荒唐事！更为奇怪的是，堂堂兵部行印（即中央军事国防

最高行政机构关防）竟然不翼而飞，是丢失，还是被盗？是无意疏忽失落，还是另有阴谋策划？嘉庆苦苦追查，可一直无法弄清。嘉庆从这件事上可以看出自己的王朝吏治败坏到何种地步，但是他也不知道怎么做才能扭转这种日益腐败的时风。

让嘉庆更加伤脑筋的是社会动荡，不稳定迹象更加明显。直隶、山东、河南、四川、江南、安徽、湖北、山西、黑龙江等地，都有民间宗教活动，而且教门名目众多，徒众多为农民。浙江宁波府有生员组织破靴党，包揽诉讼，挟制官长，"甚至有动众劫掠、棍械伤人之事"。由于天灾人祸，百姓无以为生，规模不大的造反经常发生，如嘉庆二十三年山西省交城、平阳、霍州一带，流民聚集，大山连接，树起大旗，占山为王。和顺、榆次、平定、辽州等处，成为造反农民盘踞要点。他们有时下山掠夺，有时进入城镇劫富济贫。内蒙古、京畿和直隶地方，人民被逼成群为盗。

嘉庆不明白，为什么父亲（乾隆帝）在世的时候，天下十分太平，轮到自己坐江山，却这样棘手？为了解决那些长期阻挠国家振兴的老大难问题，他呕心沥血，费尽心机，苦斗二十五年，可是依旧不改，怎不叫他失望、烦闷和伤感呢？面对日益衰败的国家，他感到力不从心，甚至无能为力了，但是他又无法从数不清且理不顺的公务中脱开身子，在这种巨大的压力之下，他的身体日渐衰弱，健康恶化。

嘉庆帝从病倒在床到死亡归天，前后不过一日之差。他死亡之前没有任何征兆，暴死是他长期劳累、压抑、苦恼、忧郁和烦躁的必然结果。几十年称帝君临，他为这个封建大国尽心竭力，付出了全部精力和心血。他曾经也有力挽清王朝狂澜的豪情壮志，也敞露出以振兴大清为己任的雄心抱负，但他才疏能微，不足以领导先祖留给他的大清迈向中兴昌荣，不得不仓促地迎来了自己告别这个动荡不安、一片混乱的封建社会的最后时刻。

八、左支右绌道光帝的困顿光阴

烟焰方禁狼焰燃,
百年国耻竟亲签。
山河不是团龙衮,
巨手凭谁能补天?

1. 一场暴雨为何引得道光如此震怒

道光四年（1824 年）十二月，一场暴雨使淮河高家堰十三堡溃决，洪泽湖水汹涌而下，淮南、扬州地区立刻变成一片泽国。道光帝在朝堂上震怒了，特派大学士汪廷珍、尚书文孚为钦差大臣，前往南河查办。次年正月，两位钦差怀揣圣旨到达清江浦北岸的驿站万柳园。两江总督、南河总督、漕运总督及其属下主要文武官员一百余人齐集此处，车水马龙，道路都被阻塞。

几位封疆大吏先坐在钦差行辕门外的胡床上等候。稍后，一员材官骑马赶到，高声叫道："中堂大人请漕运总督魏大人请圣安！"听到这句话，两江总督孙玉庭和南河总督张文浩心里就已明白，头上的顶戴花翎已经被摘了。

当时皇上已经震怒，天威难测，各种镣铐枷锁刑具都必须随时预备。张文浩家的家丁立即给他送来罪臣穿戴的青衣小帽，孙玉庭劝他："稍安毋躁，姑且等一等看。"

接着，钦差大臣汪廷珍传清河知县某人进见，询问他各项事务是否已经准备完毕。一会儿，两位钦差大臣进入行辕。漕运总督请圣安已毕，暂时退下。接着，传呼三位总督听宣圣旨。四名司员从中门走出，手捧圣旨在香案前站立。三名总督全部跪下，为首的司员开始宣读圣旨。读到"孙玉庭辜负天恩，玩忽职守，罪不可恕"时停下，那司员徐徐问道："皇上问孙玉庭知罪不知罪？"孙玉庭脱帽连连叩头，恭敬地回答："孙玉庭昏愦糊涂，辜负天恩，只求从重治罪。"说完，又连连叩头，把地都叩响了。司员这才接着读道："着革去孙玉庭大学士两江总督，等待谕旨。两江总督由魏元煜代理。"宣布完毕，漕运总督魏元煜向圣旨三拜九叩首，谢恩。接着，司员又宣读另一道圣旨："张文浩刚愎自用，不听人言，误国殃民，罪责尤重。"接着又问道："皇上问张文浩知罪不知罪？"南河总督张文浩此时已经换上便服，伏

177

地痛哭，自称"张文浩罪该万死，求皇上立即将臣明正典刑。"司员又宣读："张文浩着革职，先行戴枷在黄河边上游示两个月。听候严讯。"接着便传呼清河县取来木枷。木枷用薄板制成，有一尺余见方，里面衬着黄缎。张文浩被当场戴上木枷，拉下大堂。

随后，钦差传所有道、府、厅、营官员跪在堂下，一一传旨。又说，钦差临行时，面奉皇上谕旨："自古刑不上大夫，但张文浩官至河道总督，而特令戴枷示众，实在是因为民命最重。朝廷设置官员本来是为了保护百姓，但如今百姓遭受洪水，家破人亡，流离失所，实在是朝廷的耻辱。因此特别予以严惩。这是为慎重民命起见。凡是淮、扬地区的士民百姓，都应该仔细体会上面的深意。"

南河总督张文浩是浙东世家子弟，曾以同知的身份供职于南河，机敏干练，洞悉治河事务。因此由同知升任道台，又由道台升任南河总督。道光帝即位以后，张文浩正在服丧期间，道光特命夺情起复，代理工部侍郎，督办直隶北方水利事宜。由于有军机大臣戴大庚、蒋襄平的极力推荐，张文浩很得道光帝器重，从此志得意满，有恃无恐。就任南河总督时，专门设立台座。参将在道旁跪拜，竟然不肯命轿夫稍停。对待从前的同僚，更是疾言厉色，毫不留情。为此深受众人指责。

钦差大臣汪廷珍是山阳县人，此次黄河洪水来到，御黄水坝应该关闭但未关闭，而泄洪的洪湖五坝应该开启却未开启，因此导致严重灾难。汪廷珍的祖坟也被洪水淹没，因此汪对张文浩恨之入骨，欲将其置之于死地。后来全靠尚书文孚为张说了几句话，才以其父年逾八十为理由，请朝廷从宽处理，充军伊犁。张文浩在新疆一呆就是十二年，始终得不到皇帝赦免。

2. 道光皇帝为什么被称作补丁天子

道光帝是嘉庆帝的二皇子，名叫旻宁。他是一个有小智而无大才的人，执政三十年，内政腐败，对外妥协投降，丧权辱国，没有什么政绩可言。但是，关于他的轶事却不少。

他十岁的时候，跟祖父乾隆帝去威逊格尔围场狩猎，一箭射死一头鹿，使乾隆帝大喜，钦赐夹衣翠翎，并写了一首诗：

> 老我策骢尚武服，幼孙中鹿赐花翎。
> 是宜志事成七律，所喜争先早二龄。

乾隆帝诗中所说的"早二龄"，是指自己十二岁时初猎即射得一熊，旻宁十岁就得了鹿，他为孙子超过自己深感欣慰。从此，旻宁就一直被人们另眼看待。

林清党人攻破皇宫的时候，二十二岁的旻宁和其他皇子正在乾清宫读书。值班大臣来报告说："二阿哥大事不好，一伙强人直奔内宫来了！"

旻宁一听大惊，接着又镇静了下来。他问道："宝侍郎，他们有多少人？"

"奴才老眼昏花，看不大实在，大约有一百来人！"

旻宁忙令人把隆宗门、景连门关上锁好，自己回到了养心殿。从养心殿屋檐下，他发现有三个白布缠头的人。他忙叫太监取来鸟枪，举枪就瞄准射击，没有命中。他检查了一下，原来枪膛里没有弹丸。他急中生智，揪下衣服上两颗银扣作弹丸，接连击毙了两个人，使后面的人不敢前进。嘉庆帝回宫之后，大大奖赏了他，封他为智亲王。两颗银扣给他换来了显赫的功名，并为他铺平了通向皇太子的道路。

道光帝即位的当年，内务府检查内宫仓库，发现积压了许多绸缎、瓷器等。内务府官员启奏皇帝，请准予交外库备用。道光却下旨，让全部分赐给大学士、九卿等，按官职高低发给，在史馆任编修的也都有份，百官无不庆幸。

在清朝皇帝中，道光帝最崇尚节俭。他所穿的套裤，膝盖处穿破了，便让职工补一块圆补丁。众大臣见了，也都纷纷仿效。有的甚至给新裤子也打个补丁。有一天，道光帝召军机大臣会，见某大臣膝盖处有补丁，便问道："你的套裤也打掌吗？"

"回禀万岁，臣也打掌。"

"你打掌要用多少银子？"

大臣听后愣了好久，然后答道："需三钱银子。"

"看来你们外间做活便宜，在内府打一个掌要花五两银子。"道光帝接着又问，"你们家吃鸡蛋要花多少银子？"

军机大臣根本不知道鸡蛋的价钱，张口结舌，无言以对，便瞎编说："臣小时候就患有一种病，从来没有吃过鸡蛋，所以不知道鸡蛋的价钱。"

道光帝还是个讲孝道的人。他当了皇帝以后，母亲还活着。有一回逢母亲生日，演廿四孝戏的"老莱娱亲"以庆寿。道光帝亲自饰演戏中主角老莱子。他在戏台子上面穿着色彩斑斓的戏衣，脸上挂着白胡子，手上摇着拨浪鼓，同时还学着孩童跳舞，面对着他的母亲唱着小儿歌，活泼可爱的角色把太后和观众逗得前仰后合。

3. 孝全皇后是死于太后所赐药酒吗

大清王朝到了道光这一代时，已成为国运日衰、内忧外患的烂摊子，再加上鸦片战争爆发，大清国更是雪上加霜。曾国藩就曾在日记中写下当时道光帝执政的最后情景：

"道光二十九年，圣躬不豫，自夏徂冬，犹力疾视事，不趋简便。三十年正月四日，皇四子（即咸丰帝）始代阅章奏，召见大臣。事甫毕，而宣宗龙驭上宾，盖以七十天子，笃疾半载，其不躬亲庶政者，仅弥留之顷耳……"

道光虽然挺政维艰，但是他是清朝册封皇后最多的帝王，在位时册封三位，去世后又由咸丰追封了一位，合计有四位皇后，她们是：

孝穆成皇后，钮祜禄氏，户部尚书布颜达赉之女，道光未即位已死，追册为皇后。

孝慎成皇后，佟佳氏，承恩公舒明阿之女。钮祜禄氏死后，她被册为嫡福晋，再立为皇后。她也是短命皇后，道光十三年（1833年）四月去世，只生了一个女儿，早夭。

孝全成皇后，钮祜禄氏，也就是皇太后的侄女，二等侍卫颐龄的女儿。这位皇后多才多艺，容貌俏美出众，是道光帝慕名选立的。同时她的入宫，也给道光的后宫添了一件大秘案，稍后再表。

孝静成皇后，博尔济吉特氏，刑部员外郎花良阿之女，从姓名也可看出，她是出自蒙古贵族。道光在世时，她累进封至皇贵妃，因抚育了咸丰帝，被追封为皇后。

道光帝以上四位皇后中，最具有个性特点和传奇色彩的，就是钮祜禄氏孝全成皇后。

她出生在满族权贵之家，却长在人杰地灵的江南苏州。其父就任苏州时携家眷同往，钮祜禄氏当时还小，随父亲在苏州生活数个年头，不仅学得江南女子的一手好女红，而且养成纤巧秀慧的气质。据说是她发明了七巧拼板，可任意组合成各种图案，在各王府女眷中十分风行，而且带至宫中，成为后妃们的消遣游戏。

她的芳名很快传遍京师，求婚者络绎不绝。后来道光亲自下诏求选，当然，别人也就不敢再存奢想了。道光帝摘得这朵名花后，喜不自胜，因其才智品貌均无可挑剔，特赐一"全"字为号。时隔不久，她从全嫔升到全贵妃，又在道光十一年六月生下麟儿，名奕詝，即后来的咸丰帝。从此，这位全贵妃更是"大全"，再晋封为皇贵妃，代皇后总摄六宫事务。两年之后，好运再次降临，佟佳氏皇后命归黄泉，后宫虚位。全贵妃自然成为皇后，母仪天下，与皇帝共掌乾坤世界。

世间的事情，就如"月满则亏"一样，物极必反，全皇后大全大福之后，也走了下坡路。道光十五年（1835 年），正逢皇太后六十大寿，太后虽不是道光生母，但抚养他成人并且协助完成了皇位的交接，所以道光对她极尽孝道，大寿典礼操办得非常隆重。道光亲自制作了寿颂十章，为太后祝寿，群臣也纷纷上表称贺。全皇后颇有诗文之才，不甘人后，也挥毫写下"恭和御诗十章"，步皇帝的诗韵题成十首上寿诗，这一来，文武百官没有一个不交口称赞的。

几天后道光帝去给太后请安时，也提起皇后的才华，面露喜色。谁料，皇太后却很不以为然，她觉得女子无才便是德，责怪皇后不该如此卖弄，并提醒皇上说："妇人以德为重，德厚方能载福，若卖弄才

艺，恐非有福之人。"很快，消息传到皇后耳中，她不由得十分惆怒，觉得姑母管束太严，从此心存芥蒂，与皇太后时有口角，虽未出大乱，也弄得上下议论纷纷，宫中都知婆媳不和。此时，西方的洋人们正在东南沿海猖狂地走私鸦片，海防日益吃紧，道光帝对此焦头烂额，而内宫不谐，太后与皇后他都不愿得罪，这更是弄得他心力交瘁，穷于周旋应付。

就在鸦片战争发生的前一年冬天（道光十九年），皇后偶感风寒，太后亲自到坤宁宫探视，嘘寒问暖，态度慈祥，使得帝后夫妇都十分感动。元旦之后，皇后病情大减，饮食如常，甚至能乘辇去寿康宫给太后叩头谢恩。两天后，太后特派太监送来一瓶美酒，声称赐给皇后滋补病体。皇后也不多想，把盏酌饮，谁知当晚便觉不适，一命归天。

道光帝对此非常悲恸，心生疑窦却又不敢查验，加上林则徐在虎门销烟时激怒了英国人，鸦片战争打起来，他也就更顾不上调查皇后死因了。但从此以后，道光再没有册立皇后，也算是对太后的抗议。

道光帝的陵寝原建于东陵界内的宝华峪，历时七年竣工，先葬孝穆皇后于内。第二年地宫浸水，此为皇家的大忌，便又在龙虎峪重建陵墓，而且不建方城、明楼、地宫、圣德神功碑、华表和石像生等，与其余陵墓截然不同。全皇后虽只活了三十三岁，然而生前占尽风光，死后得与夫皇合葬在一起，也算补有全福了。

4. 究竟是谁盗走了皇家内库的金器

清朝紫禁城东华门内的銮仪卫内驾库（又叫銮驾内库），"内贮全分新大驾卤簿，大礼轿一，法驾步舆一，十六人亮轿一，各样轿十四，法驾、骑驾、銮驾共三百七十余件"。（《日下旧闻考》）

卤簿就是帝王的仪仗队。所使用的器具，多为金、银、珍宝或丝织品等。内驾库日夜都有人守卫值班，开库要登记，锁后贴封条，还有銮仪卫署官员监视，制度非常严密，加上紫禁城警卫森严，可说是慎而又慎、严而又严，万无一失了！可是，就是在这块森严禁地之中，

还是经常发生失金、被盗等案件，不能不称之为清朝奇案丑闻。据清朝档案记载，仅在嘉庆、道光年间，銮仪卫金器被盗、遗失案就有数起，往往查无结果，尽管皇帝发谕旨，刑部用酷刑，均无济于事，最后不了了之。道光二十二年（1842年）二月间銮驾内库就发生一起皇太后仪驾金器八件被盗案。

道光二十二年（1842年）二月初十日，根据銮驾内库值班官、去麾使文伦报奏："贮皇太后仪驾金库，库门微开，当即会同查看库门，封皮擦损，锁头脱落，进库内查点，失去金器八件，内金提炉一件、金香盒一件、金瓶盖一件。随派总理堂务冠军使等查验，禀复相同。"十三日，负责管理銮仪卫事大臣载垣等将案情奏报皇帝，称："将经管头尉长虎、文得，该班马甲十名一并交刑部严行审讯，务期水落石出，俟定案时，再将管库及值班官员一并交部议处。"十四日奉上谕："内驾库经管头尉长虎、文得及该班马甲十名均着交刑部严行审讯；管库官员、带甲该班官员着先行摘去顶戴，听候传讯；载垣、端华、玉明、满承绪着交该衙门先行议处。钦此。"紧接着，刑部传讯和严审銮仪卫的总头尉、头尉、民尉、旗尉、厨役、苏拉（杂役）等大约二百余人。五月二十七日，刑部奏报："经臣部迭次添派司员昼夜严刑熬讯，案内人犯无行窃情事，自应先行拟结，将案内轻罪人犯暂行发落。"同日奉上谕："刑部堂、司各官审办此案两月有余，未能究出正贼，着交部分别议处。余依议。钦此。"然后，刑部将有关人犯发落。兵部将是日在库值班官、云麾使文伦、治议正善嵘，带该班官、骑都尉德凌阿均降二级调用，罚俸二年；管库官、冠军使松安，云麾使奇车布降一级调用，罚俸一年。八月二十四日，载垣等奏请如式补造金器，用来为皇太后陈设的准备。其中仅补造金提炉、金香盒、金瓶盖三件约计八成金一百三十两。其余五件，因库中还有存储，只是成色没能一律，先交由工部洗擦至干净锃亮之后，再用来典备，以完成礼仪。即日道光上谕："载垣等奏请补造遗失金器一折。此项金器自应先行补造，……所需八成金一百三十两，即着载垣等赔缴，不准开销。该部知道。钦此。"（以上均见《銮议卫》档）

失盗案紧紧张张了几个月，不但没查破，而且连赃物也没能追回，

而道光朝廷就像糊窗户纸似的草草遮盖了事，糊涂判断一通。当时清王朝的朝纲以及官员的愚能腐败，通过此案可见"危险"一斑了。

5. 道光为什么要如此厚赐智能禅师

有一年清明节刚过，道光皇帝从马兰峪谒陵回来，在盘山的静寄山庄歇了几天，想饱览美丽的风光。

一天，他写完几张条幅，感到心里闷得慌，就带着几个大臣、太监上山游览。他们顺着弯弯曲曲的山路，走到盘谷寺前，被周围的自然景色吸引住了。峰峦叠翠，流水潺潺，红桃放蕊，百鸟啼鸣。道光心头一阵舒畅，赞叹地说："这儿的景致真太美了！走，到寺里去转转。"

道光穿过山门，一直走进禅堂，里面没见一个人，他就在一把乌木椅子上坐下来休息。突然，一股浓郁的脂粉香味，随着微风吹进屋来。他蹙起眉头，轻轻地摇了摇脑袋。这时候，出外办事的住持僧智能正走进禅堂来，见道光坐在上端，心中吃了一惊。还没容开口，道光却没好气地吟道："一进禅堂胭脂香，其中肯定有姑娘。"

智能身子哆嗦了一下，打了个沉儿，说："三宫六院主独占，小寺一个有何妨！"

听了这句话，道光不由得倒吸一口冷气，脸涨得通红，欲要发作，又慢慢和缓下来，忽然，哈哈一阵大笑，说："佛见佛，笑哈哈。"

智能想，见了皇帝还没大礼参拜，却先来了一场反唇相讥，这事儿怎么收场呢？于是，他机智地说："既然是佛见佛，是拜呀还是不拜呀。"

道光说："拜也罢，不拜也罢。"

智能双手合起，行了个佛家礼。

这时，一个体态端庄的姑娘，手提着盛供品用的竹篮，从佛殿里走了出来。道光起身赶到门口，把那姑娘叫住：问："姑娘，你一个人到寺院里来干什么？"

姑娘停住了步，转过身说："父亲得了重病，我和母亲来烧香许

184

愿，求神佛保佑。"

道光又问："你母亲在哪儿？"

姑娘说："瞧，这不出来了！"

康熙一看，一个五十多岁的老太太，颤巍巍地走出殿来，这才恍然大悟。等那母女二人出了寺院，道光问智能道："刚才你说的话是真是假？"

智能说："假当真时真亦假，小僧斗胆，和万岁开了个玩笑。"

"为什么开这样的玩笑？"

"万岁是金口玉言，小僧不可反驳，只好顺水推舟，胡说了几句。"

道光帝说："智能，看来你确实机灵过人。朕念你苦心孤诣，宏扬佛法，所以特赏赐给你万两银子，好好修一修这寺院。"

智能得到道光帝如此恩典，急忙跪谢。打那以后，道光和智能禅师就结下了深厚的友谊。

6. 私人笔记所载的道光立太子经过

季芝昌（季文敏公）的《丹魁堂年谱》记载了道光帝册立太子的大概经过：

道光三十年（1850 年）正月，道光帝久病不愈，但他仍然每日上殿召见大臣处理各项政务国事。

十三日这天，先帝在寝宫召见军机大臣祁隽藻、杜受田、尚书何汝霖、侍郎陈孚恩、季芝昌等五人，同他们谈了很长时间。第二天一早，众大臣刚刚来到朝房，便传旨召见。被召见的有以下十人：定郡王载铨、军机大臣五人、御前大臣怡亲王载垣、郑亲王端华、科尔沁亲王僧格林沁、步兵统领尚书文庆。道光帝穿戴正式礼服端坐于榻上，命众臣来到榻前，告诉他们立即册立奕詝为皇太子，随即皇上进殿，道光取出密封在锦匣中的立位圣旨给众臣传看，并予勉励。事情完毕，众臣退出。皇上命军机大臣与他一同批阅章奏。过了一阵，军机大臣们刚刚回到值房，就接到紧急宣召，回来就惊闻道光帝已经归天了。

九、背运天子咸丰帝的忧患往事

外患内忧国事非，
江山龙体两垂危。
若知身后乾坤转，
何不当年杀懿妃。

1. 咸丰帝和恭亲王有哪些明争暗斗

清宣宗道光皇帝旻宁，三十九岁即帝位，在位三十年，死时六十九岁。他一生共有后妃二十多人，先后给他生了十个公主、九个皇子。其中，皇二子奕纲、皇三子奕继早夭，皇长子奕纬也于皇四子奕詝出生前两个月死去。皇五子奕誴，于道光二十六年过继给道光之弟和硕惇恪亲王绵恺为嗣，袭郡王位。道光帝晚年又陆续得了皇七子奕譞、皇八子奕詥和皇九子奕譓，但都年幼无知。所以，在诸皇子中，唯有四皇子奕詝和皇六子奕䜣有立为储君的可能。

奕詝的生母孝全成皇后钮祜禄氏，于道光十一年（1831 年）六月初九日丑时，在圆明园湛静斋（后改称基福堂）生皇四子奕詝。在奕詝还不满十岁时，即道光二十年（1840 年）正月，孝全成皇后就病死了，年仅三十三岁。她死后，奕詝由皇六子奕䜣的生母静贵妃抚养。

奕詝、奕䜣兄弟二人年龄相仿，一同在书房学习，静贵妃抚养奕詝如同自己的儿子。奕詝为中宫所生，而且居长；但奕䜣的才华却胜过奕詝，并且"与文宗（咸丰皇帝奕詝）同在书房，肄武事，共制枪法二十八势、刀法十八势，宣宗赐以名，枪曰'棣华协力'，刀曰'宝锷宣威'"。道光帝喜爱奕䜣，还曾赐给白虹刀一把。

道光帝晚年，为建储传位事颇费了一番心思。《清史稿·杜受田传》中载有："文宗自六岁入学，受田朝夕纳诲，必以正道，历十余年。至宣宗晚年，以文宗长且贤，欲付大业，犹未决，令校猎南苑，诸皇子皆从，恭亲王奕䜣获禽最多，文宗未发一矢，问之，对曰：'时方春，鸟兽孳育，不忍伤生以干天和。'宣宗大悦，曰：'此真帝者之言！'立储于是密定，受田辅导之力也。"对于这件事，在清人笔记或其他史料中也有相似记载。

道光帝死后，大臣们在秘密建储匣内同时发现两份谕旨，一份为

"皇四子奕詝着立为皇太子，尔王大臣等何待朕言，共同心赞辅，总以国计民生为重，无恤其他。"另一份为："皇四子奕詝立为皇太子。皇六子奕䜣封为亲王。"这两道谕旨，充分说明当初道光帝的矛盾心情，虽然他最后决定传位给皇四子奕詝，但他不想委屈了另一个宠儿奕䜣，因而同时决定封奕䜣为亲王。

奕詝即位，改元咸丰，并遵照道光帝遗旨，封奕䜣为恭亲王。但奕䜣对奕詝即位，不怎么心服。咸丰三年（1853年）十一月，恭亲王奕䜣受任军机大臣，不久便以亲王身分任军机处领班军机大臣，咸丰帝也常召见奕䜣议事。但奕䜣为人恃才傲物，目中无人，让人生厌。久而久之，兄弟之间逐渐由猜疑而不和，此后，终于为静皇贵太妃受封皇太后一事暴露无遗。

静皇贵太妃，即恭亲王奕䜣生母静贵妃，姓博尔济吉特氏，是刑部员外郎花良阿之女，生于嘉庆十七年（1812年），初入宫时为贵人，后晋封为静嫔、静妃。道光十二年（1832年）十一月二十一日丑时，生皇六子奕䜣，后又晋封为静贵妃。孝全成皇后死后，升为皇贵妃。因宣宗密定储位，立奕詝为皇太子，所以奕䜣生母不能再册立为皇后。

静贵妃一生共有三男一女，因抚养过奕詝，咸丰初年被尊封为康慈皇贵太妃，皇帝奕詝还经常到寝宫寿安宫问候，对她格外尊敬。但她自恃抚育皇上有功，一心想得皇太后封号。奕䜣也想通过生母晋封皇太后以扩张自己权势。

但咸丰帝对此并不愿意。认为先帝妃嫔被嗣皇帝尊封为皇太后的，前朝还没有先例。而嗣皇帝的生母，被尊封为皇太后的却有例在先。如顺治帝生母孝庄文皇后、康熙帝生母孝康章皇后、雍正帝生母孝恭仁皇后、乾隆帝生母孝圣宪皇后和嘉庆帝生母孝仪纯皇后等。所以，康慈皇贵太妃的皇太后封号迟迟定不下来。

咸丰五年（1855年），康慈皇贵太妃病危。一日，咸丰帝想入内省视，适遇恭亲王奕䜣从里面出来，咸丰帝询问太妃病情如何，奕䜣跪泣言道："已笃！意待封号以瞑。"咸丰帝仓卒间不置可否，只随口答应两声。奕䜣认为咸丰帝已经认可，赶忙回到军机处恭办皇太后封号事宜，

迫使咸丰帝在同年七月初一日不得不传旨，"尊康慈皇贵太妃为康慈皇太后。"事后，咸丰帝十分气恼，认为这是奕䜣有意挟制自己。所以，七月初九日康慈皇太后死后不久，便颁发谕旨："恭亲王奕䜣于一切礼仪多有疏略之处，着勿庸在军机大臣上行走，宗人府宗令、正黄旗满洲都统均着开缺；并勿庸恭理丧仪事务、管理三库事务，但在内廷行走、上书房读书，管理中正殿等处事务，必自知敬慎，勿再蹈愆，尤以付朕成全之至意。"

同时，咸丰还下令"减杀太后丧仪"，不按皇太后礼发丧；在上谥号时，不系宣宗谥，即不加宣宗成皇帝的"成"字，以示区别于其他皇后。《清史稿·后妃传》载："康慈死后，上谥曰：'孝静康慈弼天辅圣皇后'，不系宣宗谥，不附庙。"创清代历史上皇后不系皇帝谥号的特例。到同治皇帝登基时，才改为宣宗的谥号，称"孝静成皇后"。

恭亲王奕䜣被撤去军机大臣以后，虽在咸丰七年又被重新受命任都统，但是咸丰帝周围的肃顺一派势力强大，不断打击和中伤恭亲王奕䜣。所以，咸丰执政时期，恭亲王奕䜣一直得不到宠任。

2. 为什么咸丰如此倚重恩师杜受田

1850年，即道光三十年，爱新觉罗·奕詝登基皇位，他当年才19岁。

19岁的年轻人，血气方刚踌躇满志，登基后的第二个月便连下三道谕旨，求言求贤，一时间，震荡了大清皇宫。一些渴望建功立业的臣子们纷纷上奏，提出了许多有价值的建议，其中倭仁、曾国藩成为佼佼者。他们一出场，便受到了咸丰皇帝的褒奖，得到朝廷重用。

这种求言求贤一改道光皇帝末年那种作风，使十几年来死气沉沉的朝廷大大改变了面貌。这不能不说是年轻的咸丰皇帝初年的政绩，而这一政绩的取得完全依赖于他的恩师杜受田。

还是奕詝 6 岁的时候，父皇道光皇帝经过慎重考虑，为他拟选了一位汉文师父，便是杜受田。杜受田，字芝农，山东滨州人。道光三年进士，选翰林院庶吉士。此人熟读孔孟之书，是清代著名的儒学家、古文学家。

从奕詝 6 岁至 19 岁登基，除了几个特殊的日子，如当年奕詝生母全皇后亡故，还有每年过年那几天，师父不见面外。不论春夏秋冬、严寒酷暑，每日奕詝都要按时到上书房，受教于杜师父。所以，师生早已建立了深厚的感情。可以说，登基后的咸丰皇帝对杜师父的依赖性更大了。

当时，杜受田只是个太傅，天子听朝，他不便多说什么。为了让师父随朝听政，咸丰皇帝特谕杜受田为吏部尚书、调刑部尚书、协办大学士，虽然他还不是军机大臣，但在咸丰的决策过程中，他却起着比军机大臣还重要的作用。

光阴荏苒、斗转星移，一转眼，已是咸丰二年（1852 年）春，新帝登基已整整三年了。人们对这位年轻的皇帝寄予厚望，翘首以盼更完善的政策出台，使国家摆脱贫穷，百姓安居乐业，英夷不再进犯。

取得初步成就的咸丰皇帝此时被众臣捧着、吹着，在一片喝彩声中，他有些飘飘然了，处理朝政显露出浮躁的情绪，杜受田及时发现了这一问题，婉言规劝，起到了一定的成效。

1852 年春，一连三个月都没下雨了，寒冷的冬天，四川、陕西一带出现了多年不遇的少雪天气。这是以小麦种植为主的农田区，小麦过冬需要"厚厚的棉被"——大雪，可是天阴了多少回，可就是没下过一场大雪，雪花零零、薄薄地下一层，第二天便化了。老百姓叫天天不应、唤地地不灵，老年人成群结队，出村敲锣打鼓，祈求上苍多降瑞雪。

"二大爷，您老德高望重，一生积阴德，您求求老天爷，老天爷会答应您的。"一位五十来岁的庄稼汉恳求一位八十来岁，白发苍苍的老人。老人叹了一口气："唉，这几年，咸丰爷又是求言，又是求贤，希望多几个忠臣帮他治理大清，老天爷应该全看在眼里呀。应该风调雨顺的年景，可为什么偏偏不是大水，就是大旱，还有这腊月里不降雪，

正月里不见雨。愁死人了，唉！"

村民又是敲锣、又是打鼓；又是烧香、又是磕头。折腾了好一阵子，天也没应、地也没灵。依然是阴沉沉的天，灰蒙蒙的地，就是不见一片雪花飘下来。

一冬少雪，麦苗又枯又黄，干巴巴地趴在地上，就像一块块烂头疤。咸丰皇帝看到了地方官员的奏折，愁眉不展。

"皇上，奏章上写得是实情，四川、陕西一带，三个月来旱情严重，今年夏季小麦几乎颗粒无收，现在灾民饿殍遍地、携家带口、四处逃荒，惨啊！"

杜受田手捻花白胡须，感慨万千。22岁的咸丰皇帝从小生在皇宫，长在紫禁城，几乎没出过京城，什么是"饿殍遍地"，什么是"惨不忍睹"，什么是"卖儿卖女"，他根本没见过，只是听杜师父描述罢了。

"师父，他们家里难道就没有囤粮？"年轻的天子还认为广大农民家家都很殷实。

杜师父摇了摇头："农民背朝青天，面向黄土，日出而作，日落而息，终生劳累，尚不得温饱。年景好了，勉强能吃饱；年景不好，卖儿卖女者有之，逃荒要饭者有之，一根上吊绳了此一生者也有之。唉！"

见杜师父重重地又叹了一口气，咸丰皇帝问师父："如此大面积出现灾情，灾民几十万，该如何处置呢？"

"皇上，赈灾救民乃朝廷之道，臣恳求皇上急颁谕旨，令各地官员打开粮仓，运往四川、陕西一带，以赈灾民。"

"朕这便召见群臣，不过，国库乃防患之用，也不能全去赈灾呀，朕认为应号召群臣节衣缩食，献粮献银，以赈灾民。"

听到这话，杜受田用赞赏的目光望着他的这位特殊的学生，满意地点了点头："皇上的确爱民如子啊！"

咸丰皇帝能有今天，可以说与杜受田十四年的上书房潜心教导分不开的。杜受田一生研习儒家经典，极力倡导儒道的"仁"与"义"，奕詝从小便潜移默化地深受其影响。杜受田多次在关键时刻为奕詝开一剂良方，帮助他顺利通过一个个"关卡"，直至今天。当年道光皇帝

校猎南苑，六阿哥奕䜣骑射技艺远远高出四阿哥奕詝，杜师傅经过深思熟悉，决定献上一扬长避短的良策。射猎中，奕䜣满载而归，奕詝两手空空。道光皇帝龙颜不悦，可奕詝陈述了自己的理由：春天百兽繁衍后代，不忍射杀。一席话，说得父皇改变了对奕詝的看法，认为这个皇子具有儒道思想，"仁"字当首。

还有另外一件事情，也使道光皇帝对奕詝大加赞赏。三年前，病危中的道光皇帝临死前，把几个皇子叫到面前，询问他们治国安邦之策。六皇子奕䜣口若悬河、滔滔不绝，可四皇子奕詝跪在病榻前，泪流满面，哽咽地说不出话来，其爱父之情打动了道光皇帝。

"四皇子乃仁义之人，将来他治天下，必是仁君。"

而这一招，也是杜师父亲授的，果然奏效！如果说咸丰皇帝顺利即位，有杜师父的一份功劳的话，他登基以后，三年整顿初见成效，更有师傅的一份功劳。

此时的咸丰皇帝已离不开杜受田了。他治理国家、处理朝政，明里天子听朝、批阅奏折，实际上杜师父暗中相助、献计献策。

"师父，不知朕下谕旨，让群臣解囊相助，赈济灾民，群臣会做什么样的反应？"

咸丰皇帝早就听师父说过，"三年清知府，十万雪花银"，朝廷上下，个个贪财，很少有廉洁奉公的。尽管这几年来，咸丰皇帝下决心整顿朝政，但贪官污吏屡禁不止。他很清楚，让朝臣、各级官员拿出钱财赈灾，虽然只不过是他们贪污的一小部分，但他们能乐意吗？

"依臣之见，皇上首先做出表率，不怕群臣不应。"

"师父所言极是。"

几天后，乾清宫大殿之上，又有大臣呈奏章，报告灾情："启禀皇上，四川灾民流离失所、陕西灾民已有造反之举。"

端坐在龙椅上的咸丰皇帝果断地说："各地打开粮仓，拿出储备的五分之一，速速运往灾区，以赈灾民。"

几个大臣你看看我，我看看你，相视点了点头。这时，御前大臣又高声宣告，为了赈灾，皇上拿出养心殿的月银十万两白银，即刻送

往灾区。此外，还有宫中收藏的古玩字画之类，变卖后，将所得银两也全部用于赈灾。此言一出，大殿之上一片哗然。众臣做梦也没想到咸丰皇帝会来这一手，只有太傅杜受田应答道："臣杜受田出资二万白银，以赈灾民。"

大家一齐转向杜受田，这时大家才明白，皇上做出这样的决定，是杜受田一手促成的。就是再不乐意，也无可奈何。

"臣出资一万两白银。""臣出资五千两白银。""臣出资二万两白银。"……

一个上午，就筹集了二十万两白银，咸丰皇帝露出了微笑，他心中暗想："师父此计妙也！"

咸丰皇帝努力做一个好皇帝，可是，父皇留给他的是一个烂摊子。洋人不断进犯，太平天国运动犹如野火，一发不可收拾，全国各地灾荒严重，这一切都让年轻的天子发愁。他几乎有些动摇了，也有些后悔和老六奕䜣争夺皇位，争得那么辛苦，伤了兄弟感情，可争来的是什么呢？是一把龙椅、一个烂摊子和一大堆的烦心事儿。他怨天尤人，感叹自己生不逢时，感叹国家时运不济。在无可奈何之下，咸丰皇帝想到了去拜天祭祖，祈求上苍及祖宗的保佑，让他平平稳稳做皇帝。

他先到了天坛祭天，又到了地坛祭地，最后决定出京城去慕陵、东陵祭祖。北京郊外二百多里地，有一片山清水秀的地方，苍松翠柏掩映于深山峡谷中，这儿躺着清朝的历代君王和皇后、嫔妃们。

咸丰皇帝的亲生母亲就葬在这慕陵，道光皇帝在东陵与他的三个皇后遥遥相望。他决定暂时放一放手头上繁忙的朝政，去拜祭先帝与生母。不过，他的这个决定，还是杜受田启发他做出的。

日日上朝听政，不是灾情，就是战况，由于咸丰登基以来，广开言路，让臣子说真话。大臣们便改变了道光末年报喜不报忧的作风，实事求是地呈报各地情况。

"皇上，四川灾民有造反的趋势。""皇上，陕西灾民已有少数人参加了捻党。""山东大旱，灾民有的投向太平军。""英夷再次提出广开通商口岸。"……

咸丰皇帝头脑发涨、四肢无力、面色惨白，他有气无力地说："退朝。"

群臣面面相觑，不知所然，退朝后私下议论："皇上脸色很不好看，怎么了？""皇上急躁不安，很少有哟。""该不是皇上只听忧，不见喜，不高兴了吧？"

群臣议论纷纷，杜受田全看在眼里了，他暗自着急："皇上呀！师父教你的东西都全忘了吗？师父早已告诫过你，什么叫作'宰相肚里能撑船'，什么又叫作'平心静气，稳坐钓鱼台'，唉，如今你大殿之上表现出浮躁的情绪，让群臣看到了，有何反映，你知道吗？"

本来，出了大殿，下了台阶，杜受田想回家休息，他一想："不行，若皇上心绪欠佳，明日上朝依然会这样，岂不引起朝廷上下的震动。"

于是，杜受田径直走向养心殿。本来，紫禁城后宫为皇上、皇后、嫔妃的住所，不允许大臣们随便出入。可是，杜受田不受这种约束，他是特殊的人——皇帝的老师加密友。

咸丰皇帝回到养心殿，一个宫女见他面色苍白，便端了一碗燕窝粥上前："万岁爷，请用燕窝粥。"

咸丰皇帝心里很烦，他摆了摆手，示意宫女退下去。可谁知这位宫女偏偏不识相，她平日与皇上朝夕相处，很熟悉了，也没怎么见过皇上发火，便好心好意地劝皇上："万岁爷，少喝几口吧，瞧万岁爷脸色多难看。"

人在心烦时，最怕别人在一旁唠叨，偏偏这个宫女不知趣，唠唠叨叨的。她边说边将一碗燕窝粥递到了咸丰皇帝的面前。

"滚、滚、滚，滚下去。"咸丰皇帝大吼着。接着便是啷一声，碗被摔到了地上。

"皇上饶命！皇上饶命！"宫女呜咽着。正在这时，杜受田迈进门来，他看见咸丰皇帝背对着门，双手都有点儿发抖，宫女满脸是泪，浑身打着哆嗦。

本来，杜受田到此，应通报一声，但此时咸丰皇帝正在气头上，杜受田生怕他一发怒，惩治那位宫女。所以，杜受田一个箭步跨了进来，他轻轻地叫了一声："皇上。"

咸丰皇帝转过身来，杜受田发现他一脸的不高兴。

"师父，快请坐！"对于杜受田，咸丰皇帝永远是恭恭敬敬。自从父皇宾天后，咸丰皇帝就把师父当成最亲最近的人了。

"皇上，近来你心绪不好？"

"嗯，内忧外患、灾情不断。难啊，做皇帝怎么这么难！"

咸丰皇帝仰天长叹，他的这种情形很让杜受田担心。杜师父拉着咸丰皇帝的手，温和地说："做人难，做人杰难，做天子更难。可是，再难也要做下去。"

"师父所言，朕也明白，只不过这些日子以来，大殿之上，朕就没听到什么好消息。"咸丰皇帝在杜师父面前无须掩饰什么，他道出了心声。

"难道皇上也爱报喜不报忧？"杜师傅有些忧心忡忡了，他生怕咸丰皇帝被困难压倒，生怕才开始的好局面又被破坏，重新回到道光末年的那种死气沉沉的气氛中去。

"不，朕只是觉得治国安邦，太难了。"年轻的天子觉得肩上的担子太沉重了，他几乎有些挑不动。

"皇上，此时正是多事之秋，英夷敲开了大清的国门，太平军屡禁不止，反而愈演愈烈，今年又逢天大旱。臣认为，这些都是上苍在考验皇上，皇上耐心一点儿，等过了这几年，年景会好转的。"

对于风雨飘摇的大清江山，杜受田也没有什么好法子，他只能这样安慰年轻的皇上，他总不能与咸丰皇帝一道急躁发火吧。

咸丰皇帝望着窗外，感喟道："又是春天了，朕还记得八年前，也是春天，先帝带着我们皇兄几人校猎南苑的情景，历历在目，先帝却永眠于地下。"

感情丰富的咸丰皇帝于逆境之中，特别思念疼爱他的道光皇帝。杜受田很理解他此时的心情，劝慰道："是啊，八年过去了，物是人非事事休，先帝已去三年有余，他在天之灵也该瞑目了，皇上登基以来举措得当，成就斐然，先帝会满意的。"

"师父，这几日，我心情一直不好，就算本来好好的，一旦上了朝，听他们奏呈的一份份折子，尽是烦心事儿，情绪马上又变坏了。我已尽量压制自己，不要发作，可心里烦得很。"

咸丰此时像一个小孩子，在亲人面前倾吐所有的不快。

"皇上，臣建议你出去一下，换个环境调整一下情绪。"

"哪儿去？"

"去拜天地、祭祖宗，祈求上苍的保佑、祖宗的荫护。"

"拜天地、祭祖宗。嗯，好主意。"

咸丰皇帝那本来愁云密布的脸上一下子变了个样，出现微微笑容："师父，你总是妙计无穷。"

杜受田也笑了笑："这并非什么妙计，目前正值春光明媚的好时节，若不是这几年朝政繁忙，皇上早该南苑春围了。"

杜受田说的一点儿也不错。满族是游牧民族，以骑射为专长，入关以后仍不改本民族的生活习俗。咸丰皇帝以前六代君王，每年春、秋两季总要出京猎骑。可咸丰皇帝登基这几年，政务繁忙，无暇出京校猎。今天被师父这一提，他也觉得拜天地祭祖宗，加上南苑猎骑，美事一桩也。咸丰皇帝焉能不高兴。

"可是，朕出京数日，朝政如何处理？"

希望当一个好皇帝的咸丰时刻不忘自己的天职。杜师父说："出京几日无大碍，皇上可以让一个可靠的臣子留京代理几日，让他收下奏折，等皇上一旦返京，再做批阅。"

"也好，朕出去散散心。"

就这样，22岁的咸丰皇帝决定先拜天地，后祭祖宗，再春游一番。他临走之前，在乾清宫大殿之上，面对群臣，宣读谕旨，命师父杜受田留京办事。几个不服气的大臣私下议论："什么留京办事，这分明是替天子看家。皇上的师父嘛，当然与众不同！"

咸丰皇帝拜天地，并没有多大的感慨，依照皇帝传统惯例，天坛祭天，地坛祭地，他机械地磕头、祷告，求上苍保佑他平平安安做皇帝。可是，当他来到京郊慕陵、东陵时，心里就不是那么平静了。因为这苍松翠柏之中安眠着他的两位亲人：父皇与亲额娘。

此次出京，恭亲王奕訢随从左右，他与皇兄咸丰皇帝先到了东陵，拜祭父皇。兄弟俩同是道光皇帝的心头肉，但人生命运却不相同，一个是皇帝，一个是亲王。皇帝与亲王只有一步之差，却是万里之遥。

所以，兄弟二人的心情截然不同。

咸丰皇帝坐在龙辇中，十几个轿夫吃力地爬着山坡，半天的功夫才爬上东陵，停了下来。咸丰皇帝在御前太监的搀扶下，走下龙辇，坐在临时设置的龙椅上。此时离东陵入口处，还有一二里路程。歇息了一会儿，他举步迈向山坳陵墓入口处，御前太监、宫女左右伺候，恭亲王奕䜣及几个御前大臣、内务府大臣随后。

一到入口处，随行人员便迅速摆上香炉、祭品等物。不一会儿，烟雾缭绕，咸丰皇帝在前，恭亲王奕䜣紧随其后，拜祭先帝。

这日春风怡人，春色扑面，深山中，微微春风送来缕缕的清香。咸丰皇帝回想起八年前南苑校猎的情景，不禁泪流满面。

"父皇，儿来了，儿备受父皇宠爱，即位做皇帝，打算励精图治，重振我大清威武。可是，做皇帝怎么这么难啊！"

他默默地倾诉着，希望父皇在天之灵能听得到他的心声，为他指点迷津。他仰天远望，此时，从山谷里传来轰隆、轰隆的春雷声，咸丰皇帝龙颜大悦："父皇，你听见儿的呼唤了。刚才进山时，还万里无云，可一瞬间却打起了春雷，一定是你听见了儿的呼唤。父皇，你在天之灵可一定要保佑我啊，保佑儿平平安安坐江山！"

咸丰皇帝跪在陵前，三拜九叩谢先帝。此时，还有一个人，内心深处也很不平静，他便是恭亲王奕䜣。

奕䜣早年也是道光皇帝最宠爱的皇子之一，他博学多识、武艺高强、聪明伶俐、机智多谋。道光皇帝内心深处认为奕䜣比奕詝略胜一筹，是大清二百多年以来，难得的文武双全、才貌过人的理想储君。

可是，奕䜣太聪明了，各方面表现得太强了，加之庶出等种种原因，做太子的竟是差他一级的四皇子奕詝。至死，道光皇帝也还是犹豫不决的，这一点，奕䜣心里很明白。他并不怨恨父皇偏心，而是怨自己的命不好，他把这个命运归结为上苍的安排。他甚至还有些感谢先帝，打破了陈规，在遗诏里封他为亲王，这种做法足以说明父皇对他的钟爱。

此时，拜祭父皇，奕䜣更多的是感激。"父皇，儿也来了，儿随皇

兄而来。皇兄如今登了基，他励精图治，广开言路，甚得民心。可是，如今大清江山不稳，正值多事之秋，内忧外患，战事频繁，灾情严重。皇兄肩上的担子太重了。父皇请放心，只要皇兄倚重我，我奕䜣定当尽心尽职，辅佐皇上，携手共振我大清威武。"

一阵春雷轰隆、轰隆传来，奕䜣默诵："父皇，你全听见了。你放心，儿臣决不食言，儿臣决心以实际行动告慰你在天之灵。"

离开东陵，咸丰皇帝一行人又来到了慕陵。这慕陵永眠着道光皇帝的前后三位皇后，其中一位便是咸丰皇帝的生母孝全成皇后。这位全皇后在世之时，仅生奕詝一个皇子，不过，她当时主摄六宫，地位极高，又深得道光皇帝的宠爱。

星转斗移，全皇后离世十二年了，额娘的音容笑貌宛在，陵前却荒草丛生，一片凄凉的景象。还没走近陵墓入口处，咸丰皇帝便泪如雨下，他想起了十岁时痛失皇额娘的情景，禁不住失声痛哭起来："额娘，你陵前荒草丛生，儿来为你打扫干净。"

咸丰皇帝命太监、宫女及御前大臣、内务府大臣们一齐动手，打扫陵墓。他自己也走上前，亲手拽去一缕青草，那情景的确很动人。

不一会儿，陵前便干干净净了，燃上香火，摆上供品。咸丰皇帝祭母真的动情了，他伏在地上大哭起来，弄得大臣们不知所措。还是恭亲王奕䜣一席话，才止住了他的悲痛。

"皇额娘，儿臣告慰你在天之灵：四阿哥如今已登基，虽然政务繁忙，国家正值多事之秋，但他不愧为大清的天子，登基三年，成绩斐然，百姓无不称赞皇兄为一代明君。"

咸丰皇帝收住了泪，感激地望了老六一眼，心想："毕竟是至亲，老六辅政的确有功，日后更应善待他。"

拜了天地，祭了祖宗，咸丰皇帝的心情好了起来，可是，年景依然没有好起来。到了夏天，四川、陕西仍然旱情严重，可山东、江苏、安徽一带却出现了百年不遇的洪水灾害，六月间黄河竟在山东境内破了坝，百姓死伤无数，一时间惨不忍睹。

本来，这几日特别憋闷，天上光打雷，不下雨，阴沉沉的天总是布满乌云。空气里一丝风也没有。咸丰皇帝坐在养心殿卧房里，两个

宫女轮流地给他扇着大凉扇，他只穿了一件薄薄的纱衫，一条宽宽松松的大裤子，大口大口地吃着凉西瓜。

近侍太监安德海轻手轻脚地走了进来："万岁爷吉祥！"

"什么事啊，快讲！"咸丰皇帝最讨厌安德海平日里喜欢吞吞吐吐的。

"万岁爷，奴才刚才接到通知，说有六百里加急到。"

"什么？六百里加急？"

咸丰皇帝猛地站了起来。六百里加急仅次于最紧急的八百里加急，他作为天子，还能坐得住吗！安德海一看咸丰皇帝那架式，就知道皇上马上就要赶往大殿，召见重要的军机大臣，讨论六百里加急折子的内容。他连忙递上龙袍，帮皇上穿戴整齐，准备上殿。

天太热了，从养心殿到乾清宫，短短的路程，六个轿夫汗流浃背，浑身都湿透了。咸丰皇帝急匆匆地下了龙辇，直奔大殿。应召的几位大臣早已跪在殿下了。

因为不是正式上朝，虽也应有君臣之礼，但礼节比平时少多了。咸丰皇帝刚一坐下，便急切地问："什么事？"

奏章先到的军机处，军机处一般都是日夜有人值班，接到加急折子，值班大臣认为有必要马上呈报皇上，便即刻通知各军机大臣，他们看过折子后，进行初议，再快速通知皇上，大殿议事。所以，咸丰皇帝问"什么事"时，这几个军机大臣是清楚的。

"皇上，山东、江苏一带水情严重，前日山东境内黄河垮坝，百姓死伤严重。"

一听这话，咸丰皇帝舒了一口气。刚才一听说六百里加急，他还认为洋人的大炮又轰到了家门口呢。水灾严重，几日前就知道了，黄河破坝也不是什么新鲜事儿，值得这般大惊小怪吗？

"哦，原来是这么回事儿。"他朝龙椅上一靠，显示出无所谓的神情，大臣们一看，有的急了。

"皇上，这事儿非同小可，不然山东巡抚也不会六百里加急呈折子。"

咸丰皇帝一想："此话不错。水灾奏折天天都有，可如此加急折子还是第一回，看来问题严重。"

他又坐端正了，问道："死伤多少人，倒塌多少村舍？"

一位大臣沉痛地说："据报大水冲毁村庄十二座，全村百姓无一幸存，其他村子也被毁坏，据估计已死亡四千多人。"

"什么？什么？死了四千多人！"咸丰皇帝瞪圆了眼睛，表示不相信，可大殿上几位大臣的面部表情却证实了这一骇人的消息。咸丰皇帝猛地问："什么地方，朝廷命官是吃干饭的，眼睁睁地看着百姓淹死？"

"山东、江苏交界处，丰县、沛县都有不少人死。"

"把知县给我斩了！"咸丰皇帝真的动怒了。道光年间，他也曾听说过旱灾、水灾，可从来没听说过一次灾情竟死掉几千人。他能坐得住吗？

"皇上息怒，斩知县再容易不过了，不过能救活灾民的命吗？再者，杀了知县，谁来组织赈济流离失所的灾民？臣认为应该快快派一钦差大臣赶往灾区，亲自勘察，督导当地官员救灾救民。"

咸丰皇帝强压心头怒火，说："也对。可是，派谁去呢？"

他正在考虑钦差大臣的人选时，杜受田进了大殿。原来杜受田并不知道什么六百里加急之事，他正去养心殿的路上，正巧遇见御前太监安德海。这个小安子嘴巴不严，他为了讨好太傅，便说了这事儿。杜受田虽不知道加急的详情，但他知道，不是大事，地方官员绝不会呈上加急折子的。于是，他来到了大殿。他虽然不是军机大臣，但与咸丰皇帝特殊的关系，使这位太傅有出入大殿的自由。一看杜受田到此，咸丰皇帝便急切地说："杜爱卿，你来得正好。"

杜受田行完君臣大礼，起身问道："皇上，有什么紧急事儿？"

"爱卿，朕正想让人请你去呢。朕接到六百里加急折子，山东、江苏一带水灾严重，前日，丰县、沛县境内黄河破坝，淹了十二个村庄，死亡四千多人。"

一听这话，杜受田的脸色大变："如此严重灾情出现，当地命官都干什么去了？"

真是师徒俩，连问话的语气都那么酷似。咸丰皇帝也说："朕也是这么说的，朕认为出现如此严重事件，一定是当地知县玩忽职守、草

率行事。朕正考虑派一钦差大臣，亲临灾区，勘察灾情，赈济灾民。"

"皇上英明，不知皇上可有合适人选？"杜受田很高兴，他一手培养起来的皇帝是个明君，直接继承了师父的仁爱之德，这也不枉费自己十四年的心血。

"朕尚没考虑谁去最合适。"咸丰皇帝说罢，目光突然停留在师父身上了，久久没有移开视线。杜受田从小看着他长大，皇上的一皱眉、一微笑、一个动作、一个眼神，都逃不过师父的猜测。咸丰皇帝似乎在说："恩师，你去行吗？"

杜受田也望了一下咸丰皇帝，也似乎在回答："皇上，我做钦差大臣，合适不合适？"

君臣二人相对片刻，杜受田开口道："臣愿奉旨前往，赈济灾民。"

咸丰皇帝龙颜大悦，一拍龙案："准奏！"

两天后，准备就绪的杜受田在乾清宫大殿拜别了咸丰皇帝，带着十二名随员，快马加鞭南下了。

这一别，竟是师徒永诀！

这一别，咸丰皇帝永生难忘！

杜受田仅三天功夫就赶到了丰县、沛县破坝处。破坝后的惨景令他不忍目睹，有的村庄全泡在大水中，滔滔洪水吞没了田地、房屋，大水里到处漂浮着树棒、家具、死牛羊，还有无数的尸首。有的成年人怀里还紧紧搂着孩子；有的村庄，虽还剩几个村民，但这死里逃生的几个人，衣不蔽体、面黄肌瘦，活像个鬼。

杜受田默默地走在前面，几个随员及丰县、沛县知县紧随其后，看到钦差大人脸色铁青，一言不发，连个大气也不敢喘。

"大人、大人——"几声衰微的呼唤声从一个茅草棚中传来，他走近一看，草棚门口斜躺着一个男人，看他那样子，已活不成了。他的身边还躺着一个赤身裸体的女人，女人的怀里抱着不满周岁的婴儿，婴儿也已奄奄一息。

"大人，救救孩子。"

女人鼻子一酸，落下了眼泪。一个随员默默地脱下自己的一个小褂，披在女人的身上，他刚想伸手抱过孩子，女人头一偏断了气。孩

子还在拼命地吮吸着母亲的奶头，吸不到乳汁，孩子小嘴一张一张的，连哭的力气都没有了。

"惨无人道！你们都干什么去了！"杜受田转身向知县大吼道。

知县吓得连忙下跪："罪官愿接受大人的处罚。"

"革职查办，拉下去！"杜受田一转身，抹去泪水。他从小生长在书香门第，官宦人家，虽也曾听说过饿殍遍地的悲剧。但是亲眼实见，这是第一次。他愤怒至极，一下子就处罚了十几个地方官员。接着，他命周围府县打开粮仓，赈济灾民。

正是六七月酷暑季节，大水过后，瘟疫四起，痢疾、霍乱就像狂风暴雨，席卷灾区。整整三天三夜，杜受田没合过眼。实在撑不住了，他靠在椅子上打个盹儿，突然，一阵剧痛把他弄醒，他手按肝部，咬了咬牙，可是疼痛难忍，他的额头上渗出了汗珠。

"大人，怎么了？"一个随员关切地问。

他指了指腹部："没什么，这儿有点儿疼。"

随员说："是饿了吧，我马上吩咐厨子，做点大人爱吃的红烧乳鸽，再炖一只鸡。这几天大人太辛苦了，应该补养补养。"

一生清廉的杜受田摇了摇头："乳鸽免了，鸡也免了，来个家常豆腐就行了。"

一餐饭吃下来，杜受田竟疼痛了四次，大滴大滴的汗珠直往下掉，随员执意为他请来了大夫。老中医仔细诊脉："大人，你连日太辛劳，脾胃肝皆受损，必须静卧调养。"

大夫开了几剂药方，使杜受田疼痛缓解了许多，他决定明日启程南下，继续勘察灾情。

随员们纷纷规劝，可杜受田手直摆："我杜某奉皇上之命，南下赈灾，不去灾区，有愧我主，有愧百姓。"

就这样，拖着一个病身子，杜受田到了江苏境内的清江。一到清江，他便召见知县，实地察访灾情，命知县开仓赈灾，清江百姓伏身在地，口呼："皇上万岁、万岁，万万岁；杜大人安康、长寿！"

就在百姓感恩戴德，口呼杜大人安康、长寿之际，一代老臣杜受田溘然长逝了。他死于赈灾的路上，死于肝病发作，死于百姓的欢呼

声中。

杜受田之死，对咸丰皇帝来说，犹如晴天霹雳，他几乎惊呆了，掩饰不住内心的悲伤，在大殿之上失声痛哭。回到养心殿，咸丰皇帝翻开他登基那天师傅所赠的《资治通鉴》和《论语》，泣不成声，哭了一会儿，他提起笔来，御书曰："忆昔于书斋，日承师傅清诲，铭切五中。自前岁春，懔承大宝，方冀赞襄帷幄，觉论常闻。讵料永无晤对之期，十七年情怀付于逝水。呜呼！卿之不幸，实朕之不幸也。"

在咸丰皇帝看来，他失去了师傅，又失去了一位至爱至亲之长者、失去了共谋大事的政治家。

咸丰皇帝决定隆重地为恩师发丧，以告慰师傅在天之灵。杜受田死在江苏清江，又是盛夏之季，扶柩回京困难极大，有人上奏请求就地发丧，可咸丰皇帝坚决不准，命京城官员南下迎灵柩，沿途地方官员护送灵柩，不得有误。

沿途地方官员岂敢怠慢，他们设法从井底取冰，保证尸体不腐臭，护柩队伍浩浩荡荡，历经大半个月，到了京城。

一到京城，咸丰皇帝便令恭亲王奕䜣前往吊唁，又特谕杜府要大办丧事，其隆重程度几乎达到了王府丧事的规模。

杜府拿不出那么多钱来举丧，恭亲王奕䜣从杜府归来，如实禀报了情况，咸丰皇帝朱谕一道，赏银五千两。更让人殊目看杜府的是，咸丰皇帝居然打破常规，不等内阁参拟，便亲授杜受田为文正公。

杜受田入了土，百日祭典异常隆重。1852年11月15日，深居紫禁城大内的咸丰皇帝居然身着素袍，乘坐一顶黑色小轿子出了宫，直往杜府。小轿径直入了杜府大院，在正厅前停了下来。杜府上上下下戒备森严，所有仆人、丫头全都退了下去。

老太爷、杜受田之父杜堮拄着拐杖迎了出来，他的后面跟着杜受田之子杜翰。杜家爷孙扑通一声长跪在地，个个眼噙泪水："皇上万岁、万岁，万万岁；皇上亲临敝舍，臣实在担当不起。"

咸丰皇帝欲语泪先流，亲手扶起杜堮，感慨万千："师父早逝，朕悲痛不已；师父教诲，学生终生不忘。"

　　说罢，他快步入灵堂，他抬头一看，只见师父生前画像悬挂正中，两边是挽联，白花簇拥着杜受田的灵位。一见师父画像，咸丰皇帝再也抑制不住自己的情感，抚灵痛哭："师父，你鞠躬尽瘁、死而后已。学生永远忘不了你的恩情。一日为师，终生为师，来生来世，仍为师。"

　　在场的人无不感动，纷纷上前劝慰咸丰皇帝。

　　恩师去了，咸丰皇帝一下子就像塌了半个天；恩师去了，他要对恩师的家人一一安慰。三天后，咸丰皇帝特谕："授礼部侍郎杜堮为礼部尚书、授翰林院杜翰为二品侍郎。钦此！"

　　若干年后，咸丰皇帝又恩赏杜受田的三个孙子为举人。师徒关系虽然已经结束，但咸丰皇帝对恩师的怀念却一直持续到他热河宾天为止。

3. 花花公子咸丰一生有过几个皇后

　　清朝的皇帝大多有所作为，但咸丰皇帝简直就是一个纵情声色的花花公子。他登基之初，洪秀全太平军就已占领了半个南中国，并很快攻下南京，改南京为天京建立都城。咸丰帝在这样的危急时刻，心里虽然惶恐不安，但仍没有忘记为自己物色美女。他向全国下诏大选秀女，这简直是荒唐透顶，为此把大清国闹得怨声载道，民怨沸扬。他这个短命皇帝还为大清王朝造就了一位把持朝政半个多世纪的专横淫威、祸国殃民的女君主——慈禧太后。

　　咸丰帝有三位皇后。第一个皇后是萨克达氏，太常寺少卿富泰的女儿，道光时册为嫡福晋。可惜她在道光帝死前一个多月就去世了，只差几十天没能赶上丈夫登基大典。咸丰即位后，追封她为孝德皇后，直到同治时才移葬定陵。此后的两位皇后，就是中国近代史上有名的两位女人，一个是东宫慈安皇后，一个是西宫慈禧皇后，时称"圣母皇太后"和"母后皇太后"。

　　东宫皇后姓钮祜禄氏，是广西右江道穆杨阿的女儿。她入嫁时咸丰帝还未登基，咸丰即位的第二年，因嫡福晋去世，便将她从贞嫔、

贞贵妃累封至皇后，总揽后宫事务。她生性懦弱，凡事没有主见，咸丰在世时倒也不用她操心理事，然而其夫皇一死，她的厄运也随之而来，这个克星就是慈禧皇后。

慈禧皇后姓叶赫那拉氏，安徽徽宁池广太道惠徵的女儿。咸丰即位之初，诏选天下秀女，她幸运地入选伴驾，初封懿贵人。她为人机警，善解人意，设计招徕皇恩，渐渐引起咸丰帝的注意，继而进封懿嫔。咸丰六年（1856年）三月，她生下一子（即同治帝），由于东宫未能生养，所以母以子贵，再封为懿妃、懿贵妃。因其参政欲望极强，且手段多端，咸丰帝晚年对她开始有防范之心，所以到死留有一手，相传他传慈安密诏，有权随时惩治这位懿贵妃。另外，咸丰帝生活日益放荡，在各处寝宫都置备春药，对慈禧也并没有放在心上。坊间有关记载极多，其中有一则说：

"丁文诚官翰林，一日召见于圆明园。公至时过早，内侍引至一小屋中，令其坐，俟叫起。文诚坐久，偶起立，忽见小几上有蒲桃一碟，计十余颗，紫翠如新摘。时方五月，不得有此，异之，戏取食其一，味亦绝鲜美。俄顷，觉腹热如火，下体忽暴长至尺许，时正着纱衣，挺然翘举，不复可掩，大惧欲死。急俯身以手按腹，倒地呼痛，内侍闻之，至询所苦，诡对以暴犯急痧，腹痛不可忍。内侍以痧药与之，须臾痛益厉，内侍无如何，乃饬人从园旁小门扶之出，而以急病入奏。公出时，犹不敢直立也。"

从咸丰帝平时私生活极不检点来看，此事不一定是胡编。晚清时代即使不出现慈禧太后这样的人物，清朝也必将衰亡，而咸丰帝的腐化荒淫，使得慈禧这样的人物更早地获得登上权力顶峰的机会，从而加速了这一衰败过程。

4. 小小备选秀女怎样严词斥责咸丰

自顺治帝在大清国第一次选秀女之后，后来的清朝皇帝乐此不疲，选秀女活动竟然成为皇宫里的一道景致，还规定每三年举行一次，凡年满十三到十七岁的八旗满籍女子，都必须按年向户部一一备案，以便选阅。所有在京的和各外省参加选秀活动的适龄女子，都要提前动身，统一会聚在北京神武门内，按照年龄排列，然后依序由太监领入顺贞门，等待帝后检阅挑选。选秀活动制度非常周详，气氛相当热烈，进行得井然有序。被选的秀女，有的作为皇帝妃嫔，有的被指配给亲王、郡王及皇子、皇孙作为妻妾。

根据《清宫述闻》引述《春冰室野乘》记载，咸丰朝的一次挑选秀女期间，竟发生了一次前所未有的违制抗上事件，因而使这年隆重的盛举草草收了场。

这次选秀事件发生在咸丰初年。当时，正值太平天国革命军势如破竹，已攻占了长江重镇南京，清室一片惊恐，朝野惶乱，以至于咸丰帝"忧劳旰食，每枢臣入见议战守事，至日昃乃退"。国事虽然在危急之刻，然而选挑秀女之事仍照常进行。坤宁宫门外那班当选候驾的秀女，多属闺中年幼女子，一经远离家门，辞亲别故，加上舟车劳顿，食宿不惯，其心绪不宁的景况不言自喻。

清朝选秀女事，悉由内务府主持，执事员司暨太监等，分担禁卫、整饬、排班、传谕等一应职责，彼等只能恭谨遵照上谕执差，不敢稍有疏略，只见秀女交头私语、逾班喧嚣等事，就加以呵斥。而"民家女子入宫禁已战栗不自胜，又俟驾久罢，倦不能耐，重以饥渴交迫"，因此有些秀女不免"相向饮泣"。

龙廷宫苑之地，帝后选美之期，"相向饮泣"，是同"之子于归，宜其室家"的圣意相违背的。备选女子不能遵制守纪，监者岂能坐视不顾？为防干犯上怒，自身蒙受科罚，一个监者遂近前喝叱："圣驾行且至，何敢若此，不畏鞭笞耶？"正在悲泣的秀女听到斥责，相顾失

色，更加"战惧欲绝"。正当监者想要再度恐吓之际，忽有某氏女勃然起立，挺身而出，厉声对监者说："去室家，辞父母，以入宫禁，果当选，即终身幽闭不复见其亲，生离死别，争此晷刻，人孰无情，安得不涕泣，吾死且不畏，况鞭笞耶！"没等监者开口，女又嚷道："且赭寇起粤峤间，不数载，悉长江而有之，今遂陷金陵（南京），天下已失其半，天子不能求将帅之臣，汲汲谋战守，而犹留情女色，强攫民家女，幽之宫禁中，俾终身不获见天日，以纵己一日之欢，而弃宗社于不顾……"

女子的这番义正词严的言论，真是石破天惊，监视者顿感震撼，不知所措，无可奈何只得"急掩其口"，不许该女再说下去，以免引起祸端。恰在这时，"上适退朝，御辇已至前"。监者于是赶忙"牵诣上前抑之跪"，但"女犹倔强不肯屈膝"。实际上，这时候"女所言，上已微闻之"，咸丰帝"笑问，女侃侃奏如前语。"受到这个女子这等严词斥责，但皇帝只说了声："此真奇女子也！"并"亟命释女缚，令引入宫中朝见皇后"。据载，该女子朝见皇后之后，正值某邸初丧偶，谋续娶，"因以女指婚焉"。由于当时发生了这件事，结果，除某氏女一人为皇族宗室王公做了续弦外，其余所有这届候选秀女都放归原处，以"皆宁其家"。

吴士鉴为这事写有清宫词一首，词曰："女伴三旗结队偕，绣襦锦映宫槐，犳牙已命南征将，选秀仍闻撂绿牌。"

《湘绮楼文集》也载了此事，说这个"直辞女童"为满洲人，她的父亲为京营四品官，职位是参领或者佐领不太清楚；听到该女愤懑议论之后，咸丰帝默然很久才说："汝不愿选者，今可出矣。"就是说，某氏女在这件事情中，是被"温旨遣出"，不再列作选挑之属（即所谓"撂牌"）；其父受到降职一级处分。其后某氏女的归宿如何，已很难查证，但该秀女违制面斥咸丰帝的事，看来是真实可信的。

5. 咸丰干了哪些不见经传的荒唐事

咸丰皇帝是个纨绔子弟，在位虽然短短十一年，但所干的荒唐事太多了。

太平天国起义军攻下杭州后打死了巡抚。由谁来继任呢？御前会议议而未决。两江总督何桂清上奏推荐江苏布政使王有龄。咸丰帝在上奏上用朱墨连写了三个"王有龄"，没有任何可否的文字。众大臣一看莫名其妙。何桂清又上奏推荐，咸丰帝第二次批道："你只晓得有个王有龄！"又不成。何桂清第三次上表推荐，说若王有龄不称职，自己愿受滥保之罪。咸丰这才准王有龄继任，时间却延误了很久。

咸丰八年（1858年），有一天太监传下圣旨：命肃顺等内阁大臣在本日散朝，一同到圆明园山高水长处候驾。不一会儿，咸丰帝乘船来到。下船以后，他又骑上马，让肃顺等七位大臣脱掉外衣，跟在他马屁股后面转悠。他乘马毫无目的地四处游荡，时快时慢，游了大半天，七大臣早已气喘吁吁。咸丰帝便在狮子林清淑斋赏饭，并要七大臣吃喝得大饱才罢。先是一大碗面，又赐粥、饭和丰盛的御用菜肴。七大臣很快吃得肚子鼓胀，但是对皇帝的恩赐不敢不受，只得硬撑。吃喝完后，七大臣谢恩，咸丰帝又再赏赐喝粥。然后他乘上马，仍然让七大臣紧紧相随，又胡乱走了许多地方，天黑以前，到含晖楼下马，才放七大臣散去。这场恶作剧，让七大臣难受了好几天。

咸丰帝常去圆明园泛舟，每当此时，沿岸必须排列宫女，从划桨开始，排头宫女就高呼："安乐渡！"依顺序往下传接。两岸呼声交织上空，呼喊声缭绕不绝，一直喊到咸丰帝的彩船到达彼岸，呼声才慢慢停下来。他那个还在怀抱中的儿子久而久之也学会了这种呼叫，一见到他，就学宫女的声音叫："安乐渡！"

这位皇帝特别耽恋醇酒、美女，姬妾甚多，他还常去宫外偷香窃

玉。有一寡妇曹氏，容貌十分姣好，脚特别小，仅有三寸。她穿的鞋，衬以香屑，鞋头缀着珍珠。此女被咸丰帝看中，选到宫中，备受宠爱，一时人们都称她为"皇宫曹寡妇"。

直到朝政腐败至极，大厦将倾时，咸丰帝仍沉溺于酒色不能自拔。当时，有一个雏伶，名叫朱莲芬。其人俊美异常，善长于唱昆曲，歌喉珠圆玉润，娇脆无比；又会做诗，工书法，咸丰帝非常嬖爱，时时传到宫中相伴。当时，陆御史也与朱莲芬有往来，但因皇帝插足，他们便不能随时相见。陆御史满肚子恼恨，直接向咸丰帝提出了这件事，引经据典，洋洋数千言，说皇帝是天下之尊，同一个伶人打交道，实在不成体统。咸丰帝看了他的进谏书，便哈哈大笑起来，说："陆都老爷吃醋了！"并随手提起朱笔，在谏书上批道："如狗啃骨头，被人夺去，岂不恨哉！钦此。"咸丰还表示，虽然臣下同皇帝争风吃醋太不应当，但他一向以恩宽为怀，并不打算加罪于他。

6. 咸丰怎样造就了专横淫威的慈禧

慈禧太后，原姓叶赫那拉氏。

早年，满族首领努尔哈赤用战争手段统一东北女真各部时，对叶赫部大肆屠杀，男丁几乎无一幸免。叶赫部首领布扬临死前愤怒地对努尔哈赤说："我的子孙后代，哪怕只有一个女人存在，也要灭亡满洲。"因此，满族统治者规定：宫廷绝不选叶赫氏女子。可是，慈禧自幼跟随任安徽芜湖道台的父亲长大，具有南方女子的秀质，妩媚娇艳，擅长南方各种歌曲小调，歌喉清婉，曲调美妙，加上咸丰帝一贯好色，见色而忘利害，慈禧终于能够突破满族的祖规，闯进宫闱，不仅邀宠一世，而且玩弄政权几十年，真的把大清国搞垮了。

咸丰初年，慈禧被选为宫女，派到圆明园担任宫务。她被安排在"桐荫深处"。她小有才识，机敏而聪慧。在闺中时，慕名而前往说亲的人很多。但她心高志远，一个也看不上。入园之后，她时时都在考虑如何寻找出头的机会。她知道皇帝爱不时与嫔妃来园中游玩，便常

在桐荫深处轻歌江浙小曲。一天，来到园中的咸丰帝忽然听到优雅的歌声，缭绕于树荫间，简直有勾魂摄魄的魔力，心中大为惊奇。他想，这样美妙的歌声，歌者肯定是美人，但由于众嫔妃在身边，不便寻访，只得遗憾回宫，但这歌声却一直在他耳际萦回。第二天，咸丰帝只带了两名贴身太监，径到桐荫深处，那诱人的歌声果然再次传来。咸丰帝便快步走到桐荫深处的临时御座（供皇帝游园时息歇的炕）上面，盘腿坐好，然后问太监："唱歌的是什么人？"

太监回答说是宫女小兰儿（慈禧的小名）。咸丰帝于是下令召兰儿进见，一见面，咸丰帝就被她的色相迷住了，没说几句话，就让她坐下唱歌。时间静静地过去，咸丰帝却流连忘返。侍卫等得倦了，又见皇帝与这宫女打得火热，根本忘掉了他们，便知趣地避开了。过了一阵，咸丰帝说想喝茶，慈禧忙去捧茶。当上茶时，咸丰帝却并不接茶碗，而是双手捏着慈禧白嫩的手腕。慈禧这时一脸红晕，不觉低下头去，她乌黑油亮的头发直凑到咸丰帝的鼻尖，他趁势吻了她的头发，随后接过茶碗，盯着慈禧，啜了两口，放到炕桌上，带着慈禧回到宫里。

从此慈禧施展献媚邀宠的种种手段，把咸丰帝迷得神魂颠倒。一年多以后，她生下一子，这就是咸丰帝唯一的儿子载淳。咸丰帝立即将她晋封为贵妃。从这以后，慈禧便一反过去那副老实温和的样子，骄纵专横起来，俨然以后宫之主自居，对宫娥彩女动不动喝斥打骂，甚至对皇后慈安也没有好脸色。

咸丰是个短命皇帝，只活了三十几岁。咸丰帝患病期间，慈禧对外总表现一副悲悲戚戚、担心伤感的样子，暗地里却得意至极，心藏杀机，恨不得咸丰早死，她好抱子上朝，幕后听政。

有太监将这些情况秘密报告给咸丰，咸丰猛然醒悟，联想起慈禧平日所作所为，这才感到此人阴险奸诈，大有谋政篡权之心。他暗想：我死后，慈禧一定要闹事，敦厚的慈安是驾驭不了她的。经过再三思虑，咸丰临死之前留下一道密旨，上写："吾去后，幼主年少，朝中之事，都听慈安主见，慈禧不得多言，并不准封为太后。"他让慈安好好保存，必要时拿出来制约慈禧。

咸丰死后，慈禧的亲生儿子即位，她满以为可以诏封太后，大权到手，好逞威作福，没想到正宫娘娘慈安对她总保持一定的警惕，既不疏远，也不亲近，朝中事都是她亲自料理，不让慈禧沾边，封太后的事更是连提都不提。慈禧大为恼火，可咸丰一死没人给她撑腰，自己又没有实权，想闹也闹不起来，只得压下火气，在慈安面前赔着笑脸，加倍小心可又在等候时机。

俗话说，没有不透风的墙。慈禧最终听到了咸丰传下密诏的消息，她心里盘算：只有把密旨弄到手里毁掉它，大权才能真正到手。可怎么能把密旨弄到手里呢？慈禧日思夜想，费了很多脑筋，总想不出一个妥帖的法子。

说来凑巧，有一天，慈安生了病，卧床不起，吃什么东西也不香，皇宫里的御厨，给她做遍了花样，她根本就没有食欲。慈禧想：我用什么做点东西，让她吃着香甜呢？对了，都说世上人肉最香，我给她做碗人肉汤，向她表表忠心，看她日后还对我怎么样？想到这，慈禧命宫女找来一把快刀，在自己胳膊上割下一块肉来。旁边的宫女吓得闭上了眼睛，慈禧也疼得紧咬嘴唇，眼泪瓣里啪啦地掉下来。慈禧忍着疼痛，进了厨房，自己动手给慈安做了一碗人肉汤，里面放了各种诱口佐料，香气扑鼻，然后亲自给慈安送去。慈安本不想吃，可又一想，人家也是先皇的妃子，何况又是亲自煮汤，不吃觉得不好意思。想到这儿，她接过汤匙喝了一小口，这一口倒喝出香味来了，接着又喝了第二口，真是越喝越香，不大一会儿，一碗汤喝个精光。这碗汤一喝，慈安发了一身透汗，病竟好了。慈安不由得心中感谢慈禧。

第二天，慈禧前来探病，慈安对慈禧就亲热多了。她拉着慈禧的手说："好妹妹，多亏你送来这碗汤，治好了我的病，听说还是你亲手做的。放了什么佐料？怎么这么香呢？"慈禧说是用人肉做的。慈安大吃一惊，问："怎么，你杀人给我治病？"

慈禧笑了，挽起袖子，露出带伤的胳膊，说："哪能杀人呢！我是用自己身上的肉。"

慈安一听更加感动，说："好妹妹，那该多疼呵！"

慈禧说："疼是疼的，可为了姐姐的病，就是割我的心肝入药，我也舍得。姐姐一病倒，朝中大事都耽搁了，我恨不得姐姐马上痊愈，好料理朝政。"

慈安说："好妹妹，难得你这片孝心，姐姐我过去错怪你了，往后朝中大事，咱俩来共同料理。我心眼实诚，你可要多给我分忧啊。"

慈禧乐坏了，赶紧谢恩，两个人越说越亲近。慈禧借此机会，便套问密旨的事："听说先皇生前留下一道密旨，与我有关，是真的吗？"

此时，慈安一点戒心也没有了，马上拿出密旨，递给慈禧说："就是这，先皇也是听了谗言，其实是多余！"

慈禧忙伸手接过来，说："既是多余，那就烧掉吧。"说着，用火一点，密旨也就化成灰烬。慈安呢，根本没有阻拦。

于是，慈禧和慈安就平起平坐了，共同掌握朝政。

后来，慈禧暗地里扶植党羽和心腹，用阴狠的手段毒死诚实且无权力欲望的慈安太后，朝中大权便落入她一人的股掌之中。

7. 紫禁城生孩子都有哪些繁文缛节

咸丰皇帝自从宠爱懿嫔（即兰儿，后来的慈禧），不但其他嫔妃全都被冷落了，就连皇后钮祜禄氏也很少再见到皇上。懿嫔兰儿的肚皮也比其他妃子争气，怀上了龙种。

咸丰皇帝盼子心切，这些年来，他倦于政务，一上朝，不是太平之乱，就是外国人又来找事儿，搅得他心烦意乱。唯有回到后宫，他才感到稍有安慰，后宫佳丽个个温柔，人人娇媚，让他爱也爱不过来，疼也疼不过来。可是，偏偏天不成人之美，除了那个娇小的丽妃生了个大公主，其他嫔妃皆没生育过。

如今，懿嫔有了身孕，咸丰皇帝焉能不高兴。他生怕懿嫔怀着龙种，妊娠反应太大，影响孩子的发育，便恩准了懿嫔的请求，派小安子到芳嘉园请来了懿嫔的母亲叶赫老太太和妹妹叶赫那拉容儿。母女三个人共住储秀宫，好不幸福。

这一天，懿嫔挺着个圆滚滚的大肚子，艰难地坐在软榻上喝银耳汤，叶赫老太太喜滋滋地盯着她看。虽说是自己的亲娘，也有些不好意思，懿嫔羞涩地问："额娘，你在看什么哪?"

老太太笑眯眯的回答道："看你呀。"

懿嫔脸一红："我有什么好看头呀。"

"额娘想看透你的肚皮，看一看，你怀的究竟是阿哥，还是格格。"

"额娘，小安子去庙里求过菩萨，菩萨开金口，说是个阿哥，白白胖胖的。"

其实懿嫔比额娘还着急。她知道皇上盼子心切，希望这一回能生个儿子，将来一统大业。早在五个月前，还是刚刚有点儿反应的时候，她便偷偷地喊来了安德海，把这个喜讯告诉他。

"小安子，姐姐有喜讯了。"兰儿与安德海私下里以姐姐、弟弟互称。

安德海凑近了一些，嬉皮笑脸地说："姐姐，你一定是怀上龙种了。"

懿嫔抬起纤纤玉手，轻轻地点了一下他的额头，吃吃地笑着说："猴羔孙子，你怎么知道的?"

安德海双手一拍，大笑了起来："兰姐姐，你的什么事情能逃得过我小安子的眼睛。"

两个人又调笑了一会儿，安德海才一本正经地说："姐姐喊我过来，一定有事儿，快说吧，免得一会儿来人就不便说了。"

懿嫔感激地望了安德海一眼，说："小安子，你太疼惜姐姐了。"

"姐姐，只要你一句话，赴汤蹈火，我在所不惜。"

"小安子，用不着赴汤，也用不着蹈火，只要你跑一趟。"

"到哪儿?"

"庙里，烧炷高香问菩萨。"

懿嫔的脸一红，好像有一点不好意思。安德海明白了："小安子一定办好这件事，给送子娘娘磕响头，请菩萨保佑，保佑姐姐生阿哥。"

小安子果然这么做了，他回来告诉懿嫔："姐姐，可灵验了，我一烧完高香，菩萨就显灵了，说明春送大清皇宫的懿嫔一个阿哥，白白胖胖的。"

听了女儿的这番话，叶赫老太太高兴极了。

有的时候，咸丰皇帝退了朝，也到储秀宫来坐一坐，尽管每天都有太监向他报告懿嫔的情况，可他还是觉得不放心。

"懿嫔怎么样啊？"

刚到养心殿，他便问起他最惦念的这件事，小太监连忙回答："回万岁爷的话，奴才刚刚从储秀宫回来，杏儿姑娘告诉奴才，今日上午御医又为懿嫔把了脉，说一切正常。"

咸丰皇帝放心了。其实，他也知道储秀宫那边一定平平安安的，不会有什么事的，即使有了什么事情，他也会马上知道的。小太监见咸丰皇帝脸上露出了一丝安慰的微笑，又接着说："万岁爷，杏儿姑娘还说——"

"还说什么？"

咸丰皇帝迫不及待地问，他真怕有什么不好的消息，小太监看到他这紧张的样子，觉得很可笑，说："说懿主子怀的一定是个男胎。"

"哦，她怎么这么肯定？"

小太监笑眯眯地说："御医把过脉，说胎儿的心脏跳得很有力，嘭、嘭、嘭，像是个男胎。"

"巧嘴儿奴才，不是阿哥，我才撕你的嘴呢。"

咸丰皇帝心中高兴，偶尔也和贴身奴才说句玩笑话，小太监也知道皇上是说着玩的，便又大胆了一些："那真的生了阿哥呢？奖赏奴才吗？"

"赏、赏、赏，生了阿哥赏你个大元宝。"

"谢主隆恩！"

小太监学着大殿之上大臣们的样子，逗得咸丰皇帝直发笑。咸丰皇帝斜躺在龙榻上，想闭目养神，可是一闭眼，就浮现出懿嫔那张俊俏的脸，仿佛听见她在低声细语："皇上，很累吗？"

咸丰皇帝猛地一起身，他决定亲自到储秀宫去看一看，有两天没见到懿嫔了，多多少少有点儿不放心。一到储秀宫，懿嫔的贴身宫女杏儿便恭恭敬敬地叫了一声："皇上吉祥，奴婢给皇上请安了！"

"免礼！"

他撩起懿嫔的衣裙，朝她那圆滚滚的腹部仔细看了看，他高兴地说："嗯，好像又长大了许多，前几天朕来时，你还没这么丰腴，这会儿倒像个皮球，圆滚滚的，孩子一定很胖。朕记得丽妃临产时，也没这么显怀，她生的是个公主，你与她当时不同，一定能生阿哥。"

懿嫔也用手轻轻地抚摸着自己的肚皮，笑盈盈地说："皇上，万一兰儿生个公主，你喜欢吗？你会疼爱她吗？"

咸丰皇帝一个劲儿地摇头："不会，不会，兰儿这一次一定会给朕生个阿哥。"

"万一是公主呢？"

懿嫔最担心的就是这件事情，俗语说"隔皮不识货"，尽管小安子为她求过神、拜过佛、进过香，可她还是不放心。孩子就要出生了，她更担心。她生怕咸丰皇帝盼子心切，万一老天爷偏偏让她生公主，她会不会因此而失宠？所以，今天她要问个明白。

咸丰皇帝沉思了一下，笑着说："生个公主，朕也疼她，骨肉连心嘛。"

懿嫔看得出来，咸丰皇帝的脸上掠过一丝不易察觉的不快，她的心猛然一缩，但马上又恢复了常态。

"皇上，兰儿天天都在祈求上苍，赐一麟儿于皇上，老天爷一定听见了。"

"兰儿，**谢谢你**。"

咸丰皇帝伸开双臂，把兰儿及腹中的胎儿一起揽在了怀中。

"兰儿，朕听得清清楚楚，是位阿哥，他在喊'皇阿玛'呢。"

懿嫔幸福而又羞涩地笑了。这时，懿嫔的妹妹叶赫容儿从外面进来了，外面很冷，她的脸冻得红扑扑的，像个红苹果，很好看。

"皇上吉祥！"

容儿向姐夫皇上请了安，咸丰皇帝看看容儿，又看看兰儿，半晌也没说一句话，她们被他看得有些不好意思了。妹妹是个姑娘家，她羞红了脸，低下了头，懿嫔看到咸丰皇帝傻乎乎的，用手指在他的面前晃了晃："皇上，怎么了？有什么不对劲儿吗？"

"不，不，很好，很好，可是——"

懿嫔小嘴一噘:"可是什么?"

"可是,为什么一母所生,姐妹俩相差这么远。"

懿嫔笑了:

"一母生九子,个个不一样,这很奇怪吗?"

"嗯,虽说老六是静额娘所生,但与朕像极了,可你们是一母所生,却不一样。"

懿嫔接着问:"怎么不一样?"

容儿被说得很不好意思,她一扭身,转身跑掉了。若是按照皇宫规矩,她的这种做法很不合礼仪,但是,这是在储秀宫,姐姐是这宫里的主人,而紫禁城里的真龙天子正是姐夫,小姨在姐夫面前,偶尔是可以耍耍小性子的。咸丰皇帝望着她远去的背影,说:"姐姐娇媚、艳丽,妹妹娇小、纯洁;姐姐热辣辣的,妹妹温柔柔的。可爱、可人也。"

咸丰皇帝本意是为了讨好心爱的人,而大加赞赏她们姐妹俩,可是,他忽略了一个问题:女人天生爱吃醋。

听到皇上的这两句话,懿嫔虽然嘴上没说什么,但心里不是滋味。"知夫莫如妻",这个天子是风流天子,天生的爱美、好色,后宫佳丽十几人,个个赛天仙,可是好像他并不十分满足,他还想占尽天下所有可爱的女人。

懿嫔吃醋的同时,还有些害怕,她真的很怕咸丰皇帝胡思乱想,移情别恋,如果那样的话,她的日子可就不好过了。和其他女人争风吃醋还可以,如果皇上真的爱上妹妹,她懿嫔究竟该如何处理才好呢。她越想越担心。

"皇上,你怎么了?"

咸丰皇帝望着容儿远去的身影,目光久久没有转向懿嫔,被她这一问,才回过神来:"你妹妹叫什么?"

懿嫔记得很清楚,母亲和妹妹刚进宫的时候,一次偶然的机会,她们见过皇上,他当时就问过妹妹叫什么。可是,今天他又问起,说明那时他没在意妹妹,可如今不同了,这更让懿嫔心中忐忑不安。

"她叫容儿。"

"对，对，容儿，朕想起来了。嗯，好像容儿今年十八九岁了吧？"

"对，还是个孩子。"

懿嫔越听越怕，连连说容儿还是个孩子，一听这话，咸丰皇帝反驳她了："怎么是个孩子呢，分明是个大姑娘了，你进宫时还没这么大呢。"

懿嫔满腹的不高兴，可是，她又不敢表露出来，她还没有在皇上面前耍小性子的资本。

"十八九岁的大姑娘，该出嫁了。"

懿嫔生怕他再说下去，万一咸丰皇帝爱上了容儿，话一出口，金口玉言可就收不回了，她的心中扑通、扑通地直跳，连忙开口道："皇上不嫌弃的话，赐婚容儿，兰儿将感激不尽。"

什么是"赐婚"？所谓赐婚就是由皇上给皇亲显贵指定婚姻。懿嫔说这句，就明确暗示了皇上：你可不能打容儿的主意。

其实，这就是懿嫔多心了，咸丰皇帝根本就没有垂爱容儿的意思。他再风流，还懂得伦理纲常，不会占小姨为嫔妃的。一听懿嫔的这句话，咸丰皇帝恍然大悟，原来兰儿吃醋了，他不禁笑了起来："兰儿，朕是那种人吗？"

懿嫔心想，世上的猫儿都嘴馋，世上的男人都好色。

"兰儿，你心中有合适的人选了吗？"

懿嫔一听，心里便高兴起来，至少这句话可以说明，皇上没有垂爱妹妹。

"皇上英明，兰儿不敢放肆。"

咸丰皇帝沉默了一会儿，开口道："等以后再说吧，让朕好好想一想，不过，你放心好了，朕一定为容儿选一门好亲事。"

懿嫔感激地点了点头，由衷地说："皇上，你真好！"

"兰儿，你瞧，他动了一下。"

刚才，咸丰皇帝手一直按在懿嫔的腹部上，他感觉到了胎动，欣喜若狂地大叫了起来，懿嫔使了个眼色，他回头一看，叶赫老太太和杏儿正向这边走来，他连忙缩回了手。老太太向咸丰皇帝恭恭敬敬请了个安，反而弄得他不好意思起来，毕竟老太太是岳母，自己是女婿，

天下恐怕只有这一家人是岳母向女婿磕头的。

"老太太快免礼平身!"

"谢皇上。"

"老太太快请坐,杏儿,上茶。"

俗话说:一个女婿半个儿。虽然咸丰皇帝做不到"半个儿",但他也懂得尊重"岳母大人",这下子,乐得叶赫老太太合不拢嘴:"兰儿,你真有福气。"

话刚一出口,老太太就觉得失言了,如今女儿是嫔妃,按礼数应该称她为"娘娘",可称呼习惯了,脱口而出"兰儿",她真后悔,不禁低下了头。咸丰皇帝看出了她的后悔之情,连忙把话题岔开:"老太太,有你和容儿在这里陪伴兰儿,朕就放心了,没事儿的时候,你们母女几人常到御花园里走一走,陪着她散散心。"

老太太也是个聪明人,她十分感激皇上女婿为她解了围,不至于尴尬下去。她随着"台阶"走了下去:"皇上英明,她现在的确应多活动活动,将来生龙子要顺得多。"

老太太多会说话,专拣皇上喜欢听的说,说得咸丰皇帝和懿嫔都欢天喜地的,他们有一个共同的心愿与期盼,那便是生个龙子,顺顺当当、平平安安的。

根据内务府敬事房的记录来推算,懿嫔应该是三月初九生产,人们都在拭目以待,盼望这一天快快到来。其中,等得最着急的便是咸丰皇帝和懿嫔,他们即将为人父母,未来的孩子是男孩还是女孩?是胖还是瘦?他长得像谁?他的脾气又像谁?这一切的一切,都让他们一遍又一遍地猜想、推测。

可是三月初九已经到了,储秀宫里的懿嫔似乎一点儿动静也没有,她越来越能吃,饭量大得惊人。咸丰皇帝听皇后说,胎儿过月不好,他心急如焚,忙下令让太医会诊。太医们非常谨慎地为懿嫔把脉,从脉象上看,几位太医都认为懿嫔无恙,是记录有误,推算错了预产期。其实,敬事房的记录也不是那么十分精确,如果当时是皇上在养心殿召幸嫔妃,事后太监问一声"留不留",那推算产期就很准确。可懿嫔怀上龙种是例外,当时,咸丰皇帝夜夜留宿懿嫔住处,谁又没有跟着

看，他们两个人也没在意，谁能算得这么准。

太医认为，根据脉象上看，应该再过半个月，这一下，咸丰皇帝心里稍稍安定了一些，可懿嫔却非常着急，是龙？是凤？这可是关系到她叶赫那拉兰儿一生幸福的大事情。

"孩子呀孩子，你还没出娘胎，便这么和额娘作对。"

懿嫔轻轻地抚摸着腹中的胎儿，自言自语。这时候，还有一个人也心神不定的，他便是储秀宫里的大太监——安德海。想当初，小安子为了懿嫔能受宠，可真费了不少劲儿，为了"兰姐姐"能生下龙种，他愁得几乎夜夜睡不着，顿顿饭不香。他那叫干着急，应了那句"皇上不急太监急"。

他一想到，懿嫔如果生个阿哥，将来这位阿哥有可能做皇上，他的"兰姐姐"顺理成章地当皇太后，他就暗自欢欣。一旦天遂人愿，他小安子苦心经营、巧意安排的美梦就会变成现实。他越想越玄，任思绪奔腾、遨翔，不由地闭上了眼睛，眼前模糊了起来，渐渐地发出了鼾声。

安德海看得清清楚楚，一条大龙从太和殿的大柱上活了起来，那龙很美丽，五色斑斓，体态轻盈，在大柱上上腾下跳，十分眩目。安德海刚想说什么，只见那条龙猛然变了一副样子，它张牙舞爪起来，直扑向安德海，吓得安德海抱头就窜，可那龙紧追不放，死死地、牢牢地缠住了他，然后又猛张开血盆大口将他的头咬掉了。

"妈呀，救命！"

安德海大叫一声吓醒了，他出了一身的冷汗。是条龙！的的确确是条龙，那么说，"兰姐姐"怀的是位阿哥，可这阿哥偏偏和他小安子过不去，还想吞了他小安子。

第二天，安德海向懿嫔描述了他的所梦所感。

"姐姐，你不知道那条龙有多壮，缠缠绕绕的，把个太和殿的大龙柱全绞住了。"

"真的吗？"

懿嫔一听，心里高兴极了。安德海又添油加醋地加以渲染："我小安子还敢欺骗姐姐你吗！一点儿也不错，当时呀，我都快吓死了，那

条大龙直追赶我，好像想把我的头一口吃掉。"

"你逃掉了吗?"懿嫔好奇地问。

小安子摸着脑袋，说:"好像没逃掉。"

"哈哈哈……"懿嫔忍不住大笑了起来，小安子也跟着干笑了起来。

懿嫔只关心是不是条龙，才不关心这条龙是否真的要吃掉小安子的头呢。她待产之时，储秀宫里又多了几位"姥姥"(有生产经验的中年妇女，专职指导嫔妃如何生育)。每天，太医和'姥姥'们都认真地为她把脉，到了三月二十四，脉象突然转变，人们认为是时候了。于是，各项准备工作进入最紧张的状态，各种接生工具陆续送到了储秀宫。这些物品不外乎是分娩时处理胎盘和脐带用的大大小小的木槽、木碗、木铲、小木刀，还有许多新生儿用的"吗哪哈"(尿布)。此外，还有一个精美的小摇车，宫中接生时使用的"易产石"和挂在养心殿西暖阁的大愣蒸刀。

这易产石和大愣蒸刀是紫禁城里最后一次用上它了，自从懿嫔生了载淳，这里再也没有出生过婴儿，这是后语。

这几天，咸丰皇帝无心上朝，一切事务均由恭亲王奕䜣一人定夺，因为咸丰皇帝的心全系在储秀宫了。他不便于时时刻刻地看望懿嫔，便令安德海穿梭于养心殿和储秀宫之间传递消息，他一心祈盼这次懿嫔为他生个儿子，以至于神经都有点儿过度紧张了，小安子一跨进养心殿的大门，他就立刻欠欠身子，向外张望，希望看到小安子脸上的笑容。可是，小安子总是带着同一副表情。

这一天，小安子又到了养心殿，咸丰皇帝一看，小安子面带笑容了，他的心里一阵高兴:"小安子，那边的情况怎么样?"

贵为天子的他竟也这么沉不住气，安德海还没进来，就迫不及待地问道。小安子一脸的笑容:

"万岁爷吉祥!恭喜万岁爷，今儿个早上，懿主子突感不适，太医和'姥姥'们正在把诊呢，皇上暂且耐心等待，奴才这便回去，有什么动静，奴才马上就来。"

"去，去，去，快去。"

咸丰皇帝忘记了天子的尊严，说起话来也如同常人一般，他不让小安子稍喘几口气，又赶着小安子回储秀宫了。当小安子回到储秀宫的时候，懿嫔已与前一个时辰判若两人了，阵痛折磨着她，她已变得形容憔悴，面色苍白，这时"姥姥"大声宣布："所有的男子一律在宫外侍候，宫女不得远离。"

一声令下，男人们全退到了宫门外，别说是太监，就是皇上来了，也不得入内。女人分娩，没男人的事儿，也不准男人接近。皇后带着丽妃等众嫔妃也赶到了储秀宫，皇后有些坐立不安，虽然不是她生孩子，可是她盼子的心情绝不亚于皇上和懿嫔。她自己从来没怀过龙子，这也许是天意。但是，温和、敦厚的皇后并不因此生妒，反而替懿嫔捏一把汗。她祈求上苍赐给大清皇宫一麟儿，以了却皇上的一桩心愿。

皇后坐在懿嫔的身边，看见懿嫔双目紧闭，脸上露出一阵阵痛苦的抽搐，显得十分疼痛，心都被揪住了。她没生过孩子，但从身边产妇的表情来看，生孩子一定很痛苦。看来，做母亲要付出巨大的艰辛。皇后见到懿嫔叫喊连天，无力地偏着头的样子，她的心里默默祷告："老天爷啊，保佑懿嫔快快生下龙种吧，别让她这么受罪了。"

"哎哟，疼死我了，哎哟，受不了了。"

懿嫔干裂的嘴唇发出微弱的哭喊声，皇后陪着她流泪："兰妹妹，你别急，皇儿就快来了。"

皇后也不知道这个皇儿几时才能降生人世间。看来，凡人也罢，真龙天子也罢，在母亲的子宫里挣扎出来的时候，对母亲丝毫也不会怜惜的。从第一次宫缩到一阵紧似一阵的阵痛，整整两天两夜过去了。

这两天两夜，咸丰皇帝没睡安稳，皇后也没睡安稳，懿嫔更是迷迷糊糊地过来的。痛起来，她就叫喊哭闹几声，阵痛暂停，她就缩蜷着疲惫的身子，睡一会儿。刚一合眼，撕肝裂肺的疼痛又猛地把她刺醒，她又大叫起来。

天子的降生与寻常百姓家的孩子没什么两样，他们都要在娘的肚

子里拼命挣扎，自动脱离子宫往外挤，因为外面的世界很诱人。

懿嫔只觉得昏天暗地、死去活来，此时，她几乎顾不上什么荣华富贵了，她只有一个念头：把肚子里的这块肉弄出来，不要让他这般折腾，她实在受不了了。她突然有点儿恨恨的，她恨这个孩子这么折磨人。

养心殿里的咸丰皇帝就像热锅上的蚂蚁坐立不定，让他老实地呆在寝宫里简直是活受罪，安德海约莫一个时辰来一次，他仍是那副腔调："万岁爷吉祥！那边还是没生出来，奴才这便回去，一有情况，奴才即刻便报。"

咸丰皇帝手一摆，不耐烦地说："快回去吧！"

他的心里也有些恨恨的，他恨该死的小安子，这奴才每次来报都让他失望。咸丰皇帝在养心殿里实在呆不住了，他干脆到乾清宫去听朝。咸丰皇帝好几天都没临朝了，今日突然驾临，大殿里的大臣们还认为龙子已经降生了呢，大家都喜形于色。但是，嫔妃生孩子的事，这些男人们怎好开口去问？这有讳宫禁。大家你看看我、我看看你，最后还是把目光一齐投向了恭亲王奕䜣，毕竟，奕䜣是皇上的弟弟。

恭亲王也想知道皇嫂懿嫔究竟生的是龙还是凤。他上前一步，问道："皇上圣安！臣这几日代皇上处理朝政，不知可否有失妥之处？皇上临朝，臣感万幸。"

咸丰皇帝此时最关心的是懿嫔生龙子，至于奕处理朝政是否有不当之处，他并不是那么关心："朕近日没能临朝，辛苦你了。"

"皇上，这几日你也瘦了许多。"

毕竟是骨肉至亲，奕䜣望着显得十分憔悴的咸丰皇帝，多少有些心疼，咸丰皇帝也感激地望了奕䜣一眼，说："老六，朕实在太乏了，你还要替朕处理朝政，一旦懿嫔生了，朕便临朝。"

恭亲王一听，问道："怎么，还没生？这么难？"

话刚出口，他便觉得有些不好意思了，就是在民间，嫂子生孩子，小叔子也不便多问什么，何况这儿是禁忌极多的皇宫呢。咸丰皇帝笑了笑，算是为奕䜣解了围："朕也为这事儿着急，怎么这么难，朕也不

清楚。"

几个大臣都笑了，有的人故弄玄虚，好像很有经验似的："没个几天几夜是不行的。"

咸丰皇帝一听，心中暗暗叫苦："妈呀，朕快被折磨死了，如此看来，只生这么一个，到此为止算了。"

咸丰皇帝虽然人到了大殿，但心系在储秀宫，几个大臣上奏的折子，他也只是随便翻一翻而已，他们的话，他一句也没听进去，匆匆退了朝，回到寝宫养心殿，安德海依然是那句话，不用问，一看小安子那脸上的表情，咸丰皇帝就明白，懿嫔还没生，此时，咸丰皇帝真怕再看到小安子那摇头的动作，他干脆也到了储秀宫。

同所有的男人一样，等待妻子分娩的心情又激动兴奋，又焦急不安。咸丰皇帝可以进储秀宫门，但也只是在正厅里坐一坐，不准进产房。安德海令两个小太监为皇上设了一个临时软榻，咸丰皇帝躺在上面，想闭目养养神，可是总静不下心来，又站了起来，走一会儿，坐一会儿。宫女、太监们见了都偷偷发笑："万岁爷也有这么沉不住气的时候。"

宫女小杏儿送上一杯人参汤，劝他喝下去，他刚呷了一小口又递了过来。大冷的天，咸丰皇帝的额上却渗出了细细的汗珠。

"哇——"

一声长啼从储秀宫中传出，这婴儿的第一声啼哭划破了紫禁城的上空。

咸丰六年三月二十三日（1856 年 4 月 27 日）未时。这声啼哭是紫禁城里的最后一个婴儿来到人世间的第一声抗议。婴儿的哭声洪响、清脆，一个宫女乐颠颠地边跑边叫："是个阿哥，是个阿哥。"

一听这话，26 岁的咸丰皇帝顾不了龙体尊严，一蹦三跳地闯入了产房。皇后见他闯了进来，急忙阻拦，可是哪里拦得住，咸丰皇帝拨开皇后的双臂，硬往里挤。众人一见皇上驾临，连忙下跪，急得咸丰皇帝直叫："干你们的活去，朕看一看就走。"

他硬闯进来看什么？他不是看憔悴不堪，被折磨得死去活来的懿嫔，他是来看儿子。此时，他心里装的全是这个刚刚落地的小龙子。

"姥姥"已经把新生儿的脐带剪断包扎好，又将胎脂抹了抹，用柔软的小棉被包好了孩子，咸丰皇帝凑近婴儿，眼睛一眨也不眨地盯着婴儿看。"姥姥"把婴儿递给咸丰皇帝，他小心翼翼地接住褓裤，紧紧地抱在怀里，激动得热泪盈眶。他心里想道："自从乱世登基以来，很少这么高兴过了，不是夷患，就是长毛作乱，整日处理不完的朝政，看不完的奏折。今天的感觉与平常截然不同，皇子抱在怀里，心里踏实多了，我奕詝有传人了。"

"姥姥"生怕婴儿受惊，又从皇上的怀里抱回了孩子。这时，咸丰皇帝才想起为他生这个皇子的女人来，他朝软榻处望了望，只见懿嫔面色蜡黄，显得疲惫不堪，但她还是努力笑了笑，咸丰皇帝走到她的身边，轻轻地说了一句："是位阿哥。"

懿嫔说："皇上高兴吗？"

咸丰皇帝使劲地点了点头，说："兰儿，你休息吧。"

咸丰皇帝心满意足地离开了储秀宫，他也该好好地睡上一觉了。

咸丰皇帝盼望已久的皇子终于降生了，他喜出望外，第二天便降旨：晋封懿嫔为懿妃，储秀宫的太监、宫女们该提职的提职、升官的升官。咸丰皇帝又为皇子精心挑选了几个太监做"谙达"，让他们小心伺候新生儿，就连接生婆都受到重赏。一时间，紫禁城里喜气洋洋，各宫门前都挂上了大红灯笼，如同过年过节一样热闹。

咸丰皇帝回到养心殿，美美地睡上了一大觉，这些日子以来他焦虑不堪，如今，心里就像一块大石头落了地，总可以舒一口气了。民间尚有"不孝有三，无后为大"之说，更何况他是一国之君呢。咸丰皇帝登基七年，也已经26岁了，后宫佳丽十几人，除了丽妃生个大公主，其他妃子皆没生育过，他能不焦急吗？为社稷、为祖宗，他都应该生皇子。今天，美梦变成了现实，咸丰皇帝当然高兴，晚膳时，他胃口大开，竟吃下了半只鸡、一条八两重的黄花鱼、一碗莲子羹。侍膳的太监见了，都有点儿吃惊。皇宫有个规矩，叫"侍膳不开口"，无论皇上、皇后、皇太后吃什么和吃多少，他们只能小心伺候，不得开口说话。可这一回，太监有些憋不住了，他生怕皇上吃多了闹肚子，便低声说："万岁爷，明个儿还有更好吃的呢。"

咸丰皇帝正津津有味地吃着一根炸鸡腿，经太监这么一说，他停了口，抬头一看那太监，觉得很可笑，太监正望着他，显得有些恐慌，生怕天子不高兴似的。咸丰皇帝突然冒出了一个奇怪的念头，说："来，把这剩下的肉吃了。"

那太监不知如何是好，依然站在皇上的面前一动也不动，另一个伺膳太监连忙上前一步，接过咸丰皇帝吃剩的鸡腿，大口大口地吃了起来。咸丰皇帝看着他的吃相，禁不住自己也笑了起来。

用了晚膳，咸丰皇帝躺在龙榻上，自言自语道："小阿哥，给他起个什么名字好呢？按辈份，他应该叫'载×'，可是第二字是什么呢？"

想来想去，他也没想出个好名字。第二天是小皇子的"洗三"之日，他准备亲自到储秀宫，为他的宝贝儿子举行"洗三"庆典。所谓"洗三"，是宫中的育儿习俗，即孩子出生的第三天，要给新生儿洗浴。钦天监官员选定南面是迎春神的方位，于上午十一点半开始给小皇子洗浴，到中午十二点半左右才能完成"洗三"的仪式。

这是小皇子出生后的第一次庆典活动，当然要隆重一些，它几乎牵动了皇室的全体成员。他们从昨天开始就反复考虑应该送小皇子什么礼物，好亲自送到储秀宫。虽然小皇子连眼也不肯睁开，他更不懂得接纳礼物，他的父皇还是为他准备了一些礼物，有红雕漆盒一件，内装金洋钱四个、金包一份、银包一份、莲子一包、苹果六个、鹌鹑六个。什么意思呢？按满清习俗来讲，金、银代表着财富，父皇希望小皇子未来像他的阿玛一样，拥有天下的财富；"莲子"即怜子，即爱怜之意；苹果、鹌鹑是取汉语的谐音，即平平安安。

皇后送金银八宝六个，金银玉如意四个，金银钱四个，此外还有吗哪哈若干，虽然皇后不是小皇子的生母，但从所送的礼物上也能体现出母爱。咸丰皇帝见皇后如此大度、宽厚，龙颜大悦，当着众人的面，拉着皇后的手，说："走，咱们看看儿子去。"

皇上、皇后送了礼物，其他嫔妃也不甘落后，丽妃、婉贵人、贵人、容贵人、鑫常在等人也都纷纷"添盒"。小皇子的皇叔、皇姑们也为小皇侄准备了精美的礼物，储秀宫里热闹非凡。咸丰皇帝乐得合不

拢嘴，一个劲儿地吩咐宫女："小心一些，小阿哥太小，沐浴时，水要不冷不热的。"

说得人们都笑了，即使皇上不交待，宫女也不敢有半点儿马虎，否则，她们的脑袋还想要吗！两个宫女，一前一后，走起路来格外小心，因为其中一个怀里抱着小皇子，另一个扶着她。她们走得很慢，怕惊动了小皇子，一直低着头走到大木盆边。她们又小心翼翼地解开襁褓，把小皇子轻轻地放进水里，由于小皇子受到了刺激，"哇"的一声大哭了起来，咸丰皇帝沉不住气了，大声说："怎么了？是不是烫着了，或者太冷了？小心点啊，不然，要掌嘴！"

恭亲王奕訢说："皇上，她们就是长了两个脑袋，也不敢有丝毫马虎，你这是爱子心切，小孩子哭一两声是正常的。"

咸丰皇帝也笑了，他也觉得自己把这个皇儿看得太重了。冥冥之中，他似乎感觉到眼前这个娇嫩的小婴儿将是他唯一的儿子，而且这个儿子在不久的将来会登上皇帝的宝座。咸丰皇帝默默祈祷，求上苍保佑这个儿子，让他一生平平安安，尽享人间荣华富贵。

四月二日，小皇子又经历了"升摇车"仪式。升摇车是东北人养育儿女的特殊方式，即把悠车悬在梁上，把孩子放在车里来回悠动，小儿在车里面悠然自得，不哭也不闹。钦天监博士们选定四月初二卯时（早上六点）为小皇子升摇车万全大吉之日。

预定的时间到了，众人都围拢在储秀宫后殿东次间，太监安德海和张文亮把小摇车挂了起来，这时，太阳恰好从东方冉冉升起，寓意小皇子如日初升。然后又把大红的"福"字倒贴在小摇车上，众人齐呼："福到了！福到了！"

营造司首领太监领咏喜歌，安德海在前面引路，张文亮在另外两个小太监的护送下把小皇子由东进间南床抱到东次间，轻轻地放在摇车里。咸丰皇帝上前几步，用慈祥的目光凝视着摇车里的婴儿，婴儿仿佛知道父皇注视着他，也睁开了双眼，咸丰皇帝发现皇子的眼神特别像自己，他忍不住，俯下身子，轻轻地亲了一下儿子，小皇子突然嘴角一动，笑了。咸丰皇帝兴奋地大喊："他笑了！他笑了！"

皇后款款地走过来，笑盈盈地说："多么可爱的皇子，他笑得多

甜,这是笑婆婆引的。"

众皇亲也跟着赞美了几句,咸丰皇帝听了,心里乐滋滋的。"升摇车"活动不仅程序繁琐,而且参加的人也很多,除了皇上、皇后外,还有丽妃、婉贵人、容贵人、鑫常在等嫔妃,有恭亲王奕䜣、醇亲王奕譞,此外还有奕誴、奕詥等人,自然也少不了一番送礼物,储秀宫东暖阁里堆积着数不清的金银元宝、玉如意、绫罗绸缎,可谓金山银海。

刚刚生产过的懿嫔,身体尚未恢复,但她也硬撑着下了床。这时,最高兴的除了咸丰皇帝,恐怕就是她了。生了皇子,她身价倍增,第二天便由"嫔"升为"妃",而且,她还得到了皇上的赏赐,有银五百两、玉如意四付、香荷包两只、绸缎七十匹。内务府又拨来两个太监、四个宫女、两个妈妈,而且每天为懿妃加三餐,这样一来,懿妃每天要吃三大餐、三小餐、水果两次。

8. 咸丰怎样走过他最后的那些日子

咸丰十年(1860年)英法联军炮轰大沽口,北京危在旦夕。八月八日,咸丰携后妃仓皇出逃,并于八月十六日到达承德避暑山庄。

咸丰因一路颠簸、惊魂不定,一到热河行宫就因伤风感冒而引发痰喘,病倒了。经过太医的诊治,病情稍有好转,他不顾身体,仍旧沉溺于声色之中,每天以观戏为乐。到了咸丰十一年(1861年)春,气管炎已转入肺部,常伴有吐血,本来打算二月三日回京,到了二月十一日病情加重了。他将自己的病状拟示给留京大臣:"……咳嗽不止,红痰屡见,非静摄断难奏效。"这时的咸丰仍不忘纵欲与享乐,更没有"静摄"。到了夏天,他旧病未愈,又添加了腹泻的病症。六月九日是他31岁生日,他勉强接受百官朝贺,赐群臣宴,但宴会未完,咸丰已支持不住,由太监扶掖回宫。

到了七月咸丰依然每天看戏,一直到临死的前一天,他仍在如意洲的一片云小戏楼观戏,并安排了第二天的剧目。七月十六日夜半时

分病情突然加重，赶忙传旨召宗人府宗令、右宗正及军机八大臣到烟波致爽寝宫，承写朱谕，草写遗诏，立载淳为皇太子，嘱咐八大臣"尽心辅弼，赞襄政务"。十七日凌晨咸丰就离开了人世。载淳同治帝即位后发出谕旨指出了咸丰致死的原因："……上年夏间偶患痰嗽，旋即调摄就痊，秋间巡幸滦阳，圣林康强犹昔，乃因各省寇氛示靖，宵旰焦劳，至本年春间，风寒感发旧疾，六月间复患腹泻，以致元气渐亏，本月十六日力疾，十七日寅刻，龙驭上宾。"

十、短命儿皇同治帝的吊诡命运

文宗身后太萧条，
一线孤悬风雨嚣。
帘内两宫听政日，
便知龙脉已飘摇。

1. 皇家学堂爱做小动作的顽皮学童

咸丰帝死后，只留下一个独子载淳，即后来的同治帝。同治帝少时可谓调皮顽童一个，不爱学习，专喜好同伙伴捉蟋蟀打斗玩耍。这是由于咸丰早逝，而生母慈禧又一味倾心于宫廷权力斗争，他的童年既失父教又乏母爱，唯终日厮混于阉宦之中。而太监之辈，但知阿谀奉承，恣为娱耳悦目。等他稍长大了，又诱以声色犬马，因而登基之后，年幼的同治帝仍然嬉戏厌读。进入弘德殿读书后，真是一个少见的顽童学子，大大为难了他的师父们。

载淳御极后，曾由两宫太后懿旨特派醇亲王奕譞教习蒙语及骑射，爱仁教习满文，恭亲王奕䜣稽查弘德殿一切事务，惠亲王绵愉常驻弘德殿照料其一切。大学士李鸿藻则早被咸丰钦命为载淳的老师。以后又有倭仁、李棠阶、翁同龢、瑞常等相继入值弘德殿。弘德殿的学习制度是："每日皇帝至书房，拟照上书房规矩，先拉弓，次习蒙古语，读清书，后读汉书。"又规定了"诵读与讨论二者不可偏废，皇帝读书之暇，总宜与师傅随时讨论，以古证今，摒除虚仪，务求实际，切勿诵声甫辍，旋即退息"。还有更多的规定，不复赘述。凡此种种，对六龄之儿童，分量未免过重，然而是遵循两百年来的祖制，这套制度已造就了几代人君。对于早已嬉戏成性的同治帝来说，学业越严则越促其厌学之心，师父越端庄正色，则越促使其亲昵于阿谀承欢的阉宦。其时弘德殿中的人君学子虽不敢公然逃学罢课，然而"多嬉笑"、"精神不聚"的种种厌学之举动，已是家常便饭了。

同治帝在弘德殿就学中的种种表现，可从翁同龢的《翁文恭公日记》见其端倪。翁于同治四年（1865 年）十一月始奉懿旨于弘德殿行走，逾年的日记中即屡记授读之事。如同治五年（1866 年）记有：

正月初九日："是日读书微倦，略有戏。"

正月十一日："辰正上至，午初一刻退，讲书颇有戏动。"

正月二十二日："上至书斋，时刻仍如昨，是日精神不聚。"

二月初八日："卯正上至，读不甚勤，数进诤言。"

二月十五日："是日上读书尚勤，惟多嬉笑。"

二月十七日："是日上读无倦容，无嬉戏，为今年第一日。惟讲书时言勤，不做抗词争，仍微讽焉。"

二月二十五日："卯正上至。是日多戏言，龢与诸公急切谏，读当勤。"

以上是载淳十一岁时学习生活的写照。等到同治十年（1871年），载淳已十六岁，即将大婚亲政，而弘德殿的授读则更日见维艰，这一点也可从同治十年的《翁文恭公日记》看出：

正月二十五日："看折时精神极散，虽竭力鼓舞，终倦于思索。"

二月二十日："晨读极涩，总振不起，不过对付时刻而已……多嬉笑，直是无可如何！"

二月二十七日："两宫谕问书房功课，极细，有不过磨工夫，见书即怕及认字不清，以后须字字斟酌，看折奏要紧等语。"

三月十六日："嬉笑意气皆全，功课如此，至难着手。"

五月二十七日："慈禧皇太后谕旨：书房功课耽误，书既不熟，论多别字（曾面试一二次），说话不清……上年已十六，亲政不远，奈何所学止此？督责之词至严至切。"

七月二十四日："精神不聚，读熟书不顺，兰孙（李鸿藻）颇有声色。"

九月十三日："上近日神思不属，每讲论如未闻，故进益更少。"

九月二十六日："两宫又论功课，故言上未能用心，昨令读折不成句，又讲《左传》则不了了之，若常如此，岂不可虑。"

以上为翁同龢所记录有关同治的学习生活片段，虽然措辞谨慎，但已经告诉了我们同治是什么样的一个学生。人们说：由小看大。同治的这种"小毛病"，可能就是导致他后来那种"大毛病"（逛窑嫖妓）的主要原因之一。

2. 紫禁城外游手好闲的小皇帝同治

同治帝十一岁的时候，两宫太后为他册立皇后，一些蒙满大臣的适龄女子都被召到宫中候选。慈禧特别喜欢一位侍郎凤秀的女儿，想将她立为中宫。凤秀女长得艳丽无比，但是言谈举止很轻佻，慈安和

同治帝本人都不大喜欢。另一位侍郎崇绮的女儿，年龄比凤秀女稍大一点，相貌不如凤秀女姣好，但言行庄重大方，文化修养较深，一看就知道是一位品德不错的人。慈安很喜欢，她悄悄问同治帝，这两位女子中间他喜欢谁，同治帝说崇绮女好。这样，崇绮女被立为皇后，即孝哲毅皇后。凤秀女封为慧妃。

同治帝完婚以后与皇后相处得十分融洽，互相以礼相待，相敬如宾。妒忌成性的慈禧，见儿子对皇后那么好，心里一百个不高兴。皇后去拜见她，她总是不理不睬，冷眼相看。这便引起了婆媳关系的紧张。慈禧对同治说：慧妃贤惠聪明，要更加爱她；皇后年纪小，不懂礼节，不要老往她宫里跑，妨碍政务。同时，暗中派心腹太监监视皇帝的行踪。同治帝对此大为不满，干脆一个人住在乾清宫，皇后、慧妃两边都不去。

同治帝同皇后亲爱惯了，一个人独处，便感到寂寞无聊。他的贴身太监于是出主意，偷偷带他去外面玩耍。他们常常换上便服由后门出宫外游逛。

当时，有个从湖南来京的举人，住在曾国藩寓斋对面的会馆里，等待考试。一天，他正在床上铺被子，忽然看见一位少年走进来，在他桌上翻看他的文章，边看边用笔涂改，完了就匆匆离去。举人十分奇怪，就问仆人，来的是什么人。仆人说可能是曾大人的客人。曾大人不在家，所以顺便到少爷这里来瞧瞧。曾国藩回来后，举人向他说明了这件事，曾国藩拿过涂改过的卷子来看，大惊道："哎呀，这就是当今皇上！"举人听了十分惊慌，浑身汗毛都竖起来了。他不敢再参加考试，当日就收拾行李回老家去了。

同治帝还常常穿便服去琉璃厂买东西。一次买玉版纸，用瓜子金付账，掌柜说这种金世面上不流通，不收。同治帝就让他派人跟他去取银子。店伙跟到午门外，一看到了皇宫，吓坏了，再也不敢收银子，把纸放下就跑了。第二天，同治帝让一个小太监去把银子如数付了。

在外面游逛，同治帝常遇见各种各样的人，一次他到一间寺庙去避雨，遇见一个穷困潦倒的人。同治帝问他是干什么的，他说自己给人家干活，被主人赶了出来，现在是以乞讨度日。同治帝又问他，最想干什么营生。那人说，到广东海关最好。同治帝便找来一张纸，写了一封信，让那人带上去找步兵统领衙门。统领得函后，便马上给那人赶制衣服行

李，发盘资，介绍他去广东海关工作。那人从此便发达起家了。

内城的茶楼酒肆，也是同治帝常到之地。有一回，一位豪放风流的太史，在某酒楼独饮，忽听隔壁有人唱歌，声音悠扬，非常悦耳，不禁大叫："好！好！"按照京城习俗，对优伶娼妓唱歌可以喝彩叫好。要是唱歌的是上流社会的人，就不能叫好，否则就是侮辱别人。隔壁歌者的仆人听见叫好声十分生气，便高声嚷道："哪一个不懂事的家伙在嚷叫？"当时，太史已经喝醉了，毫不相让，回敬道："老子没功夫同你计较，我是翰林某人，你要评理，有种的到寓所找我去。"后来，有人秘密告诉他，那天酒楼唱歌的人是当今皇上。太史吓得魂不附体，赶忙请辞离开了北京。他的同僚都不知道怎么回事。

3. 同治皇后怎样演绎一场生死恋情

同治帝选后自然也摆脱不了祖辈之命的传统约束，但当时因两宫分权的特殊历史原因，同治帝在这方面还获得了一点自主权，不过这次自由婚配的结果反招来一场大祸。

起初，经过一番东挑西选，皇后的最后目标集中在二位姑娘身上，一是蒙古族江西司员外凤秀之女富察氏，另一则是当时满族户部尚书崇绮之女阿鲁特氏。富察氏一族将相辈出，显赫异常，只是此女年龄还小，性情娇憨，缺乏统摄六宫、襄助帝业的才华和气度。阿鲁特氏出身书香门第，生得端庄凝重，知书达理，进止有度，善工诗词文章。慈禧太后的意思是挑富察氏为后，这样可利用皇后的年幼无知，进一步控制皇后，全不为儿子的帝业着想。慈安太后却选中阿鲁特氏，认为此女品德才貌皆堪膺皇后之任，对于同治帝主政理事十分有益。在择后之初，慈禧与慈安就在归政之事上意见相背，慈安太后起初就无意垂帘听政，好容易盼到皇帝大婚成年，早想归政于皇帝。慈禧却不然，丝毫不愿让权退位，就是对亲儿子也像防贼。因此，在择后的对象上，清楚反映出两宫太后的用意各不相同。

同治皇帝虽是慈禧太后的亲生骨肉，但对生母没有多少感情，反而对慈祥和善的慈安太后视同母亲。择后的当天，御花园的钦安殿内布置

一新，近支的福晋、命妇们冠带入宫，参加择后大典。殿中并列两把椅子，两位太后依例左右分坐，东侧一椅上坐着同治皇帝，面前御案上置一柄镶玉如意，一双红缎彩绣荷包。另一银盘内排放十支彩头签，分别写有十位候选之女名姓。虽说候选者有十位，但两位太后和同治心里都明白，皇后只在富察氏与阿鲁特氏之间，其他不过充数而已。典礼开始，慈禧先声夺人，故意当着众女眷去询问慈安，以显示自己虚怀谦让美德。假如在平时，慈安总是再让慈禧拿主意，不想这次的慈安竟不推让，说皇后是母仪天下，总以年长老成者为宜，认为阿鲁特氏合适。这一来，慈禧进退维谷，忙传恭亲王奕䜣进殿帮忙。奕䜣虽在北京政变中与慈禧一个鼻孔出气，此次也赞同东宫太后的意见，这样慈禧更是难堪。最后，她只得使出杀手锏，以眼色暗示同治皇帝，让他在最后选择时按自己的意思办。孰料，同治帝先看看生母，再看看东宫太后，最后将那柄镶玉如意递给了阿鲁特氏。在大家的一片庆贺声中，慈禧觉得很是羞辱，脸色骤变，却又不便发威，直恨得咬牙切齿。

同治皇帝大婚礼的花费远在后来的光绪皇帝之上，仅纳征一项，光绪帝时用银二万数千两，而同治在此项的奉迎马队上就足足花费了白银八万两，其余可想而知。大婚之后，同治与阿鲁特氏可谓伉俪情深，关系十分融洽。一年之中，同治帝很少问津另外一妃二嫔的住处，大多时间与皇后形影不离。阿鲁特氏幼从家学，素敬历史上唐太宗的长孙皇后和明太祖的马皇后，每每以善言劝同治用心读书，这倒使得自幼厌读的同治皇帝也读起书来。阿鲁特皇后比同治帝大两岁，二人是一对姐弟型的夫妻关系，她几乎身兼皇后、姐姐和老师三重身分，而且才艺礼度出众，让同治对她极为崇敬。有阿鲁特氏这样的儿媳，作为婆婆的慈禧太后本该高兴才是，可是慈禧早就被权势欲望冲昏了头脑，那种母亲和婆婆的正常心理早已在权力的恶性膨胀中被挤出了体外。她只感到一种莫名的恐惧与威胁：同治皇帝在阿鲁特皇后的辅佐下，将把自己赶出政坛。因此，皇后越是出众，儿子越有出息，对自己手中的权柄也就越是不利。

此后，慈禧就处处设卡，得机会就羞辱皇后，甚至当众打骂皇后。性格本来就老实的皇后只得委屈求全。慈禧还强迫慧妃用柔媚手段勾引同治，挑拨同治和皇后之间的关系。慈禧这样做的目的只有一条，孤立同治，自己掌朝当政。

慈禧太后阻断同治和皇后之间的关系之后，皇后阿鲁特氏便只得独守中宫，她的心绪复杂繁乱自可想见。她入宫与皇上生活不过半年余，到同治帝死期还有一年半左右完全独居，据载在同治发病后，皇后才获准去乾清宫西暖阁探视。当时，帝后夫妇多时不见，思念甚切，相依倾吐心事，皇后极为伤感。同治皇帝恨母亲冷酷无情，一时又找不出劝解皇后的话，于是说出心里话："多忍些时光，将来总有出头之日。"谁料，慈禧太后竟一直在房外偷听，听言怒不可遏，闯入病室中破口大骂："好个狐媚子，又来勾引皇帝！"皇后此时也无惧色，抗争道："我是乘凤辇从大清门迎娶进宫的，天下皆知，皇帝生病我前来探看，犯了什么罪？"此语真是火上浇油，慈禧忘了自己的太后身分，显出泼妇本相，冲上前去揪住皇后的头发，连撕带打，皇后不过一弱女子，哪里敢还手抵抗。慈禧边打边喊："拿棍杖来伺候！"此时已病重的同治皇帝怎能经得起这一番惊吓，顿时昏晕过去。慈禧见到这种情状，方才罢手。

此事过后，同治帝的病更加严重，没有几天的光景，同治帝就命入黄泉，死时才十九岁。

光绪帝即位后，阿鲁特皇后成了新帝的寡嫂，亲属关系和政治关系都很疏远，无依无靠。她想，自己与皇帝结婚二三年，饱受了屈辱、痛苦，现在皇帝已死，自己什么希望、留恋都没有了，干脆用死来结束这悲惨的生活吧。她终日伤痛，双眼哭得红肿如桃。有一天她父亲崇绮去看她，见她痛不欲生的样子，出来便奏闻给慈禧。他的本意是让慈禧给以皇后垂怜。但是，慈禧听后却冷冷地说道："皇后对皇帝的死这么悲痛，那就让她同皇帝一道去吧！"

崇绮知道，自己的女儿已经身陷绝境，早晚得死。他再去看望皇后时，皇后写了一张纸条给父亲，问自己到底怎么办才好。崇绮在女儿的纸条上批了一个字："死。"皇后见字，盯着父亲呆呆地看了一阵，随后她走到父亲面前，平静地施了一礼，说："多谢父母养育之恩，原谅不孝的女儿！"说完起身进内室去了。

阿鲁特皇后实在无念凡尘，似乎看透了生活中的一切，她绝望地吞下金屑。光绪元年（1875年）二月二十日，阿鲁特皇后也就是毅皇后含愤死去，年方二十二岁。

其梓宫（棺材）在城内隆福寺放了近三年，直到光绪五年（1879

年）三月才移至同治的惠陵。按理说，皇后死后即应予以封谥，谥号即对死者的盖棺论定，但阿鲁特皇后死后却无谥，大约是老佛爷怒气未消。光绪二年（1876年）五月，御史潘敦俨借上疏奏事之机，提出为皇后定谥号，说："后崩在穆宗升遐百日内，道路传闻，或称伤悲致疾，或云绝粒殒生，奇节不彰，何以慰在天之灵？何以副兆民之望？"这本是一纸拍马屁的文章，意思是皇后是为亡君殉情而死，应多以表彰"贞节"。这一下却无意触到慈禧太后的疼处，她心里明白皇后的真正死因。慈禧对此十分愠恼，以为潘敦俨多管闲事，并斥责他奏言无据，纯属妄谬，将其削夺官职。此事在民间传得沸沸扬扬。宣统年间，慈禧已死，同治的皇后才被谥为孝哲毅皇后。

4. 同治帝为什么要杀掉太监安德海

同治帝即位之后，沿明代旧例，咸丰帝的皇后慈安称作母后皇太后，自己的生母慈禧则称作圣母皇太后，规定发诏书，臣下的奏章都须有两人的徽号，实际上没有多大区别。但慈安原为正宫皇后，同众朝臣关系较密切，拥有实力；慈禧则是宫女获宠，封号不过贵妃，虽然生有一子当了皇帝，但在朝廷没有什么根底。

为了改变这种力量对比，慈禧便笼络一些宦官，组成一股内宫势力。宦官当中有一个叫安德海的人，十分狡黠，擅权术，很得慈禧的欢心。他每每干涉朝政，气焰极甚。同治帝到了十来岁的时候，渐渐懂事了，对安德海的横行霸道非常反感，常常当面斥责他。慈禧知道以后，大骂同治帝，庇护安德海，使同治帝对安德海怨恨更深了。他玩耍的时候，时常用小刀劈掉一个小泥人的头，陪同他的太监问他在干吗，他气愤地回答说："杀小安子。"从这里，太监知道，安德海迟早要掉脑袋的。

同治八年（1869年）秋，慈禧命安德海去南方督造龙袍，同治帝表面赞成，暗中却同慈安商量好，密令山东巡抚丁宝桢在途中把安德海杀掉。安德海经德州时，知州立即向丁宝桢报告，丁宝桢即令东昌府官程纯武予以追捕，但程纯武胆小怕事，骑马尾随了三天也不敢动手。丁宝桢又另命总兵王正起领兵追捕，直追到泰安才把安德海抓到。

押解到济南以后，安德海对丁宝桢大叫道："我是奉圣母皇太后之命去办事的，谁敢碰我一下，恐怕是活得不耐烦了！"

丁宝桢当众宣布了皇帝和慈安太后的手令，安德海这才知道命到尽头了。慈禧得报以后十分惊骇，不知道是怎么回事。慈安召集军机及内务府大臣会议讨论，众人一致认为，按祖先的规矩，宦官不能走出京城，有违犯者杀无赦。安德海应当就地正法，但廷论被压了两天都没有发出。醇亲王奕譞再次提出，才得以宣布。安德海在济南伏诛，尸首暴露于市，以证明安德海确实死了。不过，山东民间传说，尸首并不是安德海，而是他的随身小太监小豺。

5. 同治皇帝究竟是不是死于花柳病

年纪轻轻的咸丰帝 21 岁就命归西天，这在清朝皇帝中算是短命鬼，他死后由他的儿子载淳即位。辅政大臣被杀后，这位幼帝才刚刚八岁，理所当然由两宫太后垂帘听政了，于是将年号改为同治。时间如穿梭，转眼几年就过去了。同治到了应该娶后纳室的大婚之年了。挑来挑去，终于在同治十年（1871 年）冬天，挑选了崇绮的女儿与凤秀的女儿。崇绮的女儿已经十九岁，凤秀的女儿年仅十四岁。慈禧因阿鲁特氏是咸丰皇帝遗命辅政的八大臣之一、后被赐死的郑亲王端华的外孙女，不愿让她做皇后，而拟选凤秀的女儿富察氏。但表面上免不得要与慈安太后商量。慈安认为崇绮的女儿端庄谨默，德性最好，很配中宫大位。慈禧心下不乐意但没表现出来，她说："凤女虽是年轻，闻她却很贤淑。"慈安道："凤秀的女儿太轻佻，不宜选为皇后，只能当一个贵人。"这句话刺痛了贵人出身的慈禧，怀恨在心，但又不好争辩，只好提议说让奕䜣参酌。不料奕䜣也主张选年长的为后。

同治帝大婚，册封崇绮女阿鲁特氏为皇后，并封凤秀女富察氏为慧妃。这时皇帝已经成人，两宫太后撤帘归政。这本是慈安太后的主张，慈禧太后不便强求延后，又想同治帝是自己的亲生儿子，将来如有大政，总要禀告母后，暗中仍可揽权。当即随声附和，下了懿旨。

同治十一年（1872 年），同治帝亲裁国政，一年以内，倒也不敢怠

慢，悉心办理。只是性格刚强，很像慈禧太后。慈禧虽已归政，遇有军国大事，仍着内监密行查探，探悉以后，即传同治帝训饬，责他如何不来禀告。同治帝也很倔强，他想母后既已归政，为什么还来干涉？母后要他禀报，他却越加隐瞒，因此母子之间产生不和。同治新婚燕尔，每逢早晚，便天天地陪同皇后到两宫皇太后前叩头请安。慈安静养深宫，凡事不去过问，且当同治帝进谒时候，总是和容愉色，并没有丝毫怒意，见着皇后，也很是亲切，不像慈禧每每疾言厉色。同治帝因慈安太后和蔼可亲，所以常去省视，反把亲生母后抛诸脑后。慈禧太后更加心中不悦，有时就把皇后传入宫内，叫她从中劝谏。皇后虽是唯唯遵命，花前月下，私语喁喁，将太后所说的言语和盘托出，反激起皇帝懊恼。背后言语，总有疏虞，传到慈禧太后耳中，索性迁怒皇后，对她恨之入骨。

慈禧非常喜欢听戏，她把外城戏班召进宫来，称为供本。慈安性情和蔼诚实，本是无可无不可的，便沾了慈禧太后的余润，得便也是听戏消遣。大清旧例，婆媳之间，礼节最繁，皇后也便时常陪侍左右。所演的戏多是男女偷情和奸杀淫乱一类，皇后的性情，原不是轻浮佻达，所以遇见这种戏剧，便把脸对了墙壁，看也不看。

慈禧见她这般模样，便道："这种戏演得很好。你怎么不看呢？"

皇后道："淫秽到这般地步，还值得一看吗？"慈禧更加恨了起来。有一天，皇后正陪着两宫太后看戏，同治无意中闯了进去，皇后便微微地笑着，站起来迎接。慈禧便斥道："见着皇上，应该好端端地迎驾，怎的放出狐媚手段，去迷惑圣心？"皇后无端受了一番训斥，难过地俯首无语，同治见了便忍着气走了。慈安见皇后羞惭得恨无余地可入，不觉疼怜起来，便搭讪着和皇后说了几句。直到戏散，皇后戚然回到自己的寝宫，想起胸中积闷，放声大哭起来。

慈禧见同治和皇后打得火热，心里边很不高兴，并替慧妃不平，便对同治说道："皇上当知祖宗创业艰难，千万不要常至中宫，应当勤于政事，况且皇后不很贤慧，更未能熟谙礼节，比较起来，实在不如慧妃，皇上以后就该好好地对待慧妃才是。"同治当时听着，口里虽唯唯应允，心中却大不为然。回到自己的内宫，依旧不与慧妃亲近，慈禧又下谕给皇后道："皇上初次亲政，国事为重，不可常宿中宫。"消息传到慈安那边，慈安心想慈禧此谕未免有些蹊跷，想给同治和皇后

两人依旧撮合在一处，只因慈禧的谕上所凭藉的话，应以国事为重，用了这种大帽子来压人，倒觉得无可措辞，也就只得忍着不言。

皇后被慈禧强迫与皇上分离，精神上真是痛楚万分，但天天遵守规例早起，仍须往两宫皇太后面前叩头请安。慧妃因为得了慈禧的宠幸，又眼见皇后已遭训斥，心中十分得意。有时在慈禧宫中，和皇后相遇，她眼见慈禧对待皇后的模样，也便摆出一种很鄙视的态度。慈禧私自嘱咐李莲英，待同治有时召幸妃嫔的时候，把慧妃背到御床。谁知同治见了慧妃，触起慈禧太后待皇后的心事，便理也不理地挨到天明。同治不能和皇后呆在一处，想要召幸别的妃嫔，又因李莲英常把慧妃背来塞责。帷帏之私，实已毫无趣味可言。同治从此也不再召幸妃嫔。

同治帝连日怏怏，时常无端暴怒。内监便想出法子，带着同治帝微行，到民间采风观俗。其实就是嫖妓。

同治帝与太监周道英夜间出宫，穿过六街三市，到了南城一带。那里一向是娼寮聚居的地方，酒地花天，金吾不禁。他微服出游，最怕碰见王公大臣。因此，凡是大的娱乐场所、大店铺、大饭馆都不敢去。他光顾的地方是天桥夜市场、韩家潭妓院以及冷僻街道的茶馆、酒店，与窑姐一宵恩爱，说不尽几许风流。春宵苦短，同治天不亮，就要回到乾清宫，仍旧按向来惯例到前殿上朝，大臣们都没有丝毫察觉。退朝回来，同治也仍到两宫太后处请安，两宫皇太后也是毫无觉知。光阴荏苒，一晃过了数月。日子渐久，胆子也渐渐地大了，便不再叫周道英跟着，独自走动起来，所认识的窑姐儿，也越来越多。秦楼楚馆的温柔滋味，与宫中大不相同。个个妖艳，眉挑目语，无非卖弄风骚，同治真愿此生长老于此温柔乡。

翰林院侍读王庆祺是花月场里的老手，同治与他时常切磋，而后君臣同嫖。不久又加上恭亲王的儿子载澄。载澄曾在弘德殿伴读，自小与同治帝相伴。载澄是有名的纨绔子弟，一向把性命看得很轻，常常酒后发兴，只求眼前一时快乐，却不顾后来的情形，不惜重金，到处寻觅春药。同治近墨者黑，也时常服春药以求一时之欢。日子久了，北京城里逐渐传遍了同治帝微服出游的事，只瞒着两宫太后。

这天同治在街市闲逛，忽然看见一名二十来岁的少妇，打扮得十分明艳，那一双媚眼，更是澄清朗彻，和秋水一般。抬头见同治站在面前，笑了一笑。同治逛窑子已很久了，料到少妇不是良家妇女，便

挨近少妇身边，少妇又回头对同治笑了一笑。同治虽是久经风月的人，但见了少妇的媚态，却像失了魂魄似的，便大着胆子，抢步上前，挨近她身边说："姑娘奔跑太劳，何不同去歇息？"少妇假装羞赧，同治便与少妇找了一家客店，谁知风流过后，同治染上了花柳病。

这种风流毒疮，传染蔓延很是迅速。遇到身体虚弱的人，更是来势凶猛，往往当天发作，立刻溃烂。也有十来天不治而死，也有月余不治而死的。同治拼命在花月场中厮混，身体本来很虚弱，现在又染得风流疮毒，疮毒便无孔不入。身体很快又发起热来，宫监们去奏知两宫太后。不多时，太医已到，问起病情，同治便说偶然发些寒热罢了。太医们便斟酌开上药方，照方配药。隔了几天，同治满面起了疮痘。两宫太后见了大惊，却又以为同治是发了痘疹，召太医们入宫诊视。太医见了同治的模样，大吃一惊，心想这种模样，分明是梅毒发作，但以为皇帝不应生此恶疾，听得两宫太后声声说是痘诊，只得开了痘疹的药方。同治怒躁道："我不是患天花，何得以天花治！"太医奏："太后命也。"

染上淫毒，起初还可支持，等到十月，连头面上都发现出来。宫廷为了保存颜面，盛称皇上生了天花。蕴毒越深，受病越重。十一月初，御体竟不能动弹，皇后前来看望，不敢闯进屋内，只得隔窗问候。慧妃正走向宫中来，听得皇后的声音，急忙转身走到慈禧太后宫里说："皇上大病才有转机，见了皇后，怕又要糟蹋了身子，再发起病来可不是玩的。"

皇后退出以后，不到多时，慈禧来了，便问道："可有人来过？"小宫监不敢隐瞒，直说："皇后娘娘来过一道，隔窗说了几句话。"慈禧太后听着，也不出声。隔了一天，同治病忽然又发，疮疥又红肿起来。慈禧太后见了大惊，立刻传旨把皇后唤来。皇后战战兢兢地来到乾清宫。慈禧照准皇后的脸打了几巴掌，直打得皇后脸青唇肿。

慈禧太后叱道："骚狐精！我打了你，你可心服吗？"

皇后道："老佛爷应当责打的，怎敢不服，只是奴才有何罪名？"

慈禧道："好个骚狐精，自己做的事，还敢躲赖吗？我先问你，皇上病到这般地步，你还是妖媚无耻，想必把皇上的命送掉了才歇吗？"

皇后听着，才知道为了自己昨天问候的事情，便跪奏道："奴昨天到此问候，因为老佛爷有旨在先，不敢进内，隔窗请了皇上圣安，立刻退出的，怎敢妖媚无耻，伏叩老佛爷圣鉴。"慈禧听了，哼哼地冷笑

了几声，叱道："不打总不肯招。"说罢，便命李莲英把皇后拖去笞责。同治在床上想挣起身来，跪求饶恕，只因病势已重，哪里还挣得起来，便伏枕叩头道："老佛爷请息雷霆之怒，姑且饶她一次吧！"慈禧见同治出来说情，便照准皇后的脸上，又是几下。慈禧十指上带着那金指甲，把皇后的面上抽得血痕缕缕。同治情急之下，晕倒在床上。慈禧这才罢手。同治帝从此卧病不起，日益恶化。

同治心情悒郁，加上药不对症，不多久便下部溃烂，臭不可闻，面颊肿硬，牙浮口粘，头发统都脱落。十二月初五日，死于养心殿东暖阁，年终十九岁。民间流传着一副对联："不爱家鸡爱野鹜，可怜天子出天花。"皇后为自己渺茫的前程感到绝望，自寻死路，到光绪元年（1875 年）二月二十日猝死在储秀宫，时年二十二岁。

关于同治的死至今有多种说法。至于"死于天花"之说，根据内廷李越缦、翁同龢的笔记所载："十一月穆宗生天花，偏体蒸灼。"徐艺圃撰《同治帝之死》也认为同治死于天花。清代档案《万岁爷进药用药底簿》，比较详细地记录了自同治十三年十月三十日下午得病，召御医李德立、庄守和进宫请脉起，直到十二月初五日夜同治病死，前后 37 个脉案、所开的处方、共配了 106 服药的情况。据这份脉案的记载，同治是死于天花。同治帝的"脉案"，留到今天，确实有助于解决和澄清一些历史上存疑的问题。但脉案由背后更深的政治动机决定。"梅毒"二字，御医是不敢说的，也不敢按照梅毒来治，脉案上就不会记载。

清皇室对天花相当畏惧，顺治帝就曾颁布"避痘谕旨"，但他最终还是难逃天花，据说清廷后来选择了康熙的原因，即因他已经出过痘，终生对天花免疫。当时已有种痘的技术，同治贵为天子，他怎么可能没有接受过种痘呢？如果确实接受了种痘，天花就算不幸在他身上发生，他也应该具有一些抵抗力，不至于如此脆弱。中国民间有句俗话说："生了孩子只一半，出了天花才算完。"据记载"两宫太后俱在御榻上持烛令诸臣上前瞻仰"，照理说，天花是一种极强的传染病，世人视之为毒蛇猛兽，但两宫太后与诸臣子竟然还敢上前瞻仰，这与清初宫廷恐怖避痘的措施大相径庭。这也是同治是否得天花的一个疑点。

在大多数外史里都记载同治死于梅毒的传闻。外史有时并非一定不可信，反而可以反映出正史的矛盾之处，而发挥它的史料价值，或是提供人们不同视角下所显现出来的历史图像。《清稗类钞》中认为同治死于梅毒。清朝初年,从顺治到雍正,颁布过几次调令,采取过一些措施,禁止和取缔卖淫嫖宿。顺治八年(1851年),奉旨停止教坊女乐。雍正年间,又谕令废除官妓。但是过了不久,反而进一步地蔓延发展了起来。雍正之后的几代皇帝对于娼妓的活动也多听之任之,令虽行而禁不止,乾隆皇帝巡视江南时甚至亲自召幸过女伶昭容和雪如。乾隆以后,娼妓兴盛,当时来华的日本人对此也有记载,《唐土名胜图》认为,古今风土变迁,最可玩味者,莫如戏楼与妓馆。其中的《东西青楼之图》,描绘北京的灯市口之东一带,妓均长袍盛妆,弹筝侑酒,绣帘红烛,迥非今世所见。咸丰时,北京的妓风大炽,"胭脂石头胡同,家悬纱灯,门揭红帖,每过午夜,香车络绎,游客如云,呼酒送客之声,彻夜震耳,士大夫相习成风,恬不为怪,身败名裂,且有因此褫官者"。乾隆都可以下江南嫖妓,同治就近在北京风流也是有很大的可能。

另据当时外国人推测,同治可能死于政治阴谋。1875年1月17日的《纽约时报》做了这样的猜测:"一些悲观失望的外交家很可能会推测,正如当两位日本天皇相继暴卒时他们所推测的那样,这次同治皇帝之死是真正在幕后执政的那些人所策划的,他们期望以此能推阻洋人修约的计划。同治皇帝没有自己的儿子,他把皇位留给了一个未成年的继承人,大清帝国的实际统治权将因此再次落到摄政者的手里。"

6. 同治帝临终遗诏到底写了些什么

清宫规矩,皇帝要到某妃嫔宫中,事先必须由皇后传谕那位妃子,让她事先预备,然后皇帝大驾才前往。皇后的圣谕必须加盖皇后玉玺。如果没有传谕,或有谕而未加盖玺印,皇帝即使驾临,妃嫔应该拒之不纳。这条规矩是沿袭明朝旧制。明世宗嘉靖帝自从宫女杨金英谋逆以后,便做出了这一规定,以防不测。同治帝患重病之后,一天病情稍稍好转,忽然要到凤秀之女的宫中去。他把想法告诉了皇后,皇后拒不同意。同治一再请求,竟至于跪下不起。皇后不得已,只好盖玺传谕,同治这才欣然前往。谁知第二天早晨同治的病情突然恶化,急

召太医诊治，已经回天无术了。皇后为此十分后悔。

有一种传说，同治临终时，在寝宫单独召见他的启蒙老师、军机大臣李鸿藻。李到达后，同治立即命令他入内，当时皇后正在同治身旁侍候，连忙躲避。同治制止她，开玩笑说："不必回避，师父是先帝老臣，你乃是门生媳妇。我正有重要事要说，你何必躲避。"李鸿藻见皇后在同治病榻前，急忙脱帽跪伏地上。同治说："师父快快请起。现在不是讲究礼节的时候。"说着，他拉住李鸿藻的手叹道："我的病看样子是好不了了。"李鸿藻忍不住痛哭失声，皇后在旁边也哭了起来。同治又一次制止他们："现在不是哭的时候。"他回头看着皇后说："朕死后，必定要立一个继嗣，你如果看中了谁，现在马上就说。"皇后说："国赖长君，古有明训。我实在不愿为了太后的虚名，抱着一个不懂事的小孩子而给祖宗社稷带来灾祸。"同治宽慰地笑了笑，说："你懂得这个道理，我就不必担心了。"于是同治与李鸿藻商量，决定由贝勒载澍入宫继承帝位，并口授遗诏，命李鸿藻在他病榻之旁写下，共有一千余字。当时为了防备慈禧太后，此事做得十分机密。遗诏写好后，同治看了一遍，还对李鸿藻说："不错。师父暂且去休息，明日也许还能见上一面。"李鸿藻走出同治寝宫，浑身战栗，面无人色，立即赶到慈禧宫中请求召见。慈禧应其所请。李鸿藻一进宫中，马上从袖中掏出遗诏奉上，慈禧看罢，怒不可遏，随手把遗诏撕得粉碎，丢在地上，高声把李鸿藻赶出宫去。接着，她下令断绝同治的医药和饮食，不许任何人进入乾清宫。稍后，同治病亡的噩耗便传播出来。后来贝勒载澍遭了大祸，其中原因也可能在于此。

十一、傀儡天子光绪帝的悲惨岁月

龙登大宝竟可哀，
又见垂帘太后来。
御海愁波深几许，
烟台哭罢哭瀛台。

1. 光绪密诏当真不利于慈禧太后么

光绪皇帝曾在戊戌政变前发出两次密诏。这大概和政变的发生有着密切关系。第一道密诏交给杨锐，第二道密诏交给林旭。那时，光绪和慈禧太后两党倾轧日深，太后党的阴谋逐渐暴露，使光绪皇帝感到"今朕位几不保"，叮嘱康有为等"妥速密筹，设法相救"。

交给杨锐的第一道密诏，虽然光绪皇帝"十分焦灼"地等待，但杨锐却没有把密诏送给康有为"力谋救上"。

杨锐是张之洞的亲信。身为封疆大吏的张之洞有什么事，不找他在北京的儿子，却总是叫杨锐代办。杨锐经常给张之洞提供京中情报，使张之洞在外省就能随时掌握北京的政治气候。据说张之洞的《劝学篇》——与康有为唱对台戏的著作，就是杨锐代拟的。

慈禧太后听说光绪曾经颁过不利于她的密诏，命令在宫廷等地大肆抄查，但始终没有找到。

慈禧和光绪相继去世之后，到了宣统元年，忽然有人到北京都察院拦舆告状，呈上了光绪给杨锐的密诏。目的是为了说明光绪的密诏并无不利于慈禧太后之处，给杨锐申冤昭雪。

献密诏的人，是杨锐的儿子杨庆昶和他的门生黄尚毅。1898 年，在逮捕杨锐的时候，他两个也曾被株连，后来被释放了。

杨锐被押到刑部狱中之后，他的门生黄尚毅知道光绪曾有密诏，本想呈上去，表示其中并无不利于慈禧西太后的话，但考虑到慈禧心毒手辣，不敢冒险，于是对杨庆昶说，如果搜得手诏，一死必不可免，如果烧了，将来就没有昭雪的机会。他叫杨庆昶将手诏密缝于他的衣带之中，保留下来。杨锐被斩杀之后，他和杨庆昶扶柩出京回四川原籍，将手诏密藏了十二年。

宣统元年（1909 年），他将光绪手诏上缴都察院，"以光先皇帝圣德，慰我皇帝大孝之恩。"力辩其父杨锐的冤案，奏请昭雪。

当时执政的摄政王载沣见到这奏本之后，有种种顾虑，没有加以处理，做了"留中"的批示；后来，咨政院陈宝琛提议昭雪，通院赞成，但仍然搁置不理，一直没有结论。

2. 光绪皇帝为什么不喜欢隆裕皇后

光绪帝七岁的时候，慈禧给他找了两个伴臣。一个是恭亲王的孙子，另一个是慈禧弟弟桂祥的女儿静芬。皇帝的伴臣、伴读，从来都是男孩子，这回慈禧却破格挑了一个女孩子。她对此的理由是：找不出别的合适的男孩子。这当然不是事实。

慈禧的主意，是为皇帝找一个准皇后，让他们从小厮守一起，以培养感情，成年之后，就水到渠成。慈禧谋算，皇帝是自己亲妹妹的儿子，皇后又是自己亲弟弟的女儿，大清朝就完全落入自己的掌握中了。

静芬比光绪帝大三岁，光绪帝不喜欢她。他嫌她成天阴沉着脸，不苟言笑，不喜欢玩具，对周围的一切都那样冷漠无情。但他不便明说，只得古为今用，借古人的话为自己解脱。他对慈禧说："亲爸爸，孩儿现在满七岁了。孔夫子说过，男女七岁不同席，孩儿怎么可以同她一起读书呢？"

慈禧早已看出，光绪帝不喜欢自己的侄女，但她也不点破，强忍着不快说："皇上，难得你熟记圣贤的书，不过孔夫子的话是对奴仆臣民们说的，对一朝天子是不合用的。"

静芬进宫以后，光绪帝处处讨厌她，不理她，挖苦、讥嘲她，连她走路，也觉得是假装出来的忸忸怩怩，弄得她常一人偷偷伤心落泪。慈禧想法硬把他们往一块儿拉，让光绪帝教静芬射箭，但一切都枉费心机，光绪帝心中根本就没有静芬的位置。他骂她又笨又没有力气，不是射箭的料子。静芬的地位毕竟是一个伴读，慈禧也不好深责他，只得暂时将就。

光绪帝到了十岁，慈禧把他叫去，问他皇帝最重要的事情是什么。

光绪帝回答说是治国安民。慈禧却说这并不是最重要的职责，因为治国安民别人可以代替；意思是，这件事她可以代替。慈禧指出，结婚生孩子传位，让大清江山继承有人，一代一代延续下去，这是别人无论如何也代替不了的。

十岁的孩子，当然还不理解结婚的需要和意义。慈禧见他不乐意地撅着小嘴，便说道："我也不要你马上结婚，不过按祖宗规矩，应当先把婚事定下来。"接着，她又讲了她煞费苦心为他寻找称心如意的姑娘，操碎了心，才在成百上千的姑娘中挑出了一个配做国母的人。慈禧转弯抹角谈了半天，才谈到光绪帝急于想知道的话：那位姑娘到底是谁。慈禧盯着光绪帝说："那位姑娘已经陪你好几年了，她就是你的表姐静芬。"光绪帝一听，双眼突然失去了神采。慈禧看到了这一宣布对光绪帝的打击，便说道："你四岁进宫，亲爸爸一手把你抚养到这么大，你一定要听话，决不能三心二意，辜负了我的一片心意！"说完就抽泣起来，又抹鼻涕，又擦眼泪，挺伤心的。

光绪见平时冷漠中带着几分凶残的慈禧这时也表现了一份柔弱的情绪，顿时便心软下来，说："孩儿听亲爸爸的话，依亲爸爸的就是了。"

慈禧心里明白，这并不是他的由衷之言，自己也不好做得太过分，便让他回去了。出了储秀宫，光绪帝再也忍不住一腔委屈，两眶热泪，像决了堤的湖水，一齐涌流出来。但光绪帝听见老太监王商说，男女订婚之后，到结婚前的六七年里不能再见面，又让他感到一阵快活：他可以在这些年中不会看见那个令他厌恶的人了。

按清朝的惯例，皇帝娶皇后以前，要先纳几个妃子侍候皇帝。但工于心计的慈禧又有意破了祖宗的规矩，她没有让光绪帝纳妃。她怕纳妃会分散皇帝对亲侄女的爱，又怕妻妾纠纷，带来麻烦。

时光的流逝，对光绪帝和静芬两人有迥然不同的感觉，光绪帝觉得太快，静芬却觉得太慢。时光当然不会照顾他们的心绪，照样如穿梭一样过去。婚期渐渐临近了。光绪帝更加愁闷起来。他的老师翁同龢开导他说："皇上婚期到了，应当高兴！"

"为什么？"光绪帝想不到，他一向引为知己的老师会这等不理解

自己。

"因为按我朝制度，皇帝在大婚之后就要亲政了。皇上不是素怀治国安民的大志、振兴大清的雄心吗?"

一句话使光绪帝茅塞顿开，忧愁飞散。他赶忙施礼道:"谢师父金石之言，否则朕几乎因小失大了。"从此以后，光绪帝渴望起婚期来了。不料，到他十八岁的时候，慈禧却借口当年不吉利，婚期要推迟一年，这样她就可以缓一年交出权力。

第二年，光绪帝终于同静芬举行了婚礼，但热烈的朝贺销声敛迹之后，洞房的新婚夫妇却一个坐在喜床上，一个坐在椅子上，默默地度过自己的花烛良宵。这以后，彼此来往更少。光绪帝钻进自己的寝宫里埋头读书，静芬——即后来的隆裕皇后则自欺欺人地一边守着活寡，一边还在人面前摆着她皇后威严的架势。

慈禧为定储选后恐怕还有另一种目的，那就是让她的侄女静芬（隆裕皇后）监视光绪皇帝的一切言行举动。

3. 慈禧为什么要举办光绪天价大婚

同治十三年十二月初五日（1875 年 1 月 12 日），清同治帝载淳病逝。慈安、慈禧两太后决定，由醇亲王奕𫍯之子载湉继文宗（咸丰皇帝）为子，入承大统，继嗣皇位，此为光绪皇帝。当时载湉只有三岁半，自然由两宫皇太后垂帘听政。

等到光绪十四年（1888 年），载湉已长大成人，理应亲政。按清制，皇帝亲政前要举行大婚典礼。于是由慈禧太后决定，于光绪十四年十月初五日选立副都统桂祥之女叶赫那拉氏为皇后;同时选定长叙之十五岁女儿他他拉氏为瑾嫔，十三岁女儿他他拉氏为珍嫔。大婚典礼定于光绪十五年（1889 年）正月二十七日举行。

大婚典礼的仪式和礼节极为隆重繁缛。皇后选定后，要举行一系列礼仪:十一月初二行纳彩礼，十二月初四行大征礼，十五年正月二十六日祭告天地、太庙，二十七日行册立、迎奉礼，同日行合卺礼，

二月初二日行朝见礼，初四日行庆贺礼，初五日行筵宴礼，初八日行祈福礼。至此大婚礼成。整个大婚吉期，自正月二十日起至二月初九日止，共二十天。在此期间，除正月二十一、二十三、二十九、二月初七这四天不计外，其余十六天内，"不理刑名，京外文武百官咸衣蟒袍补服，常朝处衣朝服"以示喜庆。

大婚典礼的筹备工作，早在一年半以前就着手进行。光绪十三年（1887年）闰四月十四日慈禧太后发出懿旨："皇帝大婚典礼崇隆，允宜先期预备，一切应办事宜着派总管内务府大臣遵照会典敬谨办理。……所有支发款项，着醇亲王奕譞随时稽察，以期核实。至各衙门应行备办事宜，并着敬稽典礼，先期具奏，候旨遵行。"为此，设立了专门机构——大婚礼仪处，专司大婚典礼一切应办事宜。

大婚典礼需要备办的各种物品，其种类之多、数量之大，几乎难以统计详尽。这里仅就几项主要应行备办物品介绍给大家。

（1）纳彩礼

纳彩礼，就是向皇后母家赠送具有定婚之意的彩礼。其礼品包括：文马四匹（随带鞍辔）、甲胄十副、缎一百匹（其中明黄妆缎、大红妆缎、绿闪缎、大红缎、绿缎各二十匹）、布二百匹。此项折银约二千两。受礼之后，为了庆贺礼成，还要在皇后邸第举行纳彩宴，赏皇后父母饽饽桌一百张、酒筵桌一百席、羊一百一十九只、酒一百瓶。纳彩宴桌张及物品，均由内务府御茶膳房预备，仅此项花费即需白银七千二百八十九两之多。

（2）大征礼物

迎娶皇后入宫前，还要举行大征礼，向皇后家送一次大婚礼物。大征礼物包括有：黄金二百两、白银一万两、金茶筒一具、银茶筒二具、银盆二具、缎一千匹、文马二十匹（随带鞍辔）、闲马四十匹、驮甲二十副；赐给皇后父母：黄金一百两、银五千两、金茶筒一具、银茶筒一具、银盆一具、缎五百匹、布一千匹、马六匹（随带鞍辔）、甲胄一副、弓一、矢一箙、冬夏朝衣各一袭、冬夏衣各一袭、貂裘各一领、上等玲珑带一束；赐皇后祖父：缎一百匹、布二百匹、马四匹、鞍辔四副；赐皇后弟：缎四十匹、布一百匹、马二匹、鞍辔二副；赐

从人银四百两。此项礼物，除花费黄金四百七十四两外，共折银二万五千七百余两。

（3）皇帝用大婚物

皇帝结婚时，需要准备的冠服、朝珠以及其他金银玉器，数量之多令人惊叹。计有：金如意二柄（一重七十两，一重六十两）；各种朝冠十四顶，其中包括金镶珠顶冬朝冠三顶（分别由薰貂、元狐、海龙制成，每顶上镶大正珠十五颗，珠顶一颗），金镶珠顶前佛后龙凉朝冠一顶（上镶大东珠十五颗、珠顶一颗、前佛大东珠十五颗、后龙大东珠七颗），薰貂、海龙、天鹅绒冠四顶，凉冠二顶，福寿如意冠四顶（冠上分别缀红碧瑶、红宝石桃式帽花和金点翠菊花、玉美人帽花）；东珠、珊瑚、红碧瑶、绿玉、琥珀等各种朝珠、念珠、手串十五盘；绿玉、脂玉、伽南香、金珀等各种搬指九件；脂玉、绿玉、玛瑙等各种烟壶十二件；各种镶金玉钩答、带钩、觿子、佩二十一件；金珐琅花卉双珠口表四对；各种绸缎制作的皮、棉、夹、单朝袍、朝褂、龙袍、龙褂，各种质料的鼠袍、鼠褂、棉袍、棉褂、夹袍、夹褂、单袍、单褂、纱袍、纱褂，各种紧身等共五十六件，暖靴、凉靴各十双。

（4）皇后用大婚物品

大婚时，皇后应用的冠服、钿钗和珠宝玉器，比起皇帝来有过之而无不及，其奢华更为惊人。计有：金如意二柄（各重六十两）；各种朝冠十顶（其中海龙、薰貂冬冠各一顶，各缀金凤十一只，内八只上镶大东珠七十二颗、小东珠一百六十八颗，顶凤三只，上镶大东珠十二颗、小东珠六十颗，贯顶大东珠三颗，珠顶一颗，猫晶石八件，上缀帽尾穗一挂，金镶青金石结一件，上镶东珠六颗、正珠六颗，上穿正珠四百七十九颗……薰貂、天鹅绒珠顶葫芦冠各一顶；薰貂飘带冠四顶，薰貂云子飘带冠二顶。金点翠凤钿二顶（上分别镶缀大小正珠、茄珠、珍珠、东珠共七百一十一颗，各种宝石、绿玉、珊瑚饰坠共四百一十四件）；金点翠钿尾穗二十挂（上分别穿珍珠、正珠共二千零八十颗，各种宝石饰物共三百件）；金点翠大挑四对、中挑四对、三挑四对（大挑每对上穿正珠二百四十四颗，中挑每对上穿正珠二百零八颗，

三挑每对上穿正珠一百六十六颗）。金点翠穿珊瑚米珠双喜满簪钿一顶（上镶绿玉梅花七十七朵，花芯上镶正珠七十七颗，旒苏上穿正珠五十四颗，各色宝石、珊瑚饰坠等一百三十九件）；金点翠穿珊瑚米珠珍珠桂花满簪钿、金点翠碧瑶葫芦花银边钿、金点翠长寿花寻常钿共三顶（上镶大小正珠共一百四十三颗、茄珠八十六颗，各种宝石、珊瑚等饰物三百一十六件）；金点翠三挂旒苏、双挂旒苏、单挂旒苏各一对，珊瑚、绿玉挑杆双挂和单挂旒苏共八对（上穿正珠、珍珠三百三十六颗，各种宝石饰物一百一十六件）。东珠、珊瑚、红碧瑶、绿玉、琥珀、金珀、伽南香等各种朝珠十一盘，金镶珊瑚领约二件，明黄缎和绿缂丝绣五谷丰登采帨两分（每分上穿珍珠八十七颗，各种宝石、珊瑚等饰物、玩器二十七件）。各种环坠六对，各式宝石耳饰十七对，各式扁圆镯子五对，各种宝石花钉十对，金点翠宝石、珍珠、绿玉、红碧瑶抱头莲四枝，各种金镏子十四件，珍珠、绿玉、脂玉金戒箍五对，脂玉、绿玉、伽南香等各式长扁簪二十八枝。各种念珠、手串八盘，各式珮十八件，各种金点翠扁针、戳针翠花十二匣，各种金点翠穿红米珠喜寿字褂钮六分，金托灯草大蝴蝶二对。各种朝袍、朝褂、朝裙、龙袍、龙褂五十一件，其中有一件明黄江绸绣五彩金龙珠宝棉朝袍，上缀正珠二万一千零十三颗，珊瑚豆三千三百五十四件，米珠二百零八颗，金结一百二十五件，各色真石四百一十件；另一件石青江绸绣五彩金龙珠宝夹朝褂，上缀正珠二万三千零三十三颗，珊瑚豆四千一百八十二件，金结一百五十件，各色真石四百七十八件；还有一件石青江绸绣五彩金龙珠宝夹朝裙，上缀正珠一千五百四十六颗，珊瑚豆三百五十四件，金结二十九件，各色真石八十九件。各种质料的衬衣、氅衣、紧身、褂襕、马褂共二百三十六件，各种随领衣四十四件，各种里衣八十分，各色鞋袜八十双，堆花针黹四十分，针黹二百五十四分，包头手巾二十四匣，翠花一百匣，等等。

（5）嫔位用物

瑾嫔和珍嫔所用朝帽、钿钗、玉器、衣服等，虽与皇帝和皇后应用物品相形见绌，但其数量仍是可观的。

瑾嫔用朝帽、钿钗、衣服、玉器等物品有：海龙朝帽一顶，薰貂、

天鹅绒金累丝镶红碧瑶葫芦帽二顶，薰貂瓢带帽二顶；各种金点翠钿四顶，金点翠钿尾穗五挂，金点翠大挑、中挑、三挑三对，金点翠三挂、双挂、单挂旒苏七对，各种朝珠五盘，金镶领约二件，绿缎采帨二分；金点翠环坠二对、耳饰二对，各种长扁簪八枝，金玉圆扁镯二对，金玉镏子五件，金点翠抱蕊梅花、珍珠花钿二对，金点翠抱头莲二枝，金玉、珍珠戒箍三对，猫眼石手串一盘，金点翠褂钮二分，金托灯草大蝴蝶成对，金点翠旒苏扁针大翠花一枝，金点翠万蝠和百子蜻蜓扁针翠花二枝；各种朝袍、朝褂、朝裙、蟒袍、衬衣、氅衣、宽袖、马褂、紧身共七十八件。

珍嫔应用物品与瑾嫔基本相同。

为了给帝后、嫔位制作龙袍、蟒袍、朝袍等各种衣服，指派苏州、杭州、江南三织造分别承制各色大缎、云缎、罗缎、素缎、纺丝、绫绢二千八百余匹，绢线二千斤，环缨二千斤，共支银十万零四千五百五十余两。这些缎匹，由于"御用"，要求极严，务要"织绣精致，质地鲜明，毋任稍有草率舛错"，必须"采买纯细经纬，严督工匠加工织办，不容稍事粗疏"。并且因为是"立等应用，刻不容缓之件"，"事关典礼要差，万勿稍延"，因此，必须"昼夜加紧赶办，依限解部"，按期完成。

(6) 皇后妆奁

迎娶皇后，除需备办前述皇后应用冠服、钿钗等项物品外，还要陪送一大批金银木器等嫁妆。计有：金如意三柄，玉如意成对，帽围五百七十三匣，领围五百七十三匣，各色尺头二十七匹，各色福履五百七十三匣，针萧五百七十三匣，各色花手巾五百七十三匣；脂玉谷穗平安一件，铜珐琅太平有象桌灯成对，红雕漆喜字桌灯成对，金大元宝喜字灯成对，金小元宝喜字灯成对，金油灯一件；紫檀雕福寿镜二件，紫檀雕花洋玻璃大插屏镜成对，金福寿双喜执壶杯盘成对，金粉妆成对，金海棠花福寿大茶盘成对，金如意茶盘成对，金福寿碗盖成对；金胰子楂、金桂花油楂、银胭脂楂、银油楂、银槟榔楂各成对，金漱口碗、金抿头缸、银粉楂、金牙筋、金羹匙、金钗子、金漱口盂、金爹斗各成对，金洗手盆一件，银痰盆一件，银沤子罐成对；

金点翠红白玛瑙桂花盆景、红碧瑶玉堂富贵盆景成对，事事如意榴开百子点翠大盆景成对，脂玉夔龙雕花插屏成对，汉玉雕仙人插屏成对，脂玉雕鹤鹿插屏成对，五彩瓷八仙庆寿镈成对，脂玉雕西蕃瑞草方彝一件，古铜云雷鬲一件，古铜周父癸鼎一件，御制珐琅提梁卣一件，雕汉玉觥一件，古铜三足炉一件，汉玉兽面炉二件，古铜蕉叶花觚一件，均釉灵芝花觚成对；脂玉、绿玉、翡翠等各种图案花纹果盘、大碗八对，脂玉、汉玉、翡翠等各种扁瓶、盖瓶多件，脂玉、汉玉雕鱼龙、松鹿鹤山、仙人山子、喜梅仙人山子、和合山子、荷莲双喜等六件，古铜麒麟成对；金转花洋钟成对，金四面转花洋钟成对，铜珐琅玻璃转花钟成对，古铜周钟一件，镀金坐表成对；铜珐琅龙凤火盆二对，紫檀雕花玻璃花卉戳灯二对，紫檀雕花大宝座一张，紫檀雕花炕案二对，紫檀事事如意月圆桌成对，紫檀茶几二对，紫檀足踏二对，紫檀宝座椅八张，紫檀雕花机凳八张，紫檀雕花罗圈椅八张，紫檀琴桌二对，紫檀连三抽屉桌二对，紫檀雕花架几案二对，紫檀雕花架几床一张，紫檀书格成对，紫檀雕龙盆架一件，金面盆一件，大红缎绣金双喜帐子一架，紫檀雕花匣子二十件，朱漆雕龙凤匣子二十件，紫檀雕花箱子二十只，朱漆雕龙凤箱子二十只，紫檀雕花大柜二对，等等。这些嫁妆，于光绪十五年正月二十四、二十五两日分两次共二百抬恭进。

（7）后嫔铺宫器皿

皇后、嫔位进宫前，其在宫内的住所也需要备办一批金银器皿。皇后铺宫应备器皿有：玉杯金台盘一分（八成金重六两九钱），金执壶二件（每件重六十两），金方一件（重一百两），金盘十六件（每件重十五两），金碟六件（每件重八两），金碗四件（每件重十两），金茶盅盖一件（重三两），金镶松石匙一件（重二两五钱），金匙二件（重三两一件，另一件镶松石重二两三钱），金三镶牙箸一双；银方一件（重七十两），银折盂一件（重三十两），银盘子二十件（每件重十六两），银碗十件（每件重十六两），银碟十件（每件重二两），银茶盂盖八件（重一两六钱一件，重二两六件，重一两三钱一件），银匙十件（重二两六件，重一两四件），银三镶牙箸六双，银二镶牙箸二双，银

257

柿子壶二件（每件重六十两），银小茶壶一件（重三十五两），银背壶八件（每件重三十两），银铫子二件（一件重三十五两，一件重二十八两），银西洋壶二件（每件重六十两），银锅二口（一口重一百五十七两四钱，一口重五十两），银罐二个（每个重二十两），银勺三把（一把重五两五钱，两把各重二两五钱），金云包角桌二张，银卡子二件（每件重十六两），银叉子二件（每件重八两），金叉子二件（每件重一两三钱），包金茶盘一对（一重三两一钱七分，一重三两一钱二分），钱茶盘一对（一重三两一钱六分，一重二两九钱）。

瑾嫔和珍嫔铺宫应用器皿，与皇后铺宫相比，简直似天壤之别，无论种类、质量或数量，都相差悬殊。瑾嫔铺宫器皿仅有：银茶碗盖一件（重二两一钱三分），银柿子壶一把（重六十两），银茶铫一把（重十四两五钱五分），银喜字头匙一把，银三镶牙箸一双。珍嫔铺宫器皿与瑾嫔相同。

上述皇帝、皇后、嫔位应用物品、妆奁和铺宫器皿，俱为"内办"。因此，其工料价银是很难计算清楚的，其价值更是无法估量。

（8）册立、迎奉礼备办器物

到了择定的正式举行大婚典礼的日期，要举行隆重的册立、迎奉礼。这一天，举国上下都要张灯结彩，以示喜庆。皇宫之内，各处亦要悬灯挂彩，装饰一新。为册立、迎奉礼备办的器物包括有：

皇后金宝、金册。礼部铸造皇后金宝，使用二两平足金五百五十两；工部恭制皇后金册、金宝箱、金印池，使用二两平足金五百二十九两。

帝后轿舆。皇帝用十六人礼轿一乘、八人孔雀顶轿一乘、十六人亮礼轿一乘、八人花杆亮轿一乘；皇后用八人孔雀顶轿一乘、八人寻常暖轿一乘、四人孔雀顶轿一乘、四人寻常暖轿一乘、四人亮轿一乘；嫔位用四人杏黄暖轿三乘，共十二乘。制作和修理这些轿舆，制办轿舆上所用各种围帘、门帘、半挡、坐褥、立水、风衣、足踏等物品，分别由造办处和衣库承担，共用银三万八千一百四十八两之多。

皇后仪驾。皇后仪驾、嫔位彩仗所用各种驾衣近四千件，校尉帽

缨需大红绒三千余斤，金节、伞扇、绣片等多件，由杭州、江南织造承办，共用银四万八千五百余两。

各宫踏垫。在举行大婚典礼的日子里，宫内各殿宇、门座等处，都要架彩、悬挂彩绸，铺设地毡。为此，由工部派三织造制办各种彩绸四万二千六百六十余匹，其中由杭州织造制办两万匹（大红七千匹、桃红五千匹、各色八千匹），由江南织造制办一万一千三百匹（大红四千匹、桃红二千一百匹、绿色二千一百匹、黄色二千五百匹），苏州织造制办一万一千三百匹，共用银十七万九千余两；由武备院制作毡片十七万四千八百四十五尺（红毡十四万七千六百六十三尺、白毡九千九百七十尺、黑毡一万七千二百一十二尺，共用羊毛十万零八千五百九十八斤），用银四万一千四百余两；安徽省采办棕毛二十二万五千斤，用银三万零七百八十余两。

各宫、门灯只。皇帝大婚期间，皇宫内各宫殿、各门都要张灯。所需灯只，俱由皮库制办。其名目有戳灯、挂灯、提杆灯、手把灯、羊角灯等。制作和修理这些灯只，共用银三万三千三百余两。

（9）修缮工程

为了迎接皇帝大婚典礼，宫廷内外大兴土木，用于修缮工程方面的耗费，数目也是不小的。其中主要的有：修缮钟粹宫、永和宫、景仁宫等处工程用银七万零一百七十余两；添盖大连房等处工程用银十五万一千零六十四两；修缮乾清宫等处工程用银三万六千六百二十五两；拨三海工程用银五万两；修理后右门、后左门工程银一千五百三十八两；钟粹宫、体顺堂等处装饰墙壁、匾额等用银四千一百余两。以上共用修缮工程银三十一万三千四百九十七两。

（10）筵宴用具和膳品

皇后迎娶入宫后，要在坤宁宫洞房举行帝后大婚合卺礼。此后，还要举行朝见礼、庆贺礼和筵宴礼等。在这些活动中，还需备办各种用具、器皿、膳品、供果等。

由营造司、造办处等备办交泰殿、储秀宫、太后茶膳房等处应用宴桌及各种用具，需银八万七千六百九十余两，由瓷库、九江关等制办铜、锡、瓷各种海碗、盘碟、杯壶等器皿共一万二千余件，耗银二

万一千四百余两；由掌仪司、御茶膳房等备办的各种筵宴、祭祀用膳品、供品等，共用银二万五千一百余两。

（11）乐官、仪驾

由礼部、三织造、光禄寺备办乐官所需朝衣、朝帽、蟒袍、鼓衣、鼓裙、麾幡、束带等，共用银二万六千六百八十余两；銮仪卫、造办处制作纳彩、大征礼和行取妆奁校尉甲胄、服装、帽顶等一千八百套，用银一万二千四百余两；关防衙门制造和修理黄车、青车、车甲衣帽等用银五千四百余两；营造司备办黄绫托盘一百六十块、彩架八十四架、彩墩一百六十八个、彩杆一百六十八根、软彩二百六十六分，以及各宫殿架彩油布、邸第枪架、妆奁彩亭、雨伞等，共用银二万一千余两。

（12）差役人员饭食银

此外，还要支发一大笔参加大婚典礼服务的差役人员的饭食银两，其中有：銮仪卫舁请妆奁和凤舆礼轿校尉饭食一万二千五百八十四两；关防衙门、护军营等支领值班官兵、苏拉、抬夫、厨役人员饭食银八千余两；大婚礼仪处等支领纸张、笔帖式津贴、饭食、茶水、煤炭等银二万三千六百一十七两。

上述仅是光绪大婚的一些主要糜费项目，还有许多备办物品和开支耗用，不一一列述。

光绪皇帝这次大婚，总共所费折银五百五十万两。前列各项"外办"耗费，总共为一百零五万余两，仅占大婚开支总额的百分之二十左右；而由"内办"的帝后应用冠服、朝珠、钿钗、金银珠宝玉器，嫔位所用器物，皇后妆奁，以及后嫔铺宫应用的金银器皿等，占总耗费的百分之八十左右，银四百万两以上。真是糜费不赀。

这些银两主要是从各省、各税关指派筹解的，是从全国劳苦大众身上搜刮来的民脂民膏。虽然清王朝的最高统治者慈禧太后，对筹办光绪大婚曾煞有介事地说："国家经费有常，目下整顿武备，需款孔多，各省时有偏灾，尤宜体念民艰，爱惜物力，朝廷躬行节俭，为天下先，该大臣等，务当仰体崇实黜华之意，严饬承办各员，认真经理，不准稍涉浮冒。"但实际执行却完全相反。大婚典礼的经费，不但没有"节俭"下来，相反是逐步加码的。光绪十三年（1887年）五月二十

日慈禧明降懿旨，光绪大婚应需款项，"着户部先行筹画银二百万两"，各省"预为指派二百万两"。半年之后，光绪十四年（1888年）正月十七日总管内务府大臣福锟面奉懿旨："办理大婚之款四百万两尚不敷用，着户部再行筹拨一百万两。"九月二十六日又奉旨"续行筹拨银五十万两"。三次总共筹拨银五百五十万两。

光绪大婚之前，在清朝政府腐朽统治下的中国社会，正处于内乱外患丛生，人祸天灾迭起的重重灾难之中。中法越南之战、中日朝鲜之争刚刚结束，少数民族和各省区会教起义事件此起彼伏，全国各地水旱、风雹、地震、虫疫灾荒接踵而来，广大劳苦民众贫困交加，挣扎在死亡线上。光绪大婚典礼就是在这样的社会背景下筹办和举行的。清朝统治者置人民生死于不顾，皇帝一次婚礼竟糜费白银五百五十万两。反之，他们对各省遭受灾害的灾民赈济却相当吝惜。光绪十年（1884年）六月，山东河决，毁坏历城、齐东、利津等堤埝，大片地区遭灾，清政府仅拨银十六万两赈灾；光绪十一年（1885年）两广水患，慈禧仅下令拨银六万两赈济；光绪十二年（1886年）北运河决口漫溢，使永平各府受灾，朝廷只拨银十二万两救急；光绪十三（1887年）年郑州河决口，南入于淮，使河南、安徽大片地区受害，清政府仅截留京饷漕折银三十万两赈恤。到了光绪十四年（1888年），由于皇帝婚期迫近，用款孔殷，是年虽有多起水、旱、雨、雹、震、疫等灾害发生，但却未见有拨银救灾的记录，只是免除了某些地区的税赋钱粮，拨留了十三万石京仓及海运漕米以赈顺直之灾。相比之下，用于人民生计迫切需要的开支寥寥无几，而统治者从人民身上榨取的财富则多得不可计量。

依据清朝军机处档案记载，光绪十五年（1889年）上半年直隶省顺天府、大名府、宣化府的粮价，以谷子、高粱、玉米三种粮食计算，平均每仓石计银一两四钱六分。如每人每年口粮按二石计算，计折银二两九钱二分。光绪大婚耗用白银五百五十万两，按当时粮价折算，可购买近四百万石粮食，足够一百九十万人吃一年。无情的事实，反映了清王朝政府统治者穷奢极欲的真相，揭露了慈禧太后所说的"体念民艰"、"爱惜物力"、"躬行节俭"的虚伪性。

4. 戊戌变法是光绪与慈禧争权力么

历史上有所谓戊戌变法，也有所谓戊戌政变（如梁启超的《戊戌政变记》），因为政变也发生在戊戌那一年，却是矛盾发展后的另一面了。前者是阳谋，后者是阴谋；前者的主角是光绪，后者是慈禧。

就慈禧和德宗光绪帝之间的矛盾来说，虽然有政见上的歧异，权力上的冲突，另外也有一些错综复杂的伦理因素。

穆宗同治是慈禧所生的唯一儿子，德宗光绪是她的侄子。德宗光绪以堂弟而承堂兄大统，全是出于慈禧别有用心的策划。当时正值内乱外患接连发生，本应国立长君，她却偏要立一个四岁的娃娃来做皇帝。她本来已经引退了，到了德宗即位，又与慈安一同垂帘听政，慈安只是象征性的。

光绪长大后，对自己当皇帝的始末逐渐了解。他对慈禧，一面很驯服尊敬，一面深怀戒惧之心，因为慈禧毕竟不是他亲娘，她既然会立他，说不定有一天会废他。这一道阴影，早就抹上少年皇帝的心头。慈禧呢，同样有着放不下的疑忌心理，因为光绪不是自己十月怀胎生出来的。这种心理上的距离，皇家也好，民间也好，都很难避免。皇家有权力上的冲突，更容易走向极端。

慈禧和光绪的年龄相差36岁。光绪二十年（1894年），慈禧60寿辰，光绪还是24岁的青年，如果在现代，光绪大学刚毕业，而慈禧在各方面已经定型了。两人在接受新学说、新事物上的差别直接导致了意识思想上的差异，例如光绪接触了一些西学知识，对李提摩太翻译的马西恩的《泰西新史揽要》很感兴趣。但慈禧的仇外排外心理根深蒂固。说来可怜，自从鸦片战争以来，自大惯了的中国确实吃了洋人的太多苦头。

邓之诚《中华二千年史·戊戌变政》说："母子失和，关键在西后不肯做闲人。"说得很风趣很幽默。不肯做闲人，就是舍不得放下权柄。

如果这种权力冲突，只局限于母子两人之间，也许不至于发展到

后来那样火爆。但在戊戌变法时，帝、后各自已经组成了壁垒森严的两大对立集团，最后便带来了一场人头落地的政变。

梁启超在《戊戌变法记》第二篇《光绪二十年以来废立阴谋》中，历举慈禧铲除光绪羽翼六条：

（1）革去抗疏上奏的御史安维峻职务，并遣戍张家口。疏中说：太后既已归政给皇上，则一切政权不宜干预，免掣皇上之肘。革职的上谕，由光绪出面，实际上是由太后下令，光绪下旨，其他一些惩处变法官员的谕旨，都是使用这种方式。

（2）革去瑾妃、珍妃的妃号，并褫衣廷杖。妃嫔而受廷杖，这是清制所没有的。

（3）革去翁同龢毓庆宫差事，让他不能与光绪密谈。毓庆宫为光绪书房，同龢为光绪师傅，所以相见时没有其他大臣。

（4）革去工部侍郎汪鸣銮、兵部侍郎长麟职务。鸣銮与同龢友善，也力主巩固帝位。长麟为旗人，他曾说过这样的话："太后虽穆宗皇上之母，而实文宗皇上之妾。皇上入继大统，为文宗后。凡入嗣者无以妾母为母之礼，故慈安皇太后者，乃皇上之嫡母也。若西太后，就穆宗朝言之，则谓之太后，就皇上言之，则先帝之遗妾耳。本非母子，皇上宜收揽大权"等。长麟如果确实说过这些话（否则，就是维新派在说的），只革他的职，还算宽容的。而且，既然承认西后在同治朝是太后，就得承认在光绪朝同样是太后，不能因为临到光绪继统，就成为"先帝之遗妾"。慈禧在文宗逝世后为西宫，为太后，这是客观事实，对她专横揽权的指责，不应在这些方面做文章。这在另一方面又说明，正因光绪不是慈禧亲生的，外间多了一重口实。长麟即使没说过那些话，慈禧本人也会意识到。

（5）革去侍读学士文廷式职，永不叙用。廷式曾入广州将军长善幕府，与其嗣子志锐、侄志钧相友善，而二人都是侍郎长叙之子，瑾妃、珍妃的胞兄。廷式又劾李鸿章主持马关条约，为慈禧集团嫉恨。但梁启超说廷式曾教授瑾妃、珍妃，不是事实。

（6）处斩奏事处太监寇连材。连材本是慈禧派往窥探光绪密事，但他深明大义，反请太后不要掣德宗之肘，又请戒纵流连之乐，因而

触怒太后。但此事不知道是否真实。

康梁与慈禧为政敌，他们的记述和评论，可能意气用事，但梁启超说的慈禧要铲除德宗羽翼，作为废立的前奏，大致可信。不过，光绪这些羽翼，都没有一个是具实力握兵权的人。翁同龢是帝师，已入军机，忠实于光绪，也较有头脑，但他使用的是软刀子，而且对康梁的政治主张并不完全同意，即便加上梁启超文中未列入的康梁本人及六君子等，也都是文士秀才而无兵力。

要改变国家体制，建立政治上的新秩序，制政敌以死命，就必须有真刀真枪做后盾。慈禧一个老妇人，长期深居宫中，很少与社会接触，她发动的政变却能成功，就说明了这一点。

5. 慈禧废黜光绪的阴谋为什么流产

光绪皇帝载湉登基为帝，完全是慈禧西太后一手包办。光绪帝的生母醇亲王福晋是慈禧的亲妹妹，她们姊妹俩关系也比较融洽。

光绪成人以后，其父醇亲王常常告诫他：我们一家百口人之所以能有今天，全靠老佛爷的恩典。然而光绪仍然不改变他憨直的性格。上书房总师傅翁同龢时常向光绪讲述民间疾苦和外交上的屈辱，勉励他做一个忧国忧民的仁君。光绪也公开宣称："不愿做一名亡国之君。"此话自然侵犯了慈禧的尊严。从此以后，在慈禧心中废黜光绪，另立新皇的念头就产生了。加上光绪和隆裕皇后夫妻感情冷淡，隆裕常常向慈禧告状。因此，废立的势态就越发紧迫了。

甲午之战，清兵溃败，北洋水师全军覆灭。当时为抗拒日军入侵，湖南巡抚吴大澄、甘肃新疆布政使魏光焘督师于关外，两江总督刘坤一则督师于关内。而李鸿章同日本的停战谈判将牺牲国家巨大的利益，条约几乎要签订了。翰林学士文廷式素来清楚宫中内情，他明白外忧再加上内患，国家必将覆灭。于是文廷式前往请见刘坤一，请他为中日条约力争。刘坤一不明白他的用意，认为弱国无权利可言，争也无济于事。文廷式请刘坤一屏退左右，将宫中将发生废立的内幕告诉

了他。

文廷式说："此事宫中蓄谋已久，只是因为荣禄（时任步兵统领，总理各国事务大臣）提出手握重兵的封疆大吏很可能会反对，事情才没有最后决定。慈禧太后每有重大举措，必定要咨询封疆大吏们的意见，可见宫中重大的顾虑就是你们这些人。如今，封疆大吏中德高望重的只有阁下一人。我明白，争条约不会有什么结果，但如果你们都为条约争论不休，太后就会明白废立之事难以如愿。这是釜底抽薪的办法。"

刘坤一采纳了文廷式的建议，当即请文廷式代他起草奏折。就这样，废黜光绪皇帝的计划被搁置下来。

第二年，又发生了立溥儁为大阿哥事件。此前，慈禧就此事征求荣禄的意见。荣禄却认为必须看一看外国人和封疆大吏们的反应。于是慈禧命李鸿章去试探外国使节。法国公使首先表示反对。外国报纸也就此事闹得沸沸扬扬。李鸿章再去电征求刘坤一的意见，刘坤一回电称："君臣名分早已定下，而中外的舆论不得不顾虑。如今须共赴国难，扶大厦之将倾，正是在朝诸公的职责。"

慈禧废除光绪，另立新皇的计划就这样在内外压力下被迫流产。

6. 贞度门大火和光绪大婚的纸彩棚

光绪十四年（1888 年）十二月十五日深夜，狂风呼啸，寒气袭人。骤然，紫禁城内火光映天，浓烟弥漫，人声鼎沸，一场无情的火灾发生了——这就是清代有名的贞度门失火案。

贞度门位于紫禁城内中路南部，东连太和门，西接崇楼，北邻弘义阁。贞度门在明代时称宣治门，未改宣治门前称西角门，明朝洪熙皇帝曾听政于此。清朝，贞度门是官员上朝经常出入之门。其左右两庑为侍卫值宿处所，夜间值班官兵就住宿这里。贞度门地处要冲，东连之太和门是皇帝御门听政或举行重大典礼的场所。再东是昭德门，也是官员上朝时经常出入之门。贞度门附近连接许多库房。太和门内

东庑有缎库、甲库、毡库、北鞍库、南鞍库。缎库，专管收存、支发龙蟒缎匹、妆闪片金倭缎、宁绸、宫绸、缎纱、绫罗、绸绢、布匹、棉花等项物品；甲库，专管盔甲、枪刀、旗纛、器械等物品的收贮和预备；毡库，掌管弓箭、靴鞋、毡条等物的收存和支放；北鞍库，负责皇帝御用的鞍辔、伞盖、账房、凉棚等物品的收藏和发放；南鞍库，专司官用鞍辔、各项皮张、雨缨、绦带等物品的查收、采买和支发。太和门内西庑也有五个库房：银库，掌管收存金银、制钱、珠宝、玉器、珊瑚、松石、玛瑙、琥珀、金银器皿等项物品；皮库，收存狐皮、貂皮、猞猁狲、海龙、银鼠等皮及哆啰呢、哔叽缎、氆氇绒、氆羽缎、羽纱、象牙、犀角、凉席等项物品；瓷库，收存金银器皿及古铜、珐琅、镀金新旧瓷、铜、锡器等；衣库，收存侍卫处领用青狐、红豹、貂皮、黄狐皮、端罩、皮袄、朝服、蟒袍，女官领用蟒袍、褂裙，萨满祭祀领用貂褂等衣物；茶库，收存人参、茶叶、香纸、绒线、缨、颜料等项物品。这些库房储藏着宫廷御用重要器物，是宫禁重地。清朝统治者对这里的安全和警戒甚为重视，昼夜派有官兵戍守巡查。

因此，贞度门失火，使清朝统治集团极为惊慌，"祇惧实深"。火灾发生时，满蒙王公贵族、军机大臣、内阁大学士、各部院尚书、侍郎、各旗副都统暨"翰詹科道、军机章京、各部院衙门司员、各旗营侍卫章京"以及"神机营兵丁、步军统领衙门兵丁及柏唐阿、护军官役、苏拉人等"，"共七千余人"，几乎倾巢出动，奋力扑救。当时参加救火的光绪皇帝的老师翁同龢，对火势和扑救情形有较为详实生动的记述。他在日记中写道："昨夜大风，五更止。平日早醒，是日独酣睡。仆猝呼余起，曰'大内火'，又曰'贞珠门'。急起，饭而登车驱入，始知贞度门。……由左掖门入，踏雪难行，至则门罩三间已落架，墙柱尚燃。余与福公、庆邸皆曰宜断火道，而莫之应也。门之西曰皮库，东则茶库。皮库尚开门出灯笼，茶库扃尚严，而火已穿入矣，人未知也！余出太和门观金水桥下水，凿冰一尺才得数寸水，机筒不得力。遂至朝房小坐，甫一刻，则火已透茶库上太和门檐，趋视则一门四面皆烈焰矣，何其速哉！人力难施，水又短缺，须臾越而东，毁武备院毡库五间，又向东焚毁昭德门。惟时撤昭德门东边屋，屋坚固不

能动，锯之斧之仍拽不倒。于是传工匠撤尽东头两间，凡两时许始得将梁柁拽下，而被伤者近十人矣。火至昭德门，忽回旋不东突，撤屋者因下手，不然烬矣。余又至朝房坐。再往，火如故。未正驰回饭，饭罢复入，屋已撤三间，火道已断，柱犹冒火，余烬仍熊熊。"直至十七日，火仍未熄，到处燃烧，"砖石红透"。经过两天的扑救，大火终被扑灭。但由于当时消防组织废弛、消防设施落后、消防器具不全，加之水源不足，扑救效力甚低，火势不能很快控制，以致大火迅速蔓延，"延烧太和门及库房等处"，使贞度门、太和门、昭德门及附近库房多处化为灰烬，酿成巨大灾祸。

失火的原因，根据刑部《审讯贞度门值班官兵供情》一折记载："本年十二月十四日，护军校宝山带同护军十名在西大库接班。十五日夜，护军校宝山带同护军文致、德莪、松幅、常受、觉罗常、铁成、存幅、穆都哩，在库外毡棚内坐夜，听候送筹"，护军富山、双奎二人，因"年老未派巡更，拨在贞度门门罩内住宿，看守锁封。旧有洋铁油灯一个，挂在东山墙后檐柱上，经年已久，有烤焦情形。向来各处堆拨，夜间均不熄灯。是夜伊二人将灯点上，不觉睡熟，四更时，护军德莪巡更，瞥见贞度门东山墙柱火起，喊嚷伊等扑救，火势迅猛，以致延烧各处。"

这次火灾造成的损失十分严重。虽然目前尚未见到损失情况的明细记载资料，但从以下几方面亦可窥其一斑。

这次火灾造成的直接损失，是贞度门、太和门和昭德门等建筑全部毁之一炬。至于其附近的重要库房，据档案和《翁文恭公日记》记载，位于昭德门内东西房的毡库被烧毁五间，距离贞度门较近的皮库、茶库等，则更难幸免了，贞度门、太和门和昭德门焚毁，损失之大很难估价准确；毡库、皮库、茶库等库房及其存贮的器物，究竟损失多少，不得而知，其价值亦无法估算。

火灾后太和门、贞度门和昭德门等需要重修。经工部、内务府会同勘估，认为"太和门一座，凡九间，昭德门、贞度门二座，每座各三间，显廊各二间，太和门东西库房各七间，昭德门迤东库房六间均应建盖。贞度门迤西库房六间内，修补一间，拆修五间。"此项工程，

所需木料、石料、砖瓦、铜铁活计以及油饰等物料很多，而且由于是"要工"，所需物料质地要好，质量要高。太和门高六丈五尺二寸，昭德门、贞度门高四丈四尺五寸，所需木料，中柱高四丈四尺九寸五分，金柱高三丈七尺一寸，直径均需二尺二寸。太和门座原为楠木建造，其余皆用黄松。楠木产自湖南、四川等省，成材大木十分罕见，而且"采办既难，运解亦需时日"，因此，拟将"柁檩金柱需用大木之处一律改用黄松，角梁斗科拟用柏木，菱花、窗屉、宝瓶均用椴木。"这些木料，大部需要从云贵、湘赣等省采办，运解十分困难，要经过滇、黔、湘、鄂、赣、皖、苏、沪，直至津京等十几个省市的水陆运转，其需时费力，脚价耗资自是可观的。工程所需石料，柱顶石仍用旧基石，"将旧石铲平，另加石础"，不另换新；"其栏板阶条等石，旧存完好者计可拣选三成，统以七成添新"。工程所需砖瓦，分为三项：海墁金砖"由工部行文江苏省令其赶紧运解"；墙垣露明处所用砖瓦"拟用汤泉烧造城砖"，其余"参用停城砖"。工程所需"门钉、兽环、檐网各项铜活，向由造办处制造"。整个太和门等处修建工程，"除油饰需用颜料等项由户部行取，杉木由工部木仓行取，琉璃瓦料由工部饬窑烧造，均划除不计外"，"净需采买物料、拉运车脚、匠夫工价并办买铜、锡、叶子、金等项例银二十三万五千余两"。

为了嘉奖救火人员，由户部拨银二万五千余两奖给水会、匠人、兵丁等；修盖火班值房和添置消防器具需拨银一万三千九百余两。这也是这场火灾所造成的意外破费。

还有一件与这次火灾损失有关的事情值得一提。火灾发生时正是光绪皇帝筹备大婚之际。大婚典礼定于光绪十五年（1889年）正月二十七日举行。距大婚仅有一个多月的时间，朝门突然被大火烧毁，这对皇帝大婚是"不吉利"的事情。按照封建的礼法，无论如何必须加以补救。但是婚期迫近，原样重修根本来不及。于是，决定由扎彩工匠临时赶紧在火场搭盖一座彩棚应急。根据《清宫述闻》记载，这座彩棚与太和门的"高卑广狭无少差至，榱桷之花、鸱吻之雕镂、瓦沟之广狭，无不克肖，虽久执事内廷者，不能辨其真伪。而且高逾十丈，栗冽之风不少动摇"。笔墨描绘，未免失之夸张。但出于皇帝大婚庆典

之需，搭盖这样一座彩棚所耗费的银两为数大概也很可观。

至于整个重建工程共开支数目，由于目前没有发现这项工程的报销档册，无从知晓，但仅从上述几项有据可考的数字中，也可看出这次火灾所造成的损失十分惊人。

大火之后，光绪帝心有余悸，仅八九天之内，就连续发布了十来道谕旨，奖励救火出力人员，审处肇事官兵，整顿消防机构，妥拟防火章程以及勘估重修太和门等处工程，等等。统治者的用意，无非是想通过这些措施，达到惩前毖后，以儆效尤，"以弭灾异，而迓祥和"的目的。

其实，皇宫失火，烧掉几座宫殿，对皇帝来说无关紧要。但出于迷信和封建礼法的考虑，在精神上未免很不愉快。因此，对火灾肇事者的处置十分严厉。凡与火灾有直接关联的官兵人等，都要受到审办，给以不同程度的处分。火灾直接肇事者往往要判处死刑（绞刑）。贞度门大火之后的第三天，即十二月十七日，光绪皇帝就发布上谕："本月十五日夜间，贞度门不戒于火，延烧太和门及库房等处，所有本日值班之章京、护军等，于禁城重地并不小心看守，实堪痛恨，着交刑部严行审讯，按律定拟具奏。"根据这道谕旨，景运门值班大臣遂将当晚值班之章京护军校宝山、护军富山、双奎等十人解送刑部审讯。刑部讯鞫后，于十二月二十三日向皇帝报告审讯情况，并根据道光十六年（1836 年）太监韩进钰等失火延烧西佛堂一案、咸丰八年（1858 年）太监禹得馨失火延烧延辉阁一案、同治八年（1869 年）匠役城钰失火延烧武英殿一案的成例，拟对贞度门失火的直接肇事者富山、双奎，按失火延烧宫阙律判处死刑——绞监候秋后处决。负有管理责任的总管内务府大臣、步军统领福锟，前锋统领恩全等官员，也因"疏于防范"，依"监守不慎"例分别受到了降级、罚俸处分。

除对火灾肇事人员进行处罚外，一般还要对救火出力人员论功行赏，有的奖给银两，有的赏给缎匹，有的封官进爵。十七日，大火刚被扑熄，光绪帝就颁发奖赏参加救火人员的谕旨，凡到场救火之王公贵族、军机大臣、内阁大学士、九卿暨翰詹科道官员，以及各旗副都统等，都予以嘉奖，其中包括恭亲王奕䜣、礼亲王世铎、睿亲王魁斌、郑亲王凯泰、豫亲王本格、肃亲王隆懃、庄亲王载勋、怡亲王载敦、

克勤郡王晋祺、庆郡王奕劻,贝勒载漪、载滢、载澍,贝子奕谟、溥伦,军机大臣额勒和布、张之万、许庚身、孙毓汶,大学士宝鋆、恩承,总管内务府大臣福锟、嵩申、师曾、巴克坦布、崇光,尚书锡珍、徐桐、奎润、李鸿藻,毓庆宫行走翁同龢、松溎、孙家鼐,以及许多蒙古王公贵族等,共一百五六十人。随同到场救火的兵丁、匠役、苏拉人等,每人赏银二两,受伤兵匠每人加赏银十两,水会十五处赏银一万两,各木厂匠夫赏银一千两。随后又对救火有功人员给予奖叙。十二月二十二日军机大臣面奉谕旨,将为救火出力之水会十五处的主要负责官员——内、中、东、西、南、北城水会首事沈永泉、于凤冈、蔡珍、乐仲繁均交部议叙,徐秬芳、范鸿逵赏五品顶戴;薛德祥赏守备衔;王清珏、陆永明、陈长松、吴德昭、李洞、窦谨厚均赏六品顶戴;梁鉴、赵卿赏七品顶戴,等等。

在奖惩有关官员的同时,光绪皇帝和慈禧太后为了吸取教训,防止类似事件再次发生,还要采取一些相应的加强防火的措施。十二月十七日,光绪帝发出谕旨:"禁城向来设立火班官兵,备豫不虞。近年以来,日就废弛,器具等项亦不全备,亟应认真整顿。着军机大臣、总管内务府大臣会同步军统领衙门妥议章程具奏。"遵此谕旨,礼亲王、军机大臣世铎、总管内务府大臣福锟等,于光绪十五年(1889年)正月二十九日会衔奏报称:"臣等遵即检查例案,现办之章程,因日久弛懈,多系有名无实;现存之器具,亦因年久失修,诸多不堪适用,亟应认真整顿,以备不虞。臣等公同商酌仍依旧章办法,稍事酌量变通,拟酌添兵数以求核实,请派专员以归统属,筹给口分以资津贴,另购器具以期适用。谨拟章程八条,敬缮清单,恭呈御览。"火班章程八条的内容是:

一条,调整火班官兵的组织和统属。从前火班官兵共有二百二十六名,分别归属于步军统领衙门、内务府护军营和銮仪卫,并分散驻守在紫禁城内和东华门、西华门外之大连房。"此项兵丁,集凑而成,漫无统属,分历各处,稽查难周,遂致奉行日久,尽成具文。"新的章程规定,除步军统领衙门步军一百名仍保留外,其余护军营、銮仪卫的兵丁均予撤回,另由内务府苏拉处挑选年力精壮民役、苏拉二百人,专充激桶兵,分为两班,五日一换;另选苏拉头目二十名,充当激桶咀子之差,随班

更替。每晚演习一次，演毕将激桶添满，以备次日激打。

二条，添置防火器具。原设激桶较小，不甚适用，加以年久失修，间有损坏，多已不堪使用；其他器具亦诸多不齐。新章程拟仿照水会局规模，采买头号洋激桶四架，二号四架，号衣三百二十件，长杆号灯三十二枝，提杆小灯一百六十个，催水旗八十杆，随上油水筐八十副，另备水筐一百二十副，长短木梯各四架，长杆水笪笭八十副，抬水笪笭八分铁矛八副，挠钩二十杆，柳罐八十个，铁锯八副，镢头二十把，以备应用。

三条，调换值班处所。原来，步军火班官兵在武英殿前值班住宿，内务府火班官兵住东、西华门外大连房。新章程规定，内务府激桶兵改在紫禁城内武英殿前值房住班；步军营火班官兵移至东、西华门外大连房，各分五十名东西住宿，均归稽查火班大臣统辖调遣。

四条，酌给新设激桶官兵津贴。规定激桶官每人每日银二钱，激桶兵头目每人每日一钱五分，激桶兵每人每日一钱。

五条，调派专员分别管辖教练内外火班。内务府激桶兵由苏拉处派内管领二员、副内管领四员，轮流值班，管辖教练；步甲激桶兵由步军统领衙门拣派地面官四员，轮流值班，管辖教练。

六条，简派大臣统率火班官兵。过去，火班官兵"并无大臣专管，一切勤惰，漫无考核"。新章程规定由皇帝钦派大臣数人专管火班事务，督饬官兵演习器具，稽查值班官兵勤惰，奏参疏懒兵丁，责革旷误人员。

七条，各处吉祥缸随时添水。过去各处放置的吉祥缸，因"年久废弛，多不上水"。新章程规定，今后宫内各处吉祥缸，分别由关防衙门、新设激桶处苏拉每日轮流添水，并派司员四人，五天检查一次。

八条，各门值班官兵应遇事听调。章程规定，除午门等十四处值班官兵遇事不准派拨外，其左翼门等二十三处护军、内务府朱车三十二处披甲，遇事均须派拨一定数量的人员，听候火班统率大臣调遣。

光绪帝于当日就原则批准了上述章程。上谕称："详阅所拟酌添兵数、筹给口分、另购器具各条，尚属周妥，即着照所议办理。"同时强调指出："惟立法伊始，要在专责成，勤演练，并随时认真整顿，庶不致日久仍成具文。"因此，仍责成总管内务府大臣、步军统领衙门负责管辖火班事务，毋庸另派大臣统率。并责令前锋护军统领按日稽查，

如有官兵疏懈，"即由该大臣分别严参惩办"。经过此次整顿，"倘不认真经理，以致再有旷误，定惟该大臣等是问。"

尽管如此严厉，但清末宫禁内的大小火灾仍时有发生。究其原因，无非是封建制度下盘根错节、根深蒂固的弊端所致，在当时的社会条件下，想要根绝断乎不可能的。

7. 光绪在瀛台过的是何种囚徒生活

因与慈禧太后为敌而被囚禁的光绪帝，幽居在中南海瀛台。那是一个人工岛屿，四面环水，一面设有板桥，以通出入；板桥撤了，就里外不通，断绝来往，可谓与世隔绝。

瀛台之上，也有一些楼台殿阁。《三海见闻志》对瀛台做了这样的介绍：瀛台上"仁曜门南为翔鸾阁。阁前有平阶几十级，斜迤而上。离阶十余丈有木吊桥。桥北之东西各有室五楹"。囚禁光绪时，那里住的是一些看护的太监，监视光绪的行动。翔鸾阁有七大间，"左右延楼回抱各十九间。阁后东楼曰'祥辉'，西楼曰'瑞曜'。阁南为涵元门。门内东向为庆云殿，西向为景星殿，正中南为涵元殿。殿前左右有两井，护以井亭，此殿即为瀛台之正殿"，殿中陈设大镜、红木桌椅、金字筹石等。

太监每天进送"御膳"时，架起跳板，走入瀛台，"进膳"完毕离去之后，就抽去了跳板。光绪只能永远在瀛台之中，不能离开那里。他曾经忧闷地写下了"欲飞无羽翼，欲渡无舟楫"的诗句。

到了冬季，不需要跳板，也有可能离开四面环水的瀛台。那时，湖水冻结，冰深数尺，可以跳冰而过。据说有一次光绪曾经带了小太监踏冰离开瀛台，被人发觉之后，总管太监李莲英立刻命令凿冰，防止光绪帝逃离。

生活在瀛台之中的光绪，不用说精神十分苦闷。他接触的人，只有守护他的太监；能去的地方，只是瀛台的那几座殿阁，面对着的，只是汪洋一片，既郁郁不安，又十分愤慨，往往把愤怒的情绪倾泻在太监的身上，对他们经常发脾气，罚令长跪。

在无聊的囚禁生活中，光绪经常读书写字，作为消遣。在看《三国演义》时，往往掩卷长叹："我还不如汉献帝！"

在庆云殿东室的正面，挂有一幅《宋司马光谕人君用人之道》的立轴，跋文是："光绪丙午十月上浣录，臣全忠敬书。"还有一些匾额斗方之类，下款都写着："臣全忠敬书。"其实，这正是光绪帝的"御笔"。按照习惯，皇帝写的字，都标明"御笔"，既然是光绪皇帝写的字，为什么却署为"全忠"而自称为"臣"呢？这是为了表明他当时的内心状态：之所以称"臣"者，是不敢以帝自居啊。

光绪脑子里盘旋思念的，还有心爱的珍妃和恨之入骨的袁世凯。据说他经常在纸上写袁世凯的名字，以发泄他的悲愤情绪。临死的时候，隆裕皇后在他的身边，他无言无语地含着泪水，用手指在空中不停地划着"斩袁"二字。

8. 慈禧太后是怎样虐待光绪皇帝的

光绪被慈禧虐待的惨状，经常传闻于外。其中有两件事，据说是宫中的一名电工偷偷传出来的，可谓骇人听闻。

一天，北京城内一家牙医诊所里来了一个人，拿着一枚刚刚落下的牙齿要牙医镶配。医生回答，不面见落齿之人，根本无法镶配。此人便带着牙医入宫，走到宫中一个极深极远的处所。只见一个男子穿着蓝布袍，独自坐在椅上，面色惨黑，脸上的痛苦之状，令人不堪卒睹。他的嘴唇和牙齿上还浸着血。牙医为他镶好牙，出宫而去。开始，牙医以为那人不过是一名太监。第二天，那个引他入宫的人又来到诊所，对他说："昨天镶的牙很好，今天已经不感觉痛苦。命我给您一个荷包和四两银子。"牙医道谢后收下。又过了一天，另外一人慌慌张张地来到诊所，问牙医说："几天前你是否入宫为人镶牙？带你进宫的就是我的哥哥。今天已经为此事遭了大祸，被打杀了！尸体就扔在那里，连买棺材的钱都没有。怎么办，怎么办？"说完，痛哭失声。牙医这才知道，那天的病人就是当今皇上。他的牙齿，自然是被慈禧太后打落的。后来慈禧又迁怒那个私自带医生进宫为光绪止痛镶牙的太监，一怒之下，将其处死。

还有一天，光绪到慈禧宫中请安。慈禧正在吃汤圆，便问光绪吃过饭没有。光绪不敢说已经吃过，只好跪下回答还没有。慈禧即赏光绪汤圆若干枚。光绪勉强吃完了，慈禧又问他吃饱没有，光绪不敢说已经吃饱，又回答没有。慈禧又赏他再吃。如此四次。光绪腹中鼓胀，再也吃不下了，只好把汤圆藏在衣袖里。回来以后，袖中满是汤圆，汤水淋漓，流得满身都是，便命小太监找一件内衣为他更换。可是，光绪的其他衣服全都被慈禧搜走了，此时根本无衣可换。只好忍受龌龊之苦。后来，太监设法在外面找了一件内衣，才把身上的脏衣服换了下来。溥伦有一次晋见西太后，遇到她正在用膳，也遭遇了同光绪一模一样的窘况。回家以后，腹胀气塞，大病一场，躺了四十多天才好。因为慈禧太后食量极大，如果她赏赐臣子吃饭而遭到婉拒，必定雷霆震怒，后果可想而知。

光绪受到慈禧的虐待，不能同臣下交谈，即使是近支王公也无人胆敢私自谒见。极度寂寞中的光绪渴望与人交流，便秘密置办了一个小箱子放在南书房中，私下与他的弟弟醇亲王通信，彼此在书面交谈，小箱子的钥匙一人一把，外人不能打开。书信的内容都是外面的琐碎消息。后来此事被慈禧太后得知，也遭禁止。从此之后，光绪连"笔谈"的自由也被剥夺了。

光绪去世以后，有人看到过他病室中极其简陋的陈设：只有一张大床，室内安放着一只北京常见的泥火炉，板壁上裱糊的墙纸已经破碎霉烂，同北京下等老百姓的居室没有什么两样。

9. 变法失败后的光绪得了什么疾病

1898 年，慈禧太后发动戊戌政变，并宣布亲自训政，而光绪皇帝下落不明，当时有各种各样的传说。《士簧报》报道说："皇帝久未视朝，乃时事之最可忧者。或传其自寻短见，或谓为守旧党陷害，或谓

正抱病，被困一室。""更有人传皇上确系中信石之毒，口吐鲜血，便溺亦皆有血，状甚危险。"

究竟是什么样的情况呢，确实是个秘案。

那时候，英国驻华公使明白表示不承认慈禧训政，只承认光绪政权，并且联络各国公使，向总理衙门提出请求，要觐见光绪皇帝，藉以了解光绪皇帝的安危情况。各国公使都同意这个意见，只有俄、法公使表示反对，因为他们默认慈禧政权，但众意难违，结果还是签名同意。

上报之后，还是没有批准觐见。理由是：皇帝病重。光绪帝究竟是什么病？病情如何？是不是慈禧已经把他害死，却以病重为藉口？

上海西报纷纷刊载光绪已死的传说。总理衙门请英使禁止刊载，给予更正。为了打破这个谜，英使推荐法医德对福给光绪看病。他说，只要在报上刊登诊治情况，谣言就不辟自灭。

法医德对福入宫诊视时，见"皇太后与皇上端坐左右。皇太后座前，置有一桌，桌上蒙以黄缎，身穿梅红绣袍；光绪座前，置有黄色踏凳一个，穿着便服，头戴红绒结顶暖帽"。法医宣布的情况，成为当时最重要的新闻。上海《字林西报》刊载他诊治的病情："光绪体气瘦弱，精神短少，脾胃消化迟缓，大便滞泻，有不能克化饮食之症……脉细速，头痛胸热，耳鸣眩晕……"

内务府太医院御医所开的脉案，也不外乎"心肾不交，肝脉气旺，腰软精滑……"

天津《国闻报》还有报道，引用见到光绪的大臣的话说："皇上两目炯炯，精神充足，不像有病的人。身靠龙椅斜坐在慈禧太后的旁边，默默无言。西太后不叫他说话，他就像木偶似的坐在一边。慈禧常对朝见的人说：'皇帝有病，不能久坐，下去吧。'"

依据这些报道，光绪的"病情"已很明显：维新变法的理想失败，光绪帝的羽翼有的被囚，有的被充军革职，有的被处死，光绪帝自己成为被软禁的政治犯；他由不能做主的傀儡变为不能说话的木偶，大有可能被撵下皇帝的宝座。他生理上固然确实有病，但心病更为严重。这就是当时光绪的"病情"秘案。

10. 光绪皇帝是被慈禧太后害死的么

八国联军攻打北京城时，慈禧太后就害怕得不得了，心急如焚，生怕洋鬼子兵打到她的老窝，把这么一位高贵的大清国太后给活捉或枪毙了。想来想去，慈禧太后还是命人先整理准备好逃跑的行装，听旨再动身。这一天，一个宫中小太监急急忙忙报告慈禧太后：洋鬼子已打进城区了。慈禧一听，慌忙回到寝宫，脱下旗人的装束，并叫李连英帮她梳上汉妇的发型，穿上汉妇的蓝色布衫。同时又叫光绪皇帝、大阿哥，还有皇后、瑾妃，全部改换行头，妆扮成村民村姑模样，又命人找来三辆老百姓平常用的骡子车，牵来宫中，这就动身逃难去了。

接着慈禧太后对众妃嫔说："你们就不必随去，管住宫内要紧！"又命崔玉贵到冷宫，带出珍妃。珍妃到西太后前，磕头请安。西太后说自己与皇上就要离京了，本想带珍妃，但兵荒马乱，万一出了什么事，丢了皇家的体面，对不住祖宗，让她快点自尽。珍妃到这里来，自知必死，便说："皇帝应该留京。"太后不待她说完，大声道："你眼前已是要死的人，还说什么？"便喝令快把她牵出，叫她自寻死路。光绪帝见这情形，心中如刀割一般，急忙跪下哀求。太后却道："起来，这不是讲情的时候，让她就死罢，好惩戒那不孝的孩子们，并叫那鸥枭看看，羽毛尚未丰满，就啄他娘的眼睛。"光绪转头一看，见珍妃还是向帝还顾，泪眼莹莹，惨不忍睹。珍妃明白皇帝救不了她，便转过头来央求李莲英救她。这时太后急了，就对崔玉贵说："你还不下手？赶快抱着她扔到井里去！"崔太监便牵出珍妃，狠命地把她推到井里，下井前她挣扎了一番，最后头冲下，倒栽了下去。不到一刻，崔监回报，已将珍妃推入井中。光绪帝吓得浑身乱抖。当马车徐徐西行的时候，他不由得潸然泪下。

珍妃的死对光绪的打击是巨大的，从此他对一切都失去信心，活着不过等死罢了。

1874 年，十九岁的同治帝病死，慈禧太后再度垂帘听政，把持朝

政，并立年龄只有四岁的载湉（醇亲王之子）为皇帝（载湉就是后来的光绪帝）。光绪从五岁就开始当上了一国之君，但很显然，朝政实权仍掌控在慈禧太后手里。幼小的光绪帝自进宫之日起就失去了童年的欢乐。醉心于弄权施政的慈禧西太后根本就不顾年幼的光绪。长期饮食失调，缺乏悉心照料，造成光绪帝从小就心情抑郁，精神不快，身体积弱，难以抵御疾病的侵袭。《满清野史》中曾有这样的记述："载湉自十余龄，虽为天子，曾不及一孤儿，后之患痼疾，而由少时衣食不节使然。"光绪皇帝即位十五年后，慈禧太后假言"撤帘归政"，却仍然握着政令，掌握着对大臣的任免权。

1898 年，光绪大婚，迫于"祖制"，慈禧撤帘归政，退居颐和园去"颐养天年"，光绪名义上得以"亲政"。这时虽然说还在所谓"同治中兴"时代的尾巴里，但已经又一次进入了多事之秋，中国在甲午战争中被强邻日本打败，饱受列强欺凌。年轻的光绪帝面对内忧外患，毅然采纳了康有为和梁启超的维新变法主张，满腔热忱地接受改良思想，力求富国强兵，振兴朝政，大力推行变法。从 1898 年 6 月 11 日起，光绪皇帝宣布变法，颁布"定国事"诏书等数百道改革诏令，力图使中国强大。这就是历史上著名的"百日维新"。

除去亲政，更使光绪高兴的是得到珍妃这位佳侣。据现存的肖像照片看，珍妃鸭蛋脸，双眼皮，五官清秀，神态端庄。另据史料记载，她聪明伶俐，才思敏捷，擅长书画、下棋，还能双手写出梅花篆字。此外，她性格开朗，善解人意，敢作敢为。珍妃十三岁入宫后，眼见光绪帝一直在慈禧太后疾言厉色下生活，思想上受压抑，政治上被歧视，行动不得自由，内心是极度的苦闷与烦恼。于是，她千方百计地宽慰他。这对于心情一直阴郁的光绪帝，无疑是吹来了一股清新的风。久而久之，光绪便将她视为红颜知己。但珍妃支持光绪亲掌政权，却遭慈禧忌恨。此时的西太后年已五十有三，掌权已有二十年，权欲之心与日俱增，哪肯甘心退休赋闲。

戊戌年（1898 年），光绪裁撤一些无用衙门和昏庸老臣。太后径调荣禄任直隶总督，于是双方矛盾趋于激化。太后在宫廷内外布满心腹，以牵制光绪的行动，并密谋于九月初五挟持皇上去天津阅兵，企

图废帝，将维新派一网打尽。光绪随即密召袁世凯，委以重托，派他去天津刺杀荣禄，然后围执太后。袁世凯到天津后即向荣禄告密，与荣禄回师入京。太后重又垂帘听政，她利用强大的保守势力发动了"戊戌政变"，下令捉拿维新派首领。推行百日的戊戌变法最终在顽固派的疯狂镇压下宣告失败，谭嗣同等六位维新志士在菜市口被斩杀示众，康有为和梁启超遭通缉，光绪皇帝被囚禁于四面环水的瀛台。珍妃也被打入冷宫，吃的是下人的饭，平常不能与人说话，逢年过节，慈禧太后还要打发太监来训斥她，就这样，珍妃在此生活了三年。光绪为了与他所爱的珍妃见一面，有时不得不在深夜由心腹太监冒死拉船偷渡珍妃的冷宫。两人相对无言，执手呜咽。珍妃劝勉皇上保重身体，来日再展鸿图。

光绪被多方凌辱折磨。起初慈禧有加以谋害之意，尔后又想废黜他。光绪帝也知其险恶用心，日夜惊忧而又无可奈何，只能提心吊胆，坐以待毙。

光绪皇帝在囚禁他的瀛台度过了十年。凄凉中度日如年，珍妃死后，他的健康更是每况愈下，逐渐心力交瘁，终于在1906年病情恶化。光绪三十四年春，光绪帝已病入膏肓，御医曹元恒在医案中写道："肝肾阴虚，脾阳不足，气血亏损，治疗上已寒凉及温燥药均不能用。"此时的光绪帝已患有严重的神经官能症、关节炎、骨结核，血液也出现了毛病。为此，光绪本人也十分焦躁绝望，多次申斥御医无能，处方草率。进入光绪三十四年（1908年）十月十七日，光绪的病情进入危急阶段，先后出现肺炎与心肺衰竭等症状。十月二十一日子刻，光绪帝已进入弥留状态，肢冷气陷，双目上翻，牙齿紧闭；午刻十分，脉息若有若无；酉刻，生活上孤寂凄凉、政治上忧愤失望、身体上饱受病痛折磨的光绪帝走完了他悲凉凄惨的一生，"崩于瀛台之涵元殿"，终年38岁。

就在他死去的第二天下午，他的母后兼政敌——操纵清朝政权长达半个世纪之久的慈禧皇太后，也病死于中南海的仪鸾殿内，终年74岁。光绪皇帝与慈禧太后在不到二十四小时之内相继谢世，鉴于他们二人生前的关系又是如此对立和微妙，消息传出，中外惊愕，顿时成

为当时中外的要闻，各种评论和猜测，也随之而起。由于光绪帝生前的悲惨遭遇，世人对他寄予了无限同情，许多人都怀疑他是被谋害而死的。至于光绪帝究竟是被谁所害，以及如何被谋害而死的，则又传说各异，莫衷一是。历史的秘密就这样留给了后人：难道真是慈禧太后害死了光绪皇帝?

舆论认为，慈禧太后自知将不久于人世，为避免光绪帝他日再掌朝政，于是命人将光绪帝先行谋毙。年纪轻轻的光绪反而死在74岁的慈禧前面，而且只差一天，这不是巧合，而是处心积虑的谋害。于是，光绪被人谋害致死的种种说法便传开了。徐珂所编的《清稗类钞》中就是这样记载的。持这种说法的，还有恽毓鼎所撰的《崇陵传信录》。《崇陵传信录》中写道：西太后病重时，有人告诉她，说光绪帝很高兴，于是慈禧大怒曰"我不能先尔死"，光绪于是被害死。

还有一种说法认为，清宫大太监李莲英等人平日里仗着主子慈禧的权势，经常中伤和愚弄光绪，他们深恐慈禧死后光绪重新主政对自己不利，所以先下手为强，在西太后将死之前，先将光绪帝害死。如《清室外记》中曾谓："皇帝宾天之情形及其得病之由，外人无由详知，惟藏于李莲英辈之心中。"持这种说法的，还有英国人普兰德·白克好斯的《慈禧外纪》及德龄的《瀛台泣血记》。清朝末年曾在宫中担任过两年女官的德龄女士，在所著的《瀛台泣血记》一书中，十分肯定是"万恶的李莲英眼看太后寿命已经不久，自己的靠山快要发生问题了，便暗自着急起来"。光绪帝之死，是李莲英下毒手所为。

还有人认为，光绪帝之死与袁世凯有关。末代皇帝溥仪在《我的前半生》一书中提到，袁世凯在戊戌变法中背信弃义，导致光绪帝被囚，袁担心一旦慈禧死去，光绪决不会轻饶了他，所以借进药的机会暗中下毒，将光绪毒死。书中写道："我还听见一个叫李长安的老太监说起光绪之死的疑案。照他说，光绪在死的前一天还是好好的，只是因为用了一剂药就坏了，后来才知道这剂药是袁世凯使人送来的……据内务府某大臣的一位后人告诉我：光绪死前不过是一般的感冒，他看过那些药方，脉象极为平常，加之有人前一天还看到他像好人一样……病重消息传出

十一　傀儡天子光绪帝的悲惨岁月

279

不过两个时辰，就听说已经'晏驾'了。"

还有的人，虽不能肯定是谁害死光绪帝，但却肯定地说光绪帝确是被害而死的。曾经是清宫御医的屈桂庭，在《逸经》杂志第二十九期上发表文章说，他过去曾亲自为光绪帝治过病。他说在光绪临死的前三天，他最后一次进宫为皇上看病，发现光绪帝突然腹部剧痛，他认为"此系与前病绝少关系"。三天之后，光绪帝就去世了。他的这篇文章，在当时影响很大。

由于有了上述种种传闻，就使光绪帝之死成为晚清历史上的一大秘案。因为这一秘案是发生在皇宫内廷，人们无法知道它的真实内幕，所以近百年来这一秘案始终悬而不决。正如《清室外纪》一书所说："皇帝宾天之情形及其得病之由，外人无由详知……关于太后、皇帝同时而崩，北京城中，人言人殊，然欲查其原因，则实毫无线索。"

光绪帝到底是怎么死的，九十年后，有人试图透过一份份档案和大量文献记载向世人揭示了这一真相：光绪帝确实是由于长期多系统的慢性消耗疾病，最后体力衰竭而死，并不是为人所毒死。在中国第一历史档案馆所藏的清宫档案中，已发现了大量的光绪帝的病案。既有当年御医为光绪诊病用药的原始病历、也有光绪本人口述或亲书病史病状的"病原"，尤其是光绪临死前半年的"脉案"保存得相当完整。中国第一历史档案馆清史档案专家会同中国中医研究院医学专家，对光绪病案进行了深入系统的研究。专家认为，光绪从病重至临终之时，其症状演变属于进行性加剧，并无特别异常症状出现，既无中毒或其他伤害性的征象，也没有突然性暴亡的迹象，应该属于正常病死。同时有文献记载，清廷对于筹办光绪帝丧事的措施，早在西太后患病之前就有所准备，并不是因西太后自知不行了，必欲先致光绪于死命而临时仓猝所为。

1980年，清西陵文物管理处在清理崇陵地宫时，发现光绪遗体完整，体长一点六四米，无刀器伤痕；通过化验颈椎和头发，也没发现有中毒迹象。这与清史档案专家、医学专家的分析判断相吻合。至于为什么光绪偏偏比慈禧早死一天，只能说是历史的巧合了。光绪自幼在慈禧严辞训斥下长大，没有母爱，心情抑郁，至于饮食既无人悉心

照料，寒暖更无人随时关怀，因而他从小心情抑郁，精神不快，造成身体积弱，难以抵挡疾病的侵袭。《满清野史》一书中，曾引光绪帝身边的太监寇连材的《宫中日记》说："凡人当幼时，无不有父母以亲爱之，顾复其出入，料理其饮食，体慰其寒暖……亦必有亲友以抚之也。独皇上无人敢亲爱之。"又《崇陵传信录》中所述："缅维先帝，御宇不为不久。……无母子之亲，无夫妇昆季之爱，无臣下侍从燕游暇豫之乐。平世齐民之福，且有胜于一人之尊者。"光绪成人后又遭受慈禧严酷的政治打击，特别是看到心爱的珍妃被慈禧下令推入井中害死而自己无法挽救，精神彻底崩溃，旧病复发，日趋严重，再也无法康复。从这个意义上说，民间传说认为是慈禧置光绪于死地，又并非全无道理了。

但一些学者不同意以上的光绪因病而亡的说法，认为仅据脉案、药方还难揭破内幕。因为在西太后一手遮天的情况下，脉案可以受命"捏造"。总之，光绪之死已成中国历史一大秘案。

十二、末代皇帝小宣统的半世蹉跎

冕旒稚子已荒唐，
傀儡衣冠更可伤。
额手雄鸡唱彻后，
神州从此无君王。

1. 小溥仪进宫为什么全家痛哭号啕

光绪死后，宣统还在襁褓就入继大统。宣统皇帝溥仪入宫时，其祖母大福晋放声大哭。她冲着她的姐姐慈禧太后哭道："害了我儿子，现在又害我孙子。虽然承位皇帝，那只是虚名，实际等于终身禁锢，为你造名。"她抱住小孙子不撒手。经诸臣众王婉言相劝，对她说不可违抗旨意，宣统帝这才由侍卫及诸王公大臣拥之而走。

宣统入宫就哭，整天不吃东西。于是人们传唤民间小儿年龄与他相同的一千余人入宫，不叫他们行跪拜礼，才稍微安下心来。拜见隆裕后，见她与醇王福晋年龄相貌差不多，宣统对她十分亲热。隆裕后把他放在腿上，爱如自己养的一样，经常带他到各处游览。宣统行正式登基礼时，人员极杂，礼节也不完备。升殿时就一直哭闹不止，醇王行的是半君臣礼，扶宣统升座。这时，朝臣中也有不少掉眼泪的，醇、庆两王，更是泪如雨下，满朝官员心里都不好受。等到鸣放礼炮时，宣统这才停声不哭。登基礼制一切完毕后，众朝臣诸王按礼节退朝。宣统帝溥仪就算正式登基。

2. 宣统退位后宫中秀女的下场如何

宣统登基后，仍按大清旧律，每三年在全国上下挑选一次秀女（也就是宫女）。规定凡应选的必须是上三旗旗人的女子，年岁在十三四左右，身体健康，皮肤容颜姣好。但是女童以及妃嫔的兄弟姐妹家的女子，不得参选。

同时规定参选女子，必须穿饰旗装，不得打扮时俗艳装。正如1919年4月内务府曾规定，凡应选女子"如穿袍褂戴钿者，仍照例穿戴，其袍褂袖宽不得过六寸，挽高亦不得过六寸，以示规制。其年岁较少者，或从官样梳两把头，或髻、或发辫俱可。至穿用衣服，或棉袄或布衫，各随家计穿戴，其衣袖宽亦不得过六寸，以符旧制。至一切高头燕尾、宽大袍袖、新式衣服，概不准滥行装饰"。

每次挑选宫女，事先均由内务府奏定日期，一般在三月内进行。备选女子的人数每次约八十人左右。到期，镶黄、正黄、正白三旗各佐领下女子，仍是在神武门外等候。会计司将各旗女子写好排单，分旗安排，由首领太监引领入宫，然后试以绣锦执帚一切技艺，并仔细观察其身体仪表，不合格者，责令离宫。凡中选者，教以宫规礼节，练以写字读书。一年后，经考核，一等的侍后妃起居，次等的为尚衣尚饰。

宫女一旦入选进宫，就与家人和社会隔绝，要服役十年左右，至二十四岁时，才能出宫婚嫁。宫女们整天侍候后妃，早起晚睡，辛苦劳累，主人稍不如意，便打骂斥责。有的积劳成疾，有的因受不了折磨私自逃跑，更多人是装呆充傻，以求早日被赶出皇宫。据档案记载，太极殿敬懿皇贵太妃处、永和宫端康皇贵妃处、储秀宫庄和贵妃处、重华宫荣惠皇贵妃处，每年因为傻笨送出宫的女子计有十余名之多。因为皇室经费日益困难，又不断受到舆论的压力，宣统在 1923 年 9 月决定遣放大批宫女，瑜、瑾两太妃只好命各宫秀女，凡年满二十四岁的，自行陈报，于旧历中秋节前一律释放，并赏洋一百元，自谋生路。但在动乱的旧中国，这些女子没有谋生之路，出宫后有的出嫁成家，有的被转卖他处，有的继为仆役，有的沦为妓女，也有的无依无靠，孤苦飘零，饥寒交迫，最后惨死在街头。

3. 末代皇帝溥仪何时剪了他的辫子

清军入关后，清朝统治者曾强令汉族男人剃发梳辫。1645 年 8 月清朝统治者下令说，自布告下达后十日之内，各地男子一律剃发留辫。"遵依者为我朝之民，迟疑者同逆命之寇。"并有"留头不留发，留发不留头"之政令。从此清朝中国男人的头后便拖了一条辫子，一拖就

拖了二百多年。

清末，革命兴起，志士仁人，首先剪去发辫，以表推翻清朝志向。到民国成立，人民纷纷剪辫易服，但逊清皇室及旗籍人员，依然如故。民国政府内务部曾多次函照内务府，劝旗人剪去发辫，以便昭示大同，整齐风俗。另外京师警察厅每日还派巡警到各王公府第，催促剪发，甚至强制剪发。如辅国公溥葵曾向溥仪报告说："近有总厅差巡捕沿户催问剪发之事，如不剪者，官长去职，食饷人扣免"等话，又报告说："不料近日巡警无日不来催问。更有（溥）葵使人上街买物，突来四五巡警勒令剪薙，现业有二名已被勒剪者。"针对这种情况，溥仪皇室内务府曾想方设法，制造种种借口，阻止剪发，甚至规定，出入禁门，要检查辫子，没辫子的不能进宫。这样在宫中服务的旗籍人员，恐妨碍生计，都不愿剪辫子。最后民国政府总统徐世昌亲自写信给溥仪皇室内务府大臣，温语劝道："门禁稽查，不一定以辫子为准，似可发给特别标志，以便随时辨认。"虽经民国政府一再催促，紫禁城内依然是辫子的世界。

事情的发展，往往出乎人们的预料。后来溥仪听了英文教员庄士敦的话，也觉得中国男人脑后拖条辫子实在不雅，于是索性把自己的辫子剪掉了。上行下效，几天功夫，紫禁城内千把条辫子全不见了，这是倒台溥仪小朝廷内部一次大的移风易俗。

4. 冯玉祥是怎样把溥仪赶出皇宫的

1924 年冯玉祥将军发动了北京政变，并决定将清朝最后一个皇帝溥仪驱逐出宫，并修改优待条件。修改后的清室优待条件是：

今因大清皇帝欲贯彻五族共和的精神，不愿违反民国的各种制度仍存在至今，特将清室优待条件修正如下：

（1）大清宣统皇帝从即日起永远废除皇帝尊号，与中华民国国民在法律上享有同等一切的权利；

（2）自本条件修正后，民国政府每年补助清室家用五十万元，并

特支出二百万元开办北京贫民公厂，尽先收容旗籍贫民；

（3）清室应按照原优待条件第三条，即日移出宫禁，以后得自由选择住居，但民国政府仍负保护责任；

（4）清室的宗庙陵寝永远奉祀，由民国酌设卫兵妥为保护；

（5）清室私产归清室完全享有，民国政府当为特别保护，其一切公产应归民国政府所有。

修改后的优待条件，经十一月四日黄郛摄政内阁会议通过后，次日晨，让警卫总司令鹿钟麟、警察总监张璧会同社会知名人士李煜瀛前往故宫执行。

十一月五日晨，鹿、张、李来到故宫，先将电话线割断，即率军警各二十名入神武门，每通过一门，就分置军警监视其值岗卫兵，不许走动。鹿、张、李直至溥仪住所。当时溥仪正在储秀宫和婉容吃水果聊天。内务府大臣绍英出面交涉。当绍英知道要修正优待条件并让溥仪立即出宫时，吓得惊慌失措，但却故作镇静地指着李煜瀛说："你不是故相李鸿藻的公子吗？何忍出此？"李笑而不答。又指鹿钟麟说："你不是故相鹿傅霖的一家吗？为什么这样逼迫我们？"鹿钟麟说："你要知道，我们来此执行国务院的命令，是为了民国，同时也是为了清室，如果不是我们，那就别想这样从容了。闲话少说！"鹿让溥仪等三小时内必须搬出故宫。但敬懿和荣惠两位太妃说什么也不肯走。经过交涉，允许他们推迟到下午三时再搬。但到时间后仍不愿走。鹿见事不能马上决断，就故意大声告诉其随从人员说："快去告诉外边，时间虽然到了，事情还可商量，先不要开炮火，再延长二十分钟。"溥仪听了大惊失色，于是立即答应迁出故宫。这样溥仪和皇族们匆匆坐上了国民军准备好的汽车，离开了民国成立后仍然卧踞十二年的故宫，到后海甘水桥醇王府住下。

5. 溥仪怎样遣散清宫最后一批太监

太监是帝王专制制度下宫廷内的特殊群体，他们都必须经过阉割净身。在宫廷内，他们的身份又叫宦官，而民间俗称他们为阉人。

太监制度在中国自周秦开始，一直沿至清朝，它是封建社会的一颗毒瘤，与皇帝的专制独裁相伴相随。一点不夸张地讲，每一朝代的盛衰兴败，几乎都与太监这一"特殊群体"有关联。

在帝王独裁统治的时代，谁接近皇帝，谁就可能获取最高的权势。太监和帝后朝夕相处，是几乎零距离接近皇帝的人，所以历史上宦官篡权的现象不断发生。清朝鉴于明代宦官擅权的教训，虽曾立下铁匾，严禁宦官干预政事，但末期仍然产生了像李莲英、小德张那样显赫一时的宦官。

随着封建帝制的结束，宦官制度理应完结了，但因为宣统小朝廷的存在，残忍丑恶的太监制度又延续了十多年。在民国政府关于优待皇室的条件中，曾明确规定以后宫内不许再招阉人，但原在宫中服役的太监等执事人员，可照常留用。据民国二年（1912 年）七月镶黄、正黄、正白上三旗造报的表册记载，三旗共有太监一千五百一十七名，每月共支钱粮银为三千九百四十九两四钱。太监每人每月开支的钱粮银有二十四两、十二两、十一两、十两、八两、六两、五两、四两半、四两、三两五钱、三两、二两五钱、二两等十三个等级。总管或首领太监的月银相当于最低等太监的十多倍，可见总管太监和一般太监差别相当大。一般太监的生活是很苦的，他们一年到头吃苦受累挨打受气，有的实在受不了就偷偷逃跑，又加疾病累伤不断死亡，所以到1922 年宫中太监只有一千一百三十七名了。

国亡家必败，权失威必衰。当时溥仪朝廷内部十分混乱，什么祖制家法已是徒具虚文，从上到下，官员贪污舞弊，太监、苏拉赌博、盗窃成风，例如 1912 年乾清门太监王林明等四人在吉祥门值班房同护军校庆春等开场聚赌案；1924 年在逃的太监徐长有在西苑招集军人开

宝聚赌案，等等。盗宝窃物更是严重，特别是在 1923 年，盗宝案件不断发生，像寿皇殿丢失金钟和挂灯案；重华宫遗失金海碗、金香炉案；养心殿太监王小三盗窃夜明珠案，等等。溥仪不仅感到太监偷盗的可恶，而且感到这些被他任意打骂凌辱的奴役，对自己有人身的威胁，主张将宫中所有太监，无论老小，全部驱逐。瑾、瑜两太妃不同意，认为太监制度一废，更无法保持皇室的尊严。但溥仪仍坚持非驱逐太监不可，所以在 1923 年 7 月 16 日断然下令，除留一百七十五名在太妃等处侍候以外，其余所有太监一概遣散。当即命令内务府大臣绍英派军士将太监押出皇宫，当时大雨泥泞，被逐太监聚集神武门外，其情其状十分凄惨狼狈。

太监被遣散后，被分别安置在各庙暂住，每天到雁翅楼步军统领署新兵教练所领取食物糊口。内务府规定，每个太监补发两个月的月例口分银和恩赏一个月的钱粮，以便资助回原籍，让他们各谋生路。在中国历经两千多年的太监制度就这样随着封建制度推翻而宣告瓦解。大清皇宫最后一大批太监，在溥仪那个名存实亡、奄奄一息的政权下，不得不遭遣解散。

6. 溥仪怎样关起大门来当他的皇帝

溥仪退位之初，根据约定，他还可以在紫禁城里关起门来当皇帝。那么，这样一个"关门皇帝"是怎样当的呢？

先来看看退位皇帝怎样颁旨。

前古天子的印称玺，而清朝皇帝的印叫宝。溥仪虽然登基时仅 3 岁，但作为清朝皇帝，仍按历朝各帝一样，使用二十五宝，即"大清受命之宝"、"皇帝奉天之宝"、"大清嗣天之宝"、"皇帝之宝"、"皇帝行宝"、"皇帝尊亲之宝"、"天子之宝"，等等。宣统帝逊位后，作为清朝皇权象征的二十五宝已经作废，被收藏在故宫博物院，但溥仪仍保持皇帝的尊号，称朕颁旨，行文钤印，进行各种活动。溥仪朝廷时期，先后使用的印章有："宣统"三方、"宣统御赏之宝"一方、"宣

统御赏"一方、"宣统御笔"三方、"宣统宸翰"一方、"御笔"一方、"庄敬日强"一方、"无逸斋宝"一方、"无逸斋"一方、"即此是学"一方、"德日新"一方、"用笔在心"一方、"寡欲"一方、"朝乾夕惕"一方、"所其无逸"一方、"法天立道"一方,等等,共有二十多方。

这些印章大小不一,字体各异,材料贵重。雕刻精细。不同的印章,用于不同的场所。例如"宣统"、"宣统御赏之宝"、"宣统御赏"、"宣统宸翰"等,大多是用在赏赐封赠方面。溥仪亲笔写的字、画的画,都钤用"宣统御笔"或"御笔"。其他如"德日新"、"无逸斋宝"、"寡欲"、"庄敬日强"、"朝乾夕惕",大多是在学习读书和修身养性时用以自勉的印章。其中唯有"法天立道"和"所其无逸"二方,是专为发布"谕旨"时钤用的。

溥仪逊位以后,其朝廷发布的各种"谕旨",都是由内务府大臣起草、缮写,以溥仪的名义颁布的。因溥仪年幼,遵照旧例,所颁"谕旨",必须钤用皇室特殊指定的印章,才能有效。溥仪在退位前后,直到1924年出宫前,所发各种"谕旨"的正本,大都盖有"法天立道"印章,并由内务府大臣副署。溥仪出宫后在天津时期,后发"谕旨",改钤"所其无逸"印章。

再来看看他的祝寿礼仪又是怎么个样儿。

正月十四日是溥仪的生日,溥仪朝廷仍照例十三日在乾清宫举行"万寿"庆典礼仪。

这天一早,内监先在乾清宫檐下两旁,设置中和韶乐,在乾清门内两旁设丹陛大乐。掌礼司官员把王公旧臣的庆贺表文放于乾清门前龙亭内。设掌礼司官二员,在乾清门外侍礼。序班官分别引领和硕亲王以下入八分公以上到乾清宫丹陛上,旧臣一品官、御前侍卫到甬道上,二品以下之内廷行走大臣官员等及乾清门侍卫到东、西丹墀内,二品旧臣在乾清门外,各照品级,按翼排立。届时,内务府堂官请溥仪穿上龙袍衮服到乾清宫。这时中和韶乐作,奏乾平之章。溥仪就座,乐止。鉴仪卫官员喊"鸣鞭",乾清门外阶下三鸣鞭。鸣赞官喊"排班",这时丹陛大乐作,奏庆平之章。序班官分别引领王以下各官排班

立，鸣赞官喊"进"，众齐进；喊"跪"，众齐跪；赞"叩"，王以下各官俱行三跪九叩礼；赞"退"，王以下各官均复原位立，音乐止。鉴仪卫官喊"鸣鞭"，乾清门外阶下三鸣鞭。这时内务府卿奏报礼成，中和韶乐作，奏泰平之章。溥仪起座还宫，音乐止。王以下各官顺序退出。最后掌礼司官员把乾清门前摆设的王公旧臣的庆贺表文，送交内务府堂上。"万寿"礼仪才告结束。

再看看他的交通方式有什么变化。

溥仪小的时候贪玩，喜欢耍闹，凡有新奇玩物，他都要试试，骑自行车就是他喜爱玩的一个项目。为了骑车方便，他特下令把宫门的门槛一律砍平。这样便可以从这宫到那殿出入无阻。他为了欣赏各种自行车，曾命令内务府把当时各国的名牌车都买来，如英国的美人牌、双枪牌、三枪牌、帽牌车，德国的蓝牌车，法国的雁牌车，还有双人牌、狮子牌等。新车买来以后，他玩腻了，就赏给亲属和随侍，再买新的。除赏人外，经常留用的自行车就有二十多辆，御花园绛雪轩就是他的车房。

现代化的交通工具，吸引了这个年幼的逊位皇帝。他由骑自行车，逐渐要求乘坐小汽车，对于肩舆扈从，觉得不舒服了。1924 年，他命令内务府在北京亨茂洋行买来当时最新式的小轿车三辆：一是新式美国通用轿车，现洋四千六百元；二是新式上海造小汽车，现洋四千元；三是全新美国造六汽缸"别克"牌小轿车，现洋三千四百元。这些车买来后，必须要到京师警察局登记纳税，然后才发给通行铜牌车号，溥仪当时的车号分别为 1381、1382、1383。车的手续办好后还没来得及使用，溥仪便被冯玉祥赶出皇宫。

"小皇上"还有养狗的嗜好。

溥仪喜欢养狗到了无以复加的地步，他养的狗多达一百多只，不仅有中国的各种名狗，而且还有各种外国名狗。其中有家犬、警犬，有大有小，黄、黑、花毛色各异，每头都有名字，系以牌号，如紫球、蓬头、蝴蝶、紫狮子、小闹，等等。溥仪特别喜爱洋犬。他不惜花费大量的金钱，通过各种渠道，购买英国的大虎形犬，如泰格、欢儿、鹏特等便是从英国购买的。还有从德国购买的警犬，如兰儿、巴

拉姑、三儿、赫典等。在洋犬当中，溥仪最喜欢的是德国警犬。1922 年春季，内务部警犬研究所所长钱锡麟曾将专门训练过的三只德国警犬送给溥仪，一只是大白牡犬叫班娣，一只是大黄儿犬名胖兔，另一只是大黄牡犬叫瑞接提。溥仪每天空闲时便驯犬玩乐。他驯练了十分驯顺机敏的两只警犬，一只叫佛格，一只叫台格。溥仪叫它们找东西，它们能很快地把溥仪藏的东西找出来。溥仪让它们咬人，它们便凶猛地向人扑去，用前腿搭在人家的肩上不放，有时还把人咬伤。

溥仪养的狗，派有专人喂养，每天喂的都是猪肝、牛肉和米饭之类的食物，为此他不惜花费了大量的钱财。根据现存的狗食账单来看，每天喂狗要用米五十斤左右，牛肉二斤，猪肝十二斤，加上其他食物，大约每月要花费三百多元，这样全年光狗食费用就多达三千六百多元。狗生了病，还请专门医生医治。东单牌楼北路西通愈堂的刘长森，就是经常去皇宫为狗看病的医生之一，溥仪为狗看病花的医药费、车马费也不少。

7. 末代皇帝和他后妃们的情感波澜

民国十一年（1923 年），民国当局对宣统溥仪复辟一事给予了宽大处理。溥仪方得生活上的自由。这年冬季，中国历史上最后一位皇帝宣统溥仪举行了大婚，并定于农历十月十三日上午十时为其婚期。这天北京城紫禁城外的街道人山人海，人头攒动。人们都想目睹一下末代皇帝的结婚大典。

那天的三更时分，即内监传命，以鸾舆往迎新人。去的时候，从东华门出去，走北池子景山东街，过地安门，沿途都有军警保护，沿途观看的人是成千上万。

紫禁城内，张灯结彩，鼓乐齐鸣，十二时，迎娶的队伍浩浩荡荡地出发了。有马巡保安队、游缉队、京师的宪兵，都骑着高头大马，一崭齐地行走着。宪兵过去，均是全副武装步兵一大队。步兵的后头

是警察厅的武装警察。又有一大队警察厅的军乐队，继之是总统府的军乐队。后面就是清室的宗人，个个翎顶辉煌，蟒服朝珠。随后是皇宫全副卤簿仪仗，除了绣金龙的大旗，金瓜银钺、罗伞绛幡外，还增添了牛角和大鼓各一百对，紧接着，才是一顶三十二人抬着的彩舆，涂金的顶部，正中是一只很大的金凤凰，凤背上有一个小金顶，周围有九只小金莺，嘴里都衔着长长的璎珞，绣幔四垂，角上都含流苏，舆夫一例穿红绸绣衣，红缨帽上拖黄绷。莺舆后是执长缨枪的侍卫，骑着骏马，蟒袍金冠。提灯提炉的宫监列为雁行，金炉里面香烟缥缈。

从皇城沿走安定门，过十字街，进东安门，进入东华门。一路上，到处是红、黄两色的装饰。自乾清门到大殿，都用红缎毯铺地，殿上灯烛灿烂，自有说不尽的华美。殿旁列着大钟巨鼓以及古时帝王祭太庙的乐器，器上尽扎彩绸。乐工数人也穿着绣衣侍立奏乐。这时，溥仪已穿戴龙袍，在乾清宫西暖阁等候。莺舆一到，由福晋、命妇等率女官、太监等上前请皇后降舆。这时，从凤舆中走下来身穿大红锦绣的"龙凤合同袍"、头上盖着绣着龙凤的红色盖头的新娘，烛光摇曳下，凤钗银钿夺目生辉。按照传统，皇帝和皇后新婚第一夜，要在坤宁宫里一间不过十平米见方的喜房里度过。由于这一切都是按照过去清皇帝册立皇后的排场与仪式行事，溥仪虽然早已逊位，此时却俨然恢复了皇帝的尊严；他所册立的婉容，也俨然是昔日大清帝国的皇后了。

婉容，字慕鸿，郭布罗氏，达斡尔族人，是前内务府大臣荣源之女，满洲正白旗人。曾祖父长顺曾是吉林将军。她与溥仪同庚，比溥仪早出生三个多月。由于端康太妃得到溥仪父亲和叔叔的赞同，认为婉容家境富有，相貌、血统都比另一位皇后候选人文绣好。于是溥仪答应立婉容为后，放弃首先相中的文绣。婉容嫁时年方十七岁，不仅容貌端庄秀美、清新脱俗，且琴棋书画无所不通，在贵族中闻名遐迩。婚礼的第三天，她和溥仪一起在东暖阁接受各国驻华使节的贺礼，这是婉容以皇后身份第一次公开露面。当时，她梳着满族式的"两把头"，高高的发髻上缀满了绒花；身穿的黄缎织花旗袍显得华

艳照人，使见多识广的外国使节夫人们无不惊叹这位皇后的娇美容颜和高雅仪态。当时的大小各报，也以极大篇幅做了绘影绘声的实况报道。

新婚燕尔，溥仪和婉容本应相依相伴、和和美美。但溥仪对闺房之乐没有兴趣，一心一意要恢复祖业，即便是在新婚之夜，也还是为这个问题而耿耿于怀，竟至于把新婚妻子抛撇在洞房里，独自一个人跑到他单身时代所居住的养心殿里来琢磨这个盘踞不去的心中疑难，完全不顾被抛撇在洞房里的婉容是何心情。在没有出宫之前，溥仪和他的后妃关系如何，由于溥仪自传中没有这方面的叙述，实际情况难以揭秘。婉容是出身富家的贵族千金，民国时代的大家闺秀都崇尚时髦，爱好西洋的物质文明，所以婉容对于各式各样的物质享受都十分在行。她有机会接触社会上的各种新事物，所以谙熟很多宫内享受不到的"洋"玩意儿。她爱看外国电影，喜欢吃西餐，会骑自行车，还略通英语。住在紫禁城的那段日子里，由于母仪天下的荣耀和初为人妇的欢愉，婉容过得还算惬意，她的柔情与活泼也给溥仪带来了很多快乐，溥仪渐渐把婉容引为知己，不仅依从婉容的习惯和爱好，还特意聘请了美国教师专门教授婉容英文。而这时候的婉容也确实给了溥仪很多柔情，在紫禁城两年多的时间里，她几乎每天都用英文给溥仪写信，并且在这些情意绵绵的短信下方以"伊丽莎白"落款，因为她非常喜欢溥仪给她取的这个与英国女王相同的名字。

1924年11月，冯玉祥的部下将溥仪驱出了紫禁城。次年2月移居天津张园。溥仪在庄士敦的陪同下，带着婉容和文绣第一次进入了宫外的世界。按照《修正清室优待条件》，溥仪已"永远废除皇帝尊号"，而婉容亦随之失去了徒有其名的"皇后"身份。

大婚后，双双嫁入皇宫的婉容和文绣在宫中时相处融洽。至今还存有她们的书信可为佐证，后、妃关系恶化是在国民政府驱溥仪一家离宫后，到天津居住时。文绣，字蕙心，是满族鄂尔德特氏端恭的女儿，她是与婉容同时被分别圈定为后、妃的。按清代礼制，她在溥仪与婉容举行大婚的早一天进宫，当时她年仅十四岁，文绣从小接受的

是三从四德的封建教育，虽然相貌不如婉容姣好，但性格却比婉容温顺宽厚。溥仪待文绣开始时还较平等，比如一些适宜后、妃参加的活动，溥仪总是让婉容、文绣一起出面，为了学习英语，溥仪也给文绣请了教师。但是，婉容却对此大为不满。婉容的争宠好胜，一方面是她的性情所致，更主要的是由于宫内枯燥、寂寞的生活导致的。婉容虽然得到了皇后的高贵身份和豪华生活，但是紫禁城的高墙束缚着她的自由，尤其是夫妻关系间的难言之隐，更使她深深地陷于痛苦之中。新婚不久的皇后很快就变得郁郁寡欢了。婉容患有遗传性的精神病，她的父亲曾有此病，后用鸦片治好了精神分裂。所以在溥仪的同意下用鸦片替婉容治病。可惜不但没有医好抑郁症，反而把她变成了吸毒瘾君子。

出宫后的婉容似乎精神焕发了一阵，她一改宫中的装束，换上了时装旗袍和高跟皮鞋，还烫了头发，再加上她纤柔秀美的音容笑貌，一时成为租界中的"摩登女性"。更使她兴奋的是，天津这座繁华的商业城市给她提供了既时髦又风流的消遣方式。对她吸引力最大的则莫过于到各大百货公司购物，这种物质刺激后来竟发展成婉容、文绣之间争宠的手段。溥仪后来在《我的前半生》中称之为"竞赛式的购买"，他回忆道："婉容本是一位天津大小姐，花钱买废物的门道比我多。她买了什么东西，文绣也一定要。我给文绣买了，婉容一定又要买，而且花的钱更多，好像不如此不足以显示皇后的身份。"当时，小朝廷经济状况早已大不如前，财政支出和各种开支难以应付，当然必须对这种竞争挥霍的糜奢行动有所抑制。然而婉容却抬出她的身份来，以为皇后的地位远高于妃嫔，如要裁节，也只能裁文绣的开支，而不可能限制她自己的消费。这种争执，一方面固然出于对物质的贪恋，其内心的潜意识，也还是出于妻妾争宠。

新的环境并没有改善婉容与溥仪的关系，他们之间始终没能建立起普通夫妇间的那种恩爱、真挚的感情。一个原因是当时溥仪在清朝遗老们的怂恿下正一门心思想着复辟，更主要的原因就是他自己后来才领悟到：我不懂爱情为何物，在普通人心中夫妻关系是平等的，在我来说，夫妇关系就是主奴关系，妻妾都是君王的奴才和工具。虽然

遇到什么应酬场面溥仪也让婉容出面，但在溥仪的眼里，婉容只不过是应景的摆设。无聊和孤寂使婉容的精神日益颓废，常常夜不能眠，最终患上神经衰弱症。

1931 年秋，曾在社会上引起轰动一时的"淑妃革命"，使溥仪的家庭生活骤起波澜——文绣因忍受不了不平等待遇而离家出走，最终与溥仪协议离婚。比较文绣与婉容二人的照片，婉容显然要比文绣漂亮。但是不知道出于什么缘故，溥仪在他的妻妾之间，似乎对文绣特有偏爱，所以在与文绣离异之后，他对婉容产生了极大的反感。婉容反对溥仪到东北去做日本人的傀儡，恐怕也是溥仪厌恶婉容的原因之一。也许在婉容的想法里，热衷于政治的丈夫一定会疏忽自己的妻子，所以她宁愿守住丈夫过平淡的普通人生活，也不愿溥仪受日本人的利用去搞什么政治。

1934 年日本侵吞了东北三省后，溥仪不顾婉容和其他人的劝阻，登上了"伪满洲国皇帝"的宝座。成为了满洲执政府的傀儡后，他更是对婉容置若罔闻，不闻不问。但时隔不久，不仅溥仪感到"执政"的职权只是写在纸上的，一切都要听从日本人的安排；就连婉容也察觉她的一举一动都受到监视，甚至不能走出大门一步。原有的苦闷和新添的愁思使婉容的旧病日渐严重，不到两年的时间便由神经衰弱而发展到精神失常的状态，发作起来常把屋里的摆设摔得粉碎。

婉容虽然在精神上呈病态，并且颜面已渐露青灰色的烟容，但她仍不失为一个俏丽的女子，在身体好些的时候，她还是要悉心打扮起来，或以其他方式享受一下的。根据 1934 年"帝宫"档案记载，婉容一年内仅单、夹旗袍就做了二十七件，所用的质料不仅有中国传统的丝绸，还有各种花色的日本、印度、法国的上等毛、绸、纱料。她每个月有三千元的月例钱，供其衣食之外的花销。她还养了五六只哈巴狗。这些通人性的小动物给了她不少乐趣。然而，伪政府的院子就是婉容的禁地，除了 1934 年溥仪第三次登基做伪"满洲国"皇帝之后，日本天皇"访满"时，为了炫耀中日"亲善"而让婉容随溥仪在勤民楼参加了一次接见外，她在以后的近十年中再也没有以"皇后"身份公开露面。这对虚荣心极强的婉容来说是极大的打击！

溥仪与婉容关系的彻底破裂，是因为1935年发生了婉容与溥仪的随侍发生暧昧关系而导致怀孕的事情。由于溥仪遭到日本吉冈安植的训斥，为了泄愤而暴打婉容，婉容在精神空虚中投入了侍卫李越亭怀抱中。这件事激怒了溥仪。私生的孩子被烧死后，她精神失常。但溥仪仍然认为这是婉容不可饶恕的过错，从此将她打入冷宫。这里有溥仪最后的妻子李淑贤对此事的回忆：

"现在，差不多人都知道婉容曾与一个'听差'有染。可我跟溥仪谈恋爱的时候，溥仪对此开始闭口不谈，就是我问起时，他也极为回避。后来，我跟溥仪一次恋爱小风波之后，他为了哄我，才跟我细说起了婉容与那个'听差'勾搭的前因后果。

"在'伪满洲国'的时候，婉容因为时常跟一个姓李的'听差'接触，一来二去，就产生了感情。为避人耳目，两人很少当面说话，大多数是通过婉容屋里伺候她的一个老妈子来相互递信儿。

"那个姓李的，在溥仪面前很'红'，极得溥仪的信任。过了很久，一个佣人向溥仪告发了这件内廷的丑事，在此前后宫中也有风闻，但溥仪不太相信。谁料到，婉容已经怀孕几个月了，纸里包不住火，但婉容就是不讲是谁的孩子。

"直到婉容与姓李的偷偷传递条子，被佣人悄悄送到溥仪面前时，他这才相信这是真的。原来，婉容跟那个姓李的听差虽然当面不怎么说话，只要他一到婉容的屋里，两人就以传条子的方式来确定约会时间。

"据溥仪说，他拿到婉容看过的条子后，没有吭声。当夜，婉容与情人约会的时候，被事先预谋好的溥仪和心腹当场抓住。……对于分娩下的孩子，一直有不同的说法。溥仪对我讲述的是这样的：分娩的时候，婉容身边没有任何医生。只是在保姆的帮助下，生下来的。这个孩子生下之后，当时就死了。溥仪立即叫人把孩子扔到炉子里。"

经过这一次打击之后，婉容的精神受了极大的刺激，仅仅两年的时间，昔日如花似玉的婉容竟成了一个完全不能控制自己的疯子。她

已经不懂得控制自己的情绪了。她已经不懂得梳洗打扮，整天喜怒无常。唯有一个习惯还保留着，就是每天还要吸食鸦片。而且打这儿以后，她抽大烟抽得更厉害了。其实早年在北京的皇宫里时，婉容就抽大烟。在伪满洲国后期，婉容因长期躺着在床上抽大烟，几乎走路都很困难。

婉容被关在屋子里与外界隔离起来，失去了往日优雅的仪态，变得蓬头垢面，溥仪不许任何人看望她。她病得最严重时两腿已不能下地走路。由于长久关在房子里，本来就有眼疾的婉容，眼睛更见不得光亮，要用扇子遮着从扇子骨的缝隙中看人。她偶尔也有清醒的时候，每逢这时，她就哭着骂她的父亲荣源，骂他为了自己要当国丈而断送了女儿的一生。自从婉容精神失常之后，溥仪又娶了一个叫谭玉龄的中学生。溥仪跟谭玉龄结婚七年，直到谭玉龄被日本人害死，婉容始终不知道有这么一回事。照民国二十六年（1937年）溥仪的妹妹给溥仪的信中所说，婉容因吸毒的缘故，面容已变得十分丑陋，所照的照片也藏起来不肯给人看见。

1945年，日本无条件投降。撇下了一大群伪"满洲国"的皇亲国戚，溥仪这个儿皇帝也仓皇出逃了。剩下的人只有另想办法。11月份，天气渐冷，这一行人由大栗子沟迁到临江县城住下来。不久，临江解放，他们又随着解放军从临江转到通化，经过八个月流离不定的生活，于1946年4月又回到了长春。这时，婉容的身体更加虚弱，多亏福贵人李玉琴的同情和照应，才使这位遍尝世态炎凉的昔日皇后得到了一些人际间的温暖。但是，由于还在战争时期，解放军很难再带着这么多皇族眷属行军作战，所以让他们自谋生路，于是人们先后离去，连关心过婉容的李玉琴也要走了。李玉琴事后曾回忆说："当时她看我来请安，就伸出枯瘦如柴的手握住我。我悲痛难忍，泪流满面。她眼光露出惊慌焦急的样子，嘴里发出两声'呵！呵！'带着哭腔的凄凉声音，含混不清地说了一句什么。她也流泪了！……我给婉容抚平衣服，盖好被，摸摸她枯瘦如柴的手。她转过脸来看看我，一脸的痛苦表情。很快又变成冷淡的样子，又转过脸去。"其实，婉容在长春有不少亲友，他们曾经靠国戚的身份得到过那么多的荣华富贵，但这时候却没

有一个人来接她走。后来,解放军撤出长春,只好带着婉容一起走了。不久,婉容病死在敦化,终年四十一岁。

文绣与婉容的命运大为不同。文绣是平民出身,母亲是个洗衣服的,所以她的生活方式和婉容相差很大,太监们对文绣也十分尊重。到了天津后,婉容天天和溥仪打马球,出去游玩,文绣感到无趣、压抑。而且文绣和溥仪只有夫妻之名,结婚九年,淑妃文绣都未与溥仪同居一次,又备受婉容皇后的欺负,由于孤苦难挨,不堪忍受,她毅然与溥仪诉之法律,决然离婚,掀起一场中国历史上绝无仅有的妃子与皇帝打离婚的风波。本来皇权至高无上,嫔妃可废可贬可处死,离婚是不允许的事。然而,既然皇权已经落地,时代已经不同,溥仪终于妥协,签上离婚协约。为了顾及皇帝的面子,以示权威犹存,溥仪以皇帝身份又传谕曰:"淑妃擅离行园,显违祖制,应撤去原封位号,废为庶人。放归母家居住,钦此。"这些文字只是装点一下门面,一旦离婚,溥仪还有什么权力来限制文绣?离婚后,文绣并没有回到母家,而是将获得的生活费用来办了一所学校。她没有再嫁,而是亲自任教,把身心全部献给了孩子。史料记载,文绣在和溥仪离婚后一直有恋人,但受"永远不得再嫁人"的压迫,一直也没有结婚,直到1950年,她才得以解脱,和一位前国民党的军需官刘振东结了婚。但婚后没多久,刘振东就因病去世,文绣也在1953年因心肌梗塞结束了凄苦而颠沛流离的一生。

1962年,三十八岁的李淑贤嫁给了五十七岁,已被改造成一名公民的中国末代皇帝溥仪。溥仪在1967年去世,李淑贤于1997年去世。在李淑贤生命的最后两年,记者胡敏英成为她的最知心朋友。她毫无保留地向记者吐露了他们的婚姻生活。

"溥仪原来就有生理残疾。新婚之夜,我在悄悄期待中看着丈夫一声不吭地陪着我默默独眠。多少个夜晚过去了,可夫妻生活在我们之间竟一次也没有过,我渐渐生出了一种无以名状的烦恼。每到入夜,只要一听到丈夫那震耳的呼噜声,就更加难以入睡……

"有一天,我突然从护士那里得知:丈夫原来是有生理残疾。得知这一情况时,真如五雷轰顶。我哭着去找媒人,媒人也十分震惊,万

分后悔地说：'哎！本来是为了你们促成做件好事，可这不是把你坑了吗?'

　　"回到家里，溥仪向我长跪不起，抬着头含着泪水哀求说：'别离开我！你就是找男朋友我也不嫌弃。'此刻我看到过去皇权在握，九五之尊的高大'皇帝'，竟成这般模样，我既心疼又好笑，赶紧说：'快起来吧！'可是溥仪就是不站起来，一定要我亲口答应不离开他！可我那时多想有个可爱的孩子，多渴望成为一个母亲呀！忍不住将委屈的眼泪一滴滴撒落在溥仪的脸上，哽咽着默默扶起了下跪的溥仪，告诉他今生今世永不分离！……直到后来我才明白，都是因为溥仪不能过正常的夫妻生活，才造成当年宫中淑妃文绣闹离婚，婉容皇后与人私通。"